《广州大典》普及书系

主编　陈建华

大清读书人家的诗意人生

张维屏作品选读

蒋寅题

施志咏　编著

广州新华出版发行集团
广州出版社

图书在版编目（CIP）数据

大清“读书人家”的诗意人生：张维屏作品选读 / 施志咏编著．—广州：广州出版社，2021.12
（《广州大典》普及书系 / 陈建华主编）
ISBN 978-7-5462-3400-7

Ⅰ．①大…　Ⅱ．①施…　Ⅲ．①古代诗歌—作品集—中国—清代　②古代散文—散文集—中国—清代　Ⅳ．①I215.22

中国版本图书馆CIP数据核字（2021）第278569号

书　　名　大清“读书人家”的诗意人生：张维屏作品选读
　　　　　Daqing “Dushu Renjia” De Shiyi Rensheng：Zhang Weiping Zuopin Xuandu
出版发行　广州出版社
　　　　　（地址：广州市天河区天润路87号9、10楼　邮政编码：510635
　　　　　网址：www.gzcbs.com.cn）
出 品 人　柳宗慧
责任编辑　潘孟良
责任校对　周卫思
装帧设计　肖晓文
印刷单位　佛山市浩文彩色印刷有限公司
　　　　　（地址：佛山市南海区狮山科技工业园A区　电话：0757-88368558
　　　　　邮编：528225）
规　　格　787 mm × 1092 mm　1/16
印　　张　17
字　　数　300千
版　　次　2021年12月第1版
印　　次　2021年12月第1次
书　　号　ISBN 978-7-5462-3400-7
定　　价　50.00元

关于“广府名人读本”系列编选出版的几点说明

一、本书属于《广州大典》普及书系“广府名人读本”系列。

二、“广府名人读本”系列作为《广州大典》普及书系的开篇，将分为若干辑出版，成熟一辑，出版一辑。

三、因书系以《广州大典》所收文献为编选基础，故个人著述不存世或存世稀少者不纳入“广府名人读本”系列。

四、考虑到《广州大典》（民国篇）正在编纂和不少近代广府名人著述活动时段跨越清末民初的实际情况，“广府名人读本”系列会适当拓宽选录范围。

《广州大典》普及书系
编辑出版缘起

广州自古以来就是岭南地区的政治、经济、文化中心，是首批国家历史文化名城。自秦始皇三十三年（前214年）广州建城，至今已有2200余年，大量珍贵的地方文献翔实地反映了广州文化不断发展、不断繁荣的悠久历程。

《广州大典》（一期）是由中共广州市委宣传部、广东省文化厅策划并组织研究编纂，旨在系统搜集整理和抢救保护广州文献典籍、传播广州历史文化的大型地方文献丛书，是千年羊城的“根”和“魂”。《广州大典》（一期）收录文献的时间范围截至1911年（个别门类延至民国），地域范围包括清代中期广州府所辖各县，内容范围包括广州人士（含寓贤）著述、有关广州历史文化的著述及广州版丛书，依经、史、子、集、丛五部分类，共计收录文献4064种，编成520册，于2015年影印出版。

2015年4月，广州大典研究中心成立，继续推进《广州大典》（一期）的推广与研究，并启动《广州大典》（二期）民国篇的编纂出版。2019年11月，《广州大典》（一期）集部曲类文献专辑以《广州大典·曲类》之名单行出版，共计收录文献1589种，编成43册。此外，近年来中心陆续推出《广州大典总目》、《广州大典概要》、《广州大典研究》集刊（1~8辑）、《广州大典·民国广东公报丛编》（初编）100册等。

习近平总书记指出，要讲清楚中华优秀传统文化的历史渊源、发展脉络、基本走向，讲清楚中华文化的独特创造、价值理念、鲜明特色，增强文化自信和价值观自信。要做到这两个“讲清楚”，既要在学术上做到深入，也要在普及上做到浅出。《广州大典》（一期）所收录的文献不仅卷帙浩繁，而且都是繁体字、文言文，没有经过点校整理，这在客观上造成当今读者与之有隔阂，阻碍了广州这一历史文化宝库在更广大的层面上发挥社会影响力。为此，广州大典研究中心、广州出版社决定联合编纂出版《广州大典》普及书系，努力将书系打造成为集学术性、知识性和可读性于一体的优秀出版物。

书系以《广州大典》为文献基础（可根据实际情况，适当拓宽选录范围），组织一批专家学者从《广州大典》中精选最具代表性、最具可读性的文献，进行普及性的内容整理、发掘，形成《广州大典》普及书系。书系初步计划分为广府名人读本系列、地方风物读本系列、地方游记读本系列、西学东渐读本系列、小说读本系列、戏曲曲艺读本系列等。书系每种读本均包括导读、代表性作品选编（含注释、翻译、评析或解题、延伸阅读等）和相关资料附录，作者均为学有专长、研究有素的专家学者。每种读本均将尽量吸收、反映学界最新研究成果，并力求做到图文并茂、雅俗共赏。因此，《广州大典》普及书系可视作《广州大典》的延伸，且与已有的《岭南文库》的延伸《岭南文化知识书系》《广东历史文化名人丛书》等普及性读物既桴鼓相应，又各具匠心，可谓和而不同、美美与共。

知所从来，方明所往。《广州大典》普及书系既是一项重要的文化惠民工程，也是推动城市文化综合实力出新出彩，特别是“读懂广州”的切实举措。

志合者，不以山海为远。我们诚挚邀请更多的相关专家学者积极支持和参与书系各辑相关工作，推动书系各辑逐年面世。

食髓知味，小书不小。我们相信，书系的陆续出版，将充分展示广州历史文化底蕴，擦亮广州历史文化品牌，并有助于中华优秀文化的传承和发展。

《广州大典》普及书系编辑委员会

目录

导读 / 1

读书人家与诗学人生 / 2
历史转折与诗学主张 / 9
思想启蒙与诗歌创作 / 20
结语 / 25

诗部 / 29

古歌谣（三十九选三） / 32
述德 / 35
怀吴象川先生政达 / 37
万明寺槐树 / 39
黄梅大水行 / 41
紫藤篇有序 / 44
三元里 / 46
《读书人家图》，为魏春松观察题并序 / 49
三将军歌并序 / 51
《三友图》诗有序 / 54
忆窗前梧桐寄家人 / 57

寒食感赋 / 58
白云 / 59
四会 / 60
游极乐寺，复由西顶至绣漪桥，望昆明湖，得诗四首 / 61
客路 / 63
东园杂诗有序（十八选三） / 64
花地有序 / 67
早春游花埭，饮于东园，即事成咏 / 68
默深刺史至粤访余论文，数日别去，昨得诗，知在海州，次韵答之 / 69
甲寅秋夜 / 71
泌冲离城三十里 / 72
清濠 / 73
辛未下第出都，留别汪益斋庶常铭谦 / 74
新雷 / 75
庚寅六月初二日，龚定庵礼部自珍招同周芸皋观察凯、家诗舲农部祥河、魏默深舍人源、吴红生舍人葆晋集龙树寺，置酒蒹葭簃 / 76
园中杂咏（九首其一） / 78
声（二首其一） / 79
新年入城 / 80
奉酬程云芬编修同年见赠二首（其二） / 80
癸未二月于役九江，忆丁卯春同潘伯临比部北上过此，今十七年矣，感而赋诗，即寄伯临 / 82
六老堂六老者，五老峰与朱子也 / 83
戊辰四月出都，倪素之比部孟华、金艺圃驾部菁莪、潘伯

临比部正亨、漆龙渊孝廉璘、刘三山孝廉华东俱有诗送行，留别二首（其一） / 84
哭覃溪先生四首 / 85
浮山第一楼题壁 / 88
南归途中述怀四首（其一） / 90
己卯下第遣怀二首（其一） / 91
己卯除夕 / 92
辛巳除夕 / 93
道光壬午四月初四日，乾清宫引见，蒙恩以知县即用，恭纪 / 94
五十初度，漫成四首 / 96
自京抵楚，述怀八首（其二） / 99
壬午湖北乡闱分校二首（其一） / 100
十一月之任黄梅 / 101
珠江 / 102
战场 / 103
魏默深进士源书来，以所著《海国图志》见寄，赋此奉报，即题卷端 / 105
三月初六日，冯西潭明府沅、寿菊泉明府祺、罗蒲洲广文家政、许宾衢观察祥光、金醴香员外菁茅、梁章冉广文廷枏、张清湖广文应秋、谭玉生广文莹、仇健亭广文乾厚、丁桂裳广文熙同过敝庐，阅清水濠壮丁。丁八百馀人。阅毕雨至，即事有述 / 106
闻林少穆制府同年卒于潮州旅次，有感而作 / 107
新年有序 / 109

词部 / 111

浣溪沙 才见卢家燕子飞 / 114
小阑干 碧桃花下玉阑干 / 116
西江月 扫却风枝雨叶 / 117
西江月 过去事已过去 / 119
浪淘沙 览镜对方铜 / 121
一剪梅 依然赤壁在黄州 / 122
满江红 一水盈盈 / 123
东风第一枝 烈烈轰轰 / 125
百字令 多才都尉 / 127
齐天乐 几时湖上烟鬟动 / 129
水龙吟 一条来自昆仑 / 132
沁园春 蜗角相争 / 134
贺新凉 五岳何时遇 / 137
金缕曲 色界逍遥地 / 139
法驾导引有序 / 142
如梦令集句 / 158
清平乐集句 / 160
清平乐集句 / 162
浪淘沙集句 / 164

文部 / 169

情释 / 171
千万人与一人 / 172

《松心诗集》序 / 174
《国朝诗人征略》初编自序一 / 175
《国朝诗人征略》初编自序二 / 178
复翁覃溪先生 / 180
复龚定庵书 / 182
沈德潜 / 186
袁枚二则 / 188
王士禛二则 / 190
翁方纲 / 193
鲍桂星 / 195
王锡 / 196
蒋士铨 / 197

附录 / 199

张维屏编年事略 / 200
延伸阅读推荐书目 / 256

导读

读书人家与诗学人生

张维屏塑像

张维屏（1780—1859），字子树，号南山、松心子，又号松轩，晚号珠海老渔，广东番禺（今广东省广州市）人。原籍山阴（今浙江省绍兴市）。曾祖廷望迁居于粤。乾隆四十五年（1780）九月三十日，张维屏出生于广东番禺新城清水濠（今广东省广州市越秀南路）。道光二年（1822）中进士，历任黄梅（今湖北省黄梅县）、广济（今湖北省武穴市）知县。一度任吉安通判、权南康知府。道光十六年（1836）辞官归里。诗坛耆宿翁方纲[1]誉之为“诗坛大敌”。曾与香山（今广东省中山市）黄培芳（香石）、阳春（今广东省阳春市）谭敬昭（康侯）并称“粤东三子”。三子中，以张维屏成就最为卓越。又与林伯桐、黄乔松、梁佩兰、黄培芳、谭敬昭、孔继勋在广州城北白云山麓筑云泉山馆，据蒲涧濂泉之胜，为吟哦雅集之所，伊秉绶为之题“七子诗坛”匾额。张维屏是嘉庆、道光年间蜚声海内外的岭南诗坛领袖。

① 翁方纲（1733—1818）：字正三，一字忠叙，号覃溪，晚号苏斋，顺天大兴（今北京大兴）人。乾隆十七年（1752）进士，授编修。官至内阁学士。精金石考据，富收藏、能诗文。著有《复初斋诗集》《两汉金石记》等。

张维屏曾以求仕、为官、家居，概括其人生的三段经历。以下拟从出身背景、人生历程、诗学进取三个方面，分别加以论述。

（一）少年志学阶段

张维屏出身于一个“读书人家”，依中华文化传统，属于“耕读世家”。他自少年时起，就抱定志向，恪遵圣谟；并且刻苦读书，谋求仕进，为实现其“处为良士，出为良臣”（《〈读书人家图〉，为魏春松观察题》）的志向而尽心尽力。乾隆五十六年（1791），张维屏十二岁，随父入馆学经。乾隆五十七年（1792），十三岁，应番禺县童子试，名列榜首。知县吴政达（象川）赏其才，为之诵《毛诗序》①：“《南山有台》，乐得贤也。”②张维屏因此自号南山。嘉庆二年（1797），十八岁，入县学第一名。嘉庆三年（1798），十九岁，游岭南，主讲粤秀书院。嘉庆四年（1799），二十岁，岁考一等三名补廪。因读书过劳，患有血痢，三年始愈。嘉庆九年（1804）秋，二十五岁，乡试中式成为举人。

（二）壮岁仕进阶段

在科举考试的道路上，张维屏一直曲折前行。中举后三年，嘉庆十二年（1807），二十八岁，张维屏首度赴京会试。在京期间，张维屏拜访翁

---

① 《毛诗序》：《毛诗》，《诗》古文学派。相传为西汉初毛亨和毛苌所传。据称其学出于孔子弟子子夏。《汉书·艺文志》著录《毛诗》二十九卷、《毛诗诂训传》（简称《毛传》）三十卷。《毛诗》在西汉时未立于学官。东汉时郑众、贾逵、马融、郑玄等都治《毛诗》。郑玄曾为作《笺》。魏晋以后，今文三家诗散亡或无传者，《毛诗》独盛。至唐孔颖达定《五经正义》，《诗》取毛、郑，更为后世所宗尚。宋代始有人怀疑出于子夏之说是伪托。清儒治《毛诗》的颇多，以陈奂《诗毛氏传疏》较为详备。《毛诗序》，分为大序和小序。大序指《关雎》题解之后，自“风，风也”句开始，直至“是《关雎》之义也”，为全部《诗经》总序言。小序指三百零五篇每篇题解。

② 金菁茅《张南山先生年谱撮略》：“壬子先生十三岁应县试。县令吴公政达面试诸童，独称先生曰：奇童。即书楹联以赠云：品超凤阁鸾台上，笔濯冰壶玉椀中。款曰：南山友台。取《诗序》‘《南山有台》，乐得贤也’之意。南山之号始此。”见《北京图书馆藏珍本年谱丛刊》第136册，北京图书馆出版社1999年据咸丰间刻本影印，页565。

方纲。翁方纲惊呼："诗坛大敌至矣。"此事，张维屏门生金醴香（菁茅）所作《春游次南山诗韵》（再叠前韵）有记述。金氏诗篇写道：

诗坛大敌著燕台，宦迹双凫五马来。江障黄梅惊浪息，洞探白鹿讲堂开。田园涉趣思元亮，歌曲闲情话善才。九十韶光排日宴，花前羯鼓漫相催。[①]

诗篇自注："师至苏斋，覃溪先生语人曰：'诗坛大敌至矣。'"诗篇首联展现张维屏登上诗坛及初出官场时的气派。颔联记述张维屏出任黄梅知县时率领民众抗灾及在白鹿洞讲学的事迹。颈联叙述张维屏退居田园后的生活情景。尾联是眼前事。说的是当前景，所想象的却是往年事，尤其是"诗坛大敌"那件事。金醴香，番禺人，嘉庆庚申年（1800）于张维屏门下受业（《春游次南山诗韵》自注）。诗篇中，作者将翁方纲的惊叹看作师门中可为之荣耀的一件大事。

张维屏首度会试不中，第二年四月出都南归。出都之时，都中诗友为之饯行。嘉庆十五年（1810），三十一岁，二度赴京会试，依旧下第。失意归来，结庐于白云山中。嘉庆十七年（1812）秋，云泉山馆落成。张维屏作《云泉歌》以记。序文写道：

白云之麓，濂泉之滨。安期仙焉，东坡客焉，菊坡、泰泉庐焉。流风已遥，灵境无恙。同人于野，版筑乃兴。地据泉胜，余以云泉名之。标奇品幽，得二十境。嘉庆十七年秋落成。其明年北平翁学士自京师邮诗至汀州伊太守为之记，武进汤都尉为之图。斯图斯咏，以遨以游。缅怀古人，用谂来者。[②]

① 《新春宴游唱和诗》附录，《张南山全集》（三），广东高等教育出版社1994年12月版，页551。

② 《新春宴游唱和诗》附录，《张南山全集》（三），广东高等教育出版社1994年12月版，页133-134。

序文说明，此地有云有泉，愿与之常周旋。饥来煮云食，倦来枕云眠，拍手一笑三千年。

嘉庆十九年（1814），三十五岁，张维屏主讲粤秀书院。嘉庆二十年（1815）春，赴惠州讲学，入罗浮山览胜。

嘉庆二十二年（1817），三十八岁，三度赴京应试。同年，四月，觐见嘉庆帝。张维屏所作《南归途中述怀四首》（其一）自注："大挑[①]一等，四月初七日引见勤政殿。"诗篇所记即此事。大挑一等，此事尚有《道光壬午四月初四日，乾清宫引见，蒙恩以知县即用，恭纪》[②]为证。该诗自注："选临高县教谕。"张维屏虽获委任教职，而以亲老、不欲渡海、身体有病为由推辞，并未就职。

嘉庆二十三年（1818），三十九岁，由楚入都。嘉庆二十四年（1819），四十岁，张维屏第四次走进会试科场，但仍以落第而告终。十二月，于都中渡岁。

张维屏书法作品

（三）中晚述作阶段

张维屏人生三个阶段，已过去两段，而时世则越过两朝，即乾隆和嘉庆。他的功名，也得到两个，即秀才和举人。至于进士，就得等到道光一朝。

道光元年（1821），四十二岁，张维屏率子、侄赴四会学舍探望父亲

① 大挑：所谓"大挑"，即为落第举人进入仕途所设的选拔制度，始于清雍正朝，至嘉庆朝成为定制。凡是连续三科未中进士的举人，均可获得每十二年一次的选拔资格，以20人为一组，由皇帝指派的王公大臣从中挑选出一等3人，二等9人，计12人。

② 《松心诗录》卷五，《张南山全集》（三），广东高等教育出版社1994年12月，页93。

张炳文。道光二年（1822），四十三岁，春，张维屏北上应考，这是他第五次赴京。此次张维屏终于会试中式，并得朝考入选，于乾清宫获得道光帝引见。以知县分发湖北，署黄梅。夏，出都，由河汉抵楚。七月，任湖北乡试考官。十一月，上任黄梅知县。

道光三年（1823），四十四岁。五月，家人自粤至黄梅。夏，江水决堤，张维屏于实地勘察水情，捐资赈灾，作《黄梅大水行》，诗篇自注："余勘灾，舟为急水冲去，力抱枯木，乃免于溺。"秋，张维屏乞假归省未允，调署松滋[1]。道光四年（1824），春，在松滋。夏，调补长阳，未到任，调补广济。秋，履广济任。道光五年（1825），秋，入楚闱分校。十一月，舟次汉口。时，调署襄樊同知。冬，离广济任。道光七年（1827），父炳文卒，时年七十四。二月，自楚旋粤，返乡丁忧。

道光十年（1830），丁忧服阕，北上求职，朝见道光帝于勤政殿。道光十一年（1831），居家候命。道光十二年（1832），奉命改掣江西，署袁州府同知。旋入江西乡闱分校，摄泰和县事。道光十三年（1833）八月，卸泰和县事赴南昌，署吉安府通判。道光十四年（1834），转饷楚北。秋，任江西乡试内帘收掌官。道光十五年（1835），权守南康。道光十六年（1836），二月诣白鹿洞书院，率诸生行春祭礼，致祭于鹿洞。三月游庐山，作有《匡庐集》《豫章集》。四月卸南康府事返南昌，奉命往建昌捕蝗。以民事虽已卸郡，不敢辞劳，即驰往建昌县督捕。五月至南昌，请假旋粤。秋八月，告假自江西返粤里所。

张维屏五次入京会试，仕途经历十年，汲汲于功名，但沉迹下僚，无所建树。最后于道光十六年（1836）在南康府辞官告病南归，以老渔为自己的归宿。道光十七年（1837），五十八岁，张维屏由桂林返粤。赁居花

---

① 李光庭《奉答南山大尹见寄〈雪堂歌〉》自注："南山乞假归省，大宪慰留之。旋调署松滋。"《听松庐诗钞》卷十一附录，《张南山全集》（一），广东高等教育出版社1994年12月版，页303。

地（又称花埭）潘氏别业东园，开始他的闲居生涯。在花地东园，度过三年闲适生涯。紧接着，鸦片战争爆发，国家、民族时时告急，张维屏的田园生活也不得安宁。但此时，脱离了宦海的风波，没有“良臣”的约束，他的思想似乎也产生了一定的变化。道光十九年（1839），张维屏六十岁，二月，林则徐[①]以钦差大臣之职到达广州，召集粤秀书院、越华书院、羊城书院三大书院学子入贡院，测试对于禁烟的认识。张维屏应邀赴林署所议设局收缴烟枪事。十一月，张维屏、梁廷枏、黄培芳等到林寓所小集，交谈时事。

道光二十一年（1841），六十二岁。闰三月，林则徐离粤赴浙，过东园话别。四月，广东三元里爆发抗英之役，广州人民歼敌数百。张维屏作《三元里》七言歌行一首，记述千众万众为保卫家室田庐愤愤生勇、合力抗击英军的情景。五月，英军入侵广州。张维屏作《珠江》等作品，反对外敌侵略、赞颂人民抗战。此外，张维屏还作《祭两江总督博尔济吉特公文》，记录自己与一名抗英总督的交往。文载：“道光辛丑，英夷犯浙，宁波失守。钦差大臣两江总督博尔济吉特公裕谦死之。忆丙戌屏为襄阳郡丞，公出守荆州，访屏于樊城官署，谈燕竟日，相得甚欢。”[②]这表现出张维屏对于历史上这场因鸦片而爆发的战争及其所带来的灾难的关注。

---

① 林则徐（1785—1850）：字元抚，又字少穆、石麟，晚号俟村老人、七十二峰退叟、瓶泉居士、栎社散人等，福建省侯官县（今福州）人。嘉庆十六年（1811）进士。曾任湖广总督、陕甘总督和云贵总督，两次受命钦差大臣。道光十九年（1839）虎门销烟成为清帝国与大英帝国爆发第一次鸦片战争导火线。战争爆发不久，被构陷革职，发往新疆戍边。道光二十五年（1845）重获起用，历任陕甘总督、陕西巡抚、云贵总督等职，加太子太保。道光三十年（1850）奉命镇压拜上帝会起事途中，病逝于潮州普宁。获赠太子太傅，谥号“文忠”。有《林文忠公政书》等传世。

② 《听松庐骈体文钞》听松庐外集卷四，《张南山全集》（十八册）听松庐藏，羊城西湖街富文斋刊印，香港大学图书馆藏。

六松园古石桥（张维屏曾在广州花地六松园寄居）

道光二十五年（1845），六十六岁，魏源[①]书来，寄所著《海国图志》。张维屏赋《魏默深进士源书来，以所著〈海国图志〉见寄，赋此奉

① 魏源（1794—1857）：原名远达，字默深，一字墨生，又字汉士，号良图，湖南邵阳金潭（今邵阳市隆回县金潭）人。道光二年（1822）参加顺天乡试，考中举人。著《海国图志》一百卷。

报，即题卷端》为报。

道光二十六年（1846），六十七岁，夏，二儿祥瀛购地建筑听松园，于道光二十七年（1847）春落成。张维屏《听松园》序云：“园在珠江之南，花埭（花地）之东。大通寺居其前，杏林庄在其后。地十馀亩，中有二池。乔木林立，盖百年物也。二儿祥瀛见而爱之，欲购为余娱老之所，余止之。瀛固请，谓园易得树难得，遂听之。瀛度地施工，为堂、为廊、为轩、为亭、为楼、为阁、为室、为厨、为桥、为舟。经始于丙午夏，落成于丁未春。”[①]张维屏寓居东园已九载。听松园落成，张维屏赋《园中杂咏》九首，叙说自己目前处境，也说自己的归宿。从读书、做官，到辞官返乡，最后又回到书本中来。道光二十八年（1848），六十九岁，魏源至粤，往访芳村听松园。道光三十年（1850），七十一岁，三月，清水濠阅兵。

咸丰六年（1856）九月发生亚罗号事件，英军占领猎德炮台，进攻广州，第二次鸦片战争爆发。张维屏有《战场》一诗记其事。这年秋，张维屏避乱迁居，住进离广州城三十里的城西泌冲。咸丰八年（1858），七十九岁，一月，赋《新年入城》诗。咸丰九年（1859）正月，游花埭诸园，赋《新年》诗，诗篇自注：“余从不扶杖。”又注：“每日饮酒必读书。”诗篇叙述新年到来时的情形。同年九月十八日（10月13日），张维屏病逝于清水濠里第，享年八十岁。死后，葬于广州城东北银坑岭（今广州市天河区龙洞村与长湴村之间），与一年前去世的夫人金氏合葬。

历史转折与诗学主张

清嘉庆、道光年间，中国历史上发生了一件大事，这就是第一次鸦

---

① 《松心诗集》癸集草堂集，《张南山全集》（二），广东高等教育出版社1993年11月版，页501。

片战争。第一次鸦片战争，自1840年6月至1842年8月，也就是清道光二十年（1840）五月至道光二十二年（1842）七月。历史学家以1840年（道光二十年）作为一个分界线，将中国历史划分为二段：1840年以前为古代，1840年以后为近代。第一次鸦片战争爆发时，张维屏六十一岁。历史上几位重要人物：林则徐、魏源、龚自珍，都是他的好朋友。林则徐被派到广州，曾和张维屏讨论禁烟大计。魏源，《海国图志》作者，被称为第一个睁开眼睛看世界的中国人，和张维屏关系很好，时有诗书往来。另外，龚自珍，近代的一位思想家，和张维屏意趣相投，二人都具有近代启蒙思想。就当时的历史背景看，张维屏和林则徐、魏源、龚自珍，政治立场都很贴近那个时代。而就张维屏所处学术背景看，他崇尚风、雅的诗学观的确立，与嘉庆、道光年间的诗学建构密切相关。

（一）贴近时代的政治立场及诗学转型

嘉庆、道光年间，对于清诗创作而言，是一个相对平庸的时期。诗学的状况与之相适应。蒋寅认为，无论从哪方面看，嘉、道诗学都呈现一种平庸的面貌。不过，他同时也指出：“嘉、道诗学整体上却有一个醒目的倾向，在某种意义上也可以视为清代诗学的转型，即诗学开始重视记录性而淡化了理论与评论色彩。”并说：“我阅读此期诗学著述的印象是，探讨理论、技法与注重批评的诗话数量锐减，而宣称以表潜阐幽为主旨的诗话明显增多。以记录性为主的地域诗话和同人诗话成了诗话的主流，‘以诗存人’或‘以人存诗’成为诗话编撰的主要动机，记录逸事和标榜风流取代论才较艺而成为诗话的主要内容。”[1]这就是清代诗学的转型期。

蒋寅在《清代诗学史》中进一步阐述道：“我从清代诗学的历史发展中看到的，就是这样的阶段性：第一段是神韵派诗学，第二段是性灵派诗

---

① 蒋寅《清代诗学史》（上编），中国社会科学出版社2012年版，页56。

学，第三段是纪实性诗学，第四段是宋诗派诗学。”[1]四个阶段的推进，第三段是关键，这就是嘉庆、道光阶段。其所谓转型，体现在：嘉庆、道光之前的诗学重理论，嘉庆、道光之后的诗学重纪实。就历史发展看，这一阶段，也是新旧交替的一个年代。因此，以之论张维屏，他的诗学当属第三段，为纪实性诗学。和前两个阶段相比，张维屏的着眼点，已不在理论探讨，而是以人和诗作实证，为诗歌发展史留下记录。这一事实，从他编纂《国朝诗人征略》可得印证。这就是蒋寅所说“以诗存人”或“以人存诗”的意思。对此，张维屏当时似已有自觉的意识。用他自己的话讲，就在于通过人和诗的纂述，以“扬风扢雅，鼓吹休明”。

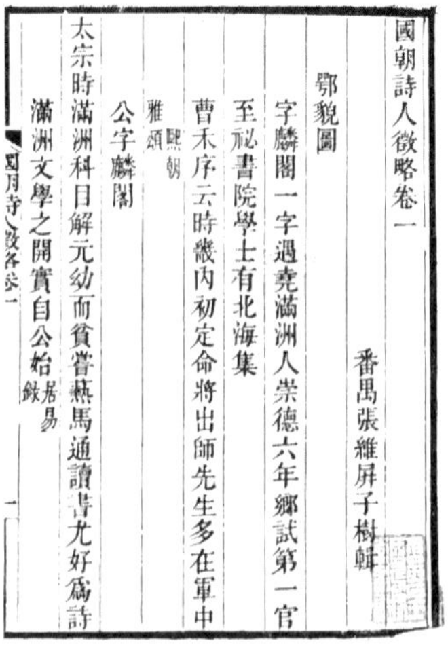
國朝詩人徵略卷一
番禺張維屏子樹輯
鄂貌圖
字麟閣一字遇堯滿洲人崇德六年鄉試第一官
至祕書院學士有北海集
曹禾序云時畿內初定命將出師先生多在軍中
雅頌熙朝
公字麟閣
太宗時滿洲科目解元幼而貧嘗蓺馬通讀書尤好爲詩
滿洲文學之開實自公始居易錄

《国朝诗人征略》卷一

张维屏其人，身处这一历史转折年代，不单在政治思想方面贴近时代，而且在诗歌创作及诗学理论方面，都带有明显的时代特征。他的诗歌作品数量相当可观，有诗集七种，作品总数达二千二百余首。张维屏的诗学理论，则体现在他所编撰的《国朝诗人征略》《艺谈录》《听松庐诗话》及诸多序跋作品当中。张维屏的诗歌创作和理论建树，是否超越了平庸，体现了自身的特色，另具自身的面目？弄清这些问题，有助于提升对古典与现代的认识，有助于实现对古典诗学传统的理解及建构。

（二）为诗人正名，为自己确定目标

从学术角度看张维屏的诗学建树，他的理论建树和前代不一样。在张维屏之前，有神韵说和性灵说，到了张维屏，侧重于纪实。所谓纪实，就

① 蒋寅《清代诗学史》（上编），中国社会科学出版社2012年版，页50。

是论说的成分较少，只把事实罗列出来。那么，在纪实过程中，如何体现他的政治立场？他崇尚风、雅的诗学观，究竟实质如何？此处拟通过他的《国朝诗人征略》自序和《毛诗序》[①]中有关风、雅的阐释，尝试就相关问题展开探讨。

张维屏在《国朝诗人征略》初编自序一中写道：

国朝文治昌明，人材辈出。名臣名儒，后先相望。即以诗论，自朝廷以逮闾巷，其间扬风扢雅，鼓吹休明，或为有德之言，或擅专家之业，云蒸霞蔚，富有日新，彬彬乎称依永和声之盛焉。屏赋性颛愚，寡所嗜好。暇日辄喜诵古人诗。诵其诗欲知其人，而其人生平事迹，大都散见于诸家文集及志乘说部诸书，爰即流（浏）览所及，随意录之。篇幅稍繁者，节录之。或见其事未见其诗，或偶见其诗而未遇会心者，姑缺之。岁月既积，卷帙遂增。思于纂述之馀，用广兴观之助，因厘为十卷，名曰《国朝诗人征略》。一日有客过余。览之曰："书中所载，多名臣名儒，而概以诗人称之，可乎？"余瞿然曰："微子言，余亦疑之。虽然，尝征诸古矣。"毛诗孔疏云："诗人览一国之意，以为己心，所言者诸侯之政，故谓之风；诗人总天下之心，以为己意，所言者天下之政，故谓之雅。观孔疏所称，诗人则周公、召公、卫武公、尹吉甫皆在其中矣。盖以人言，则智愚贤否，等有不齐；以诗言，则凡作诗之人，皆得谓之诗人。诗以人而重，人不以诗而轻也。"客曰："善。"越日，客复过余曰："《文心雕龙》言：'赋者，受命于诗人。'又言：'《离骚》，轩翥诗人之后。'是皆合风、雅、颂之诗人而通称之，亦可为是编之一证也。"客既去，余并书于卷端，以质诸博雅君子。[②]

张维屏编纂《国朝诗人征略》初编及二编，旨在为国朝诗人立传，但

① 见第3页注释①。

② 张维屏《国朝诗人征略》，中山大学出版社2004年12月版，页5-6。

编中所载，多为名臣、名儒，为何一概以诗人名义称之？友人提出质疑。张维屏说，他的做法，自古以来，已有先例。这就是毛诗孔疏[①]所提供的证据。

张维屏在《国朝诗人征略》初编自序一中引毛诗孔疏以阐发自己的观点，牵涉到两个方面的问题：第一，风、雅与政事的关系问题；第二，诗人与政治家的关系问题。

1. 风、雅与政事的关系问题

风和雅，诗六义中两个重要组成部分。二者皆与政事相关，但有大小之分。以下试逐一加以列述。

关于风，《毛诗》曰："是以一国之事，系一人之本，谓之风。"孔疏云："诗人览一国之意，以为己心，故一国之事系此一人，使言之也。但所言者，直是诸侯之政，行风化于一国。"张维屏自序引用作："诗人览一国之意，以为己心，所言者诸侯之政，故谓之风。"虽说疏不破注为唐人惯例，但孔疏在此对《毛诗》有了新的发挥，将重点放在一国一人上，说明乃小范围内的政事。

这是对于风的解释。《毛诗》说，这是一国之事。一国之事，系于一人。孔疏进而说，此一人者，作诗之人也。其所作诗，道己一人之心。其一人之心，是一国之心。一人代表一国。将一国的意，作为自己的心。一国之事，系此一人，一人也就成为一国的代言人。孔疏所说，是一人与一国的关系。张维屏紧接着孔疏，一语道破，指出，诗人以一国之意为己心，其所言者，就是诸侯之政事。

关于雅，《毛诗》曰："言天下之事，形四方之风，谓之雅。"孔

---

① 毛诗孔疏：即《毛诗正义》，唐代官书《五经正义》之一。唐孔颖达等编定。四十卷。《正义》主要阐释毛公《传》和郑玄《笺》，汇集魏晋南北朝学者研究《诗经》的成果，对理解《传》《笺》内容有较大参考价值。但由于《正义》恪守"疏不破注"的原则，因而承袭了《传》《笺》的某些错误；对毛《传》原意有时也作了误解。收入《十三经注疏》。

疏云："诗人总天下之心，四方风俗，以为己意，而咏歌王政，故作诗道说天下之事，发见四方之风。所言者，乃是天子之政，施齐正于天下，故谓之雅，以其广故也。"张维屏自序引用作："诗人总天下之心，以为己意，所言者天下之政，故谓之雅。"

这是对于雅的解释。《毛诗》说，言天下之事，令天下四方，形成良好风气，这就是雅。孔疏说，诗人体察天下民情，道说天下之事，彰显四方之风，出于己心而咏歌王政。诗人所歌咏者，乃是天子之政。这就是雅。张维屏的引用，直接将诗人的心意和王政联系在一起，突出诗歌和政事的关系。

关于风与雅，《毛诗》、孔疏的理解，从政事角度看，二者的区别，只是狭与广的不同：一个一国，一个天下；一个一方，一个四方。这就是说，风和雅，一个讲风俗与教化，属于政事的一个重要组成部分；一个直接讲政事，本身就是政事。风和雅，都是关于社会稳定和管理的问题，所不同的只是范围问题，这是政事角度的理解。而从作诗、取义的立场看，也就是作诗的目的看，风和雅，实际并无不同。正如孔疏所谓"风、雅之作，皆是一人之言耳"，即诗人一人之言。这就是说，诗人一人，无论览一国之意，以为己心，还是总天下之心，以为己意，其意和心，或者心和意，都"必是言当举世之心，动合一国之意，然后得为风、雅，载在乐章"（孔疏）。意思是，诗人一人所言，具一定代表性。在一定意义上讲，应说举世举国意见的集中。这是风和雅相同的一面。

由此可见，在政事方面，风和雅有不同的一面，也有相同的一面。不同与同，两个方面合而观之，则明显将风、雅等同于政事。这是孔疏的正义（详见《毛诗正义》[①]），代表孔颖达对于风和雅的理解。张维屏《国朝诗人征略》自序同样也作这样的理解。在张维屏看来，所谓政治家，

① 参见第13页注释①

包括名臣、名儒，一众皆为诗人。因其所为，无论一国之事，还是天下之事，都是大大小小的各种政事。而且，所谓政治家，其所言，既体现一国或者天下的政事，也曾以风、雅的形式载诸乐章，成为诗歌创作的一个部分。

这是张维屏《国朝诗人征略》自序引用《毛诗》、孔疏，所要说明的第一个问题。

2. 诗人与政治家的关系问题

张维屏自序称："观孔疏所称，诗人则周公、召公、卫武公、尹吉甫皆在其中矣。"这是孔疏所提供的事证，以说明诗人多为政治家，政治家多为诗人。例如，周公、召公、卫武公、尹吉甫，皆是政治人物，但又都是诗人。

周公，指周公旦，姬姓，周武王弟。召公，与周公同姓，与周武王、周公是兄弟辈。"破殷，入商宫。已杀纣，周公把大钺，召公把小钺，以夹武王。"（司马迁《史记》鲁周公世家第三）史实说明，周公、召公，都是曾经建功立业的政治领袖。

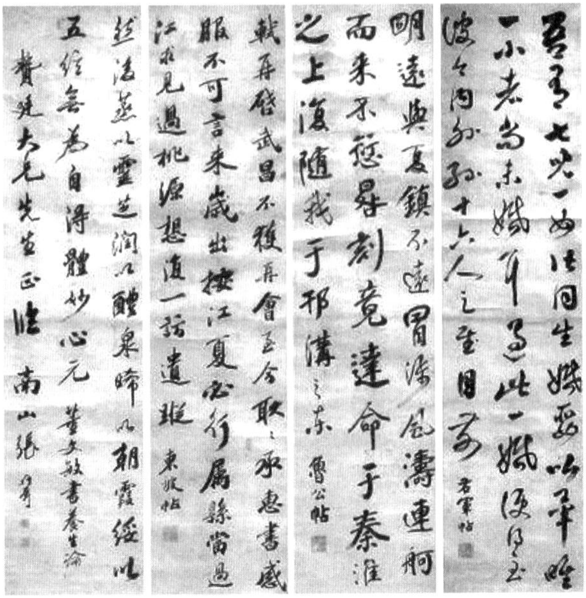

张维屏书法作品

《毛诗》曰："《关雎》《麟趾》之化，王者之风，故系之周公。南，言化自北而南也。《鹊巢》《驺虞》之德，诸侯之风也，先王之所以教，故系之召公。”这表明，《诗三百》中，若干篇章，与二公有关。

《毛诗》以为，《关雎》以至《麟之趾》诸篇，宣扬教化，乃王者之风，故归于周公名下，叫周南，表示王者的教化自北方而流布于南方。《关雎》，歌咏后妃之德，以端正夫妇之间的关系，为齐家之本，治国的开始。《麟之趾》，赞美诸侯公子。朱熹《诗集传》曰：“文王后妃德修于身，而子孙宗族皆化于善，故诗人以《麟之趾》兴公之子。”说明夫妇正，子孙兴。这都与教化有关。所以说，《关雎》以至《麟之趾》，在于确立王者风范，是王者教化的结果，属于周南。《鹊巢》，歌咏国君婚礼，赞颂夫人的美德。《毛诗序》云：“《鹊巢》，夫人之德也。国君积行累功以致爵位，夫人起家而居有之，德如鳲鸠，乃可以配焉。”《驺虞》，歌颂周文王教化。驺虞，猎人，说明南国诸侯承周文王之化，推恩及于仁兽。《毛诗序》云：“《驺虞》，《鹊巢》之应也。《鹊巢》之化行，人伦既正，朝廷既治，天下纯被文王之化，则庶类蕃殖，蒐田以时，仁如驺虞，则王道成也。”《鹊巢》以至《驺虞》诸篇，颂扬美德，为诸侯之风，乃先王用以教导百姓者，故归于召公名下，叫召南。

周公、召公，均以勋贵身份，参与并主持《诗三百》的创作与传播。虽未必即为某一特定篇章的作者，但相关篇章体现推广王道、化行王道的言论和行动。所以，孔颖达的《毛诗正义》，赋予二公以诗人身份。

卫武公，卫国国君，周公弟弟康叔的九世孙。《诗经・大雅・抑》（《大雅・荡之什・抑》），据说就是这位国君所作。《毛诗序》曰：“《抑》，卫武公刺厉王，亦以自警也。”据说《诗经・卫风・淇奥》就是歌颂这位国君的。

尹吉甫，西周尹国国君，辅助周宣王中兴周朝。《诗三百》中存有他的作品，大雅中的《崧高》《烝民》《韩奕》《江汉》，据说都是他的作品。尹吉甫被尊称为“中华诗祖”。

周公、召公、卫武公、尹吉甫，王公、诸侯、重臣，孔疏都将他们当作诗人看待。张维屏的引用，目的在于印证政治家皆诗人这一论断。这是张维屏《国朝诗人征略》自序引用《毛诗》、孔疏所要说明的第二个问题。

张维屏《国朝诗人征略》自序，既为诗人正名，也为自己、为人、为学确定方向与目标。对于人和诗，他明显将人摆在首位，诗次之。但并不弱化诗的作用。诗歌创作，关乎政事，从这一意义上讲，诗人与政治家没有区别。政治家就是诗人。只是说，能作诗的人，不一定是政治家而已。这篇自序，和张维屏的诗学理论及诗歌创作密切相关，可以看作他崇尚风、雅的诗学观的总纲领。

（三）选诗、作史，展现诗学主张

依据《国朝诗人征略》自序所标榜，可见张维屏所纪实，乃以人为主而不是以诗为主，乃为着传人而不是为着传诗。人与诗相比，张维屏更加看重人。他以为：凡是作诗的人，他的诗无论什么内容，是借题发挥，还是缘事而发，也无论说些什么，是自己所想说的，还是别人想说而没说的，都应当被称为诗人，而不必专门说他作得好与不好。所以，编中所录，才那么广泛。社会上各阶层人士，凡作诗者，皆得以入传。

张维屏《国朝诗人征略》初编六十卷，收入诗人九百二十九家；二编六十四卷，收入诗人二百六十二家。从入选的诗人来看，张维屏所作政治上的观照，大致体现在两个方面：一方面，选择一些他认为有管仲之才的人物进行推介；另一方面，突出人物的事功。两个方面，都显示了他崇尚风、雅的诗学观。张维屏晚年所编纂的《艺谈录》，十分注重这两个方面的体现。

例如，对于海内诗人洪亮吉的介绍，就十分注重突出其言事的勇气及遭遇。《艺谈录》记载：

洪亮吉字稚存，阳湖人。乾隆庚戌赐进士第二人，官翰林院编修。

编检例不奏事，己未秋，君上书成亲王及朱尚书珪、刘尚书权之，冀其转奏。成亲王以原书进呈，大指谓圣躬宜勤政、远佞臣，工多奔竞营私。语过激，有旨交军机大臣与刑部会鞫，献上当君大不敬，拟斩立决，特恩免死，发往伊犁。庚申四月，京师旱，上亲书谕旨，释令回籍，旋得甘雨。①

其人其事，主要说政事。说他的敢言，直指圣上，险些被斩决。而于人物（洪亮吉）条下，张维屏只介绍一首七言绝句。云：

大九州藏小九州，大瀛海外水仍流。九州各有开天圣，迭柱乾坤到尽头。②

张维屏对于这首小诗，给予很高的评价，说："此诗何等心胸，何等眼界。"并且特别揭示其中"开天圣"的含义，说："孔子开圣教，老聃开道教，释迦开佛教，麻哈默特开回教，耶稣开天主教，彼亦自谓开天圣也。"简直将诗篇作者当圣人看待。

又如，对于粤东诗人陈殿兰的介绍，则特别推举他的事功。《艺谈录》记载：

陈殿兰字香浦，新会人。诸生即选训导。

咸丰四年六月初一日，开防御公司于冈州书院。（《冈城枕戈记》）

十八日，猪头山土匪作乱。二十一日，在籍都司梁英忠首捐银

① 《艺谈录》卷上，《广州大典》第十四辑·自著丛书第十一册，页563。

② 张维屏《清代诗人艺谈录》，《三百年来诗坛人物评点小传汇录》乙编，中州古籍出版社1986年版，页345。

三百两，并请邑侯加捐五千两。自六月初一日开局至八月十四日解围，共享银三万一千两。此后所用另记，非有此力，不易言守也。（《松轩随笔》）

二十二日，公局请富户至局签捐，选精勇必凭绅士的保。七月初七日，杜阮乡匪黄协成等纠众多遁。初八日，会匪陈松年等纠众踞江门狗山，竖旗作乱。初十日，官绅率兵勇登城，分阵守御。兵勇约一千四五百人名。十三日，沙坪贼攻陷鹤山县城。知县被执不屈，死之。闻鹤山城破，绅士借辞潜遁。留局者唯何管、何超光、陈殿桂、殿兰、何定章、张青柏、许德元而已。谭锡朋、张云帆、梁逢吉亦在围城内。七月十五日至闰七月二十九日，大小数十战，盐菜已尽，人食树皮。八月十四日，援兵水陆并进，打破贼兵，贼遁，解围。十五日，论解围功，大犒水陆援兵。（《冈城枕戈记》）[①]

以上记载，出自陈殿兰《冈城枕戈记》及张维屏《松轩随笔》。《冈城枕戈记》共二卷，有清咸丰五年刻本。说的是乡匪作乱，“官绅率兵勇分阵守御”事迹。自咸丰四年（1854）六月初一日开设防御公司说起，六月一日开局，十八日，猪头山土匪作乱，至八月十四日，破贼，解围。逐一记录在案。

以上二例说明，张维屏编纂《国朝诗人征略》重人而不重诗，乃为着“于纂述之馀，用广兴观之助”。兴与观，乃至群与怨，这是《诗三百》的功能，孔门诗教的全部内容。用现在的话讲，所谓兴与观就是一种政治上的观照。对此，和张维屏同时代的思想家龚自珍，也有同样的看法。龚自珍为张维屏《国朝诗人征略》撰写序文，曾将选诗与作史并举，谓张维屏的《国朝诗人征略》，不仅仅是选诗而已，乃将作史隐之乎选诗，又兼通乎选诗者也，即《国朝诗人征略》既是一部诗的选本，也可当史看待。

① 张维屏《清代诗人艺谈录》，《三百年来诗坛人物评点小传汇录》乙编，中州古籍出版社1986年版，页435。

龚自珍赞扬张维屏之以选诗为作史，谓“其门庭也远，其意思也谲，其体裁也赅”，并谓“诗与史，合有说焉，分有说焉，合之分，分之合，又有说焉”。以为张维屏的“国朝诗征”，“怀史佚之直，又须中孔门之律令”，真正能够“触吾心而赴吾志”，有助他《古史钩沉论》的写定。[①] 龚自珍作为诗人，又兼思想家，对于诗和史的论断，精辟独到，既注重对张维屏选诗的评价，也更加突出张维屏作史的意义。选诗、作史，于纪实中展现诗学主张、展现诗学观，这就是处于清代诗学第三个阶段所谓纪实性诗学的特征。

思想启蒙与诗歌创作

在清代诗歌发展史及清代诗学发展史上，张维屏作为诗坛一位颇具影响力的人物，既以选诗、作史的手段，编纂诗话，体现诗学主张和诗学观，亦以大量的诗歌作品，体现他的思想与事功。鸦片战争期间，张维屏写了《三元里》（参见本书第46页）。因为这首诗，张维屏被视作抗英英雄。而在《三元里》之前，张维屏于道光四年（1824）所作《新雷》，就已带有启蒙思想。张维屏《新雷》曰：

造物无言却有情，每于寒尽觉春生。千红万紫安排著，只待新雷第一声。

诗篇说，造物者不善言语却有情思，往往于寒尽之时，安排千红万紫，等待春天的到来。究竟诗篇想说些什么呢？其中应该有二物，此物与彼物。近的是此物，在里面，看不见、听不到；远的是彼物，看得见、听

① 龚自珍《张南山国朝诗征序》，张维屏《国朝诗人征略》，中山大学出版社2004年12月版，页3-4。

得到。彼物是什么呢？是新雷，是新雷的声音，就是雷声。此物呢？在里面，在心中，是心声。新雷第一声，写的就是心声。明显以雷声比喻心声，这是从心中发出的一种雷声。张维屏提出，要听“新雷第一声”，表现新时代在思想上的特色，这个第一声就是从心里迸发出来的心声，希望人才得到重用，让读书人在社会上发挥作用，这就是当时的先进思想。

张维屏的《新雷》和龚自珍的《己亥杂诗》（其一百二十五）“我劝天公重抖擞，不拘一格降人材”一样，发自内心，是一种生命的呼唤。两首诗思路一致，但《新雷》早了十五年。可见，张维屏当时，已经有一种新的先进思想，走在时代潮流之前。

以下看看张维屏居官期间所作的《黄梅大水行》。这是一首长篇五言排律，作于道光三年（1823）秋，其时，他在松滋任上。而所记述的事情，发生在这年的夏天，当时，张维屏担任黄梅县令，为一县的主事者。诗篇写道：

东去连鄱湖，西来通蜀江。浩浩江湖间，波浪相冲撞。邑当吴楚交，其南即浔阳。八省之通衢，冠盖纷道旁。朝夕疲送迎，中夜披衣裳。飘然欲归去，笼鸟不得翔。由春以及夏，恒雨无时旸。阴霾压四野，道路成陂塘。始虑损禾稼，未料伤堤防。何期雨不止，江涨非寻常。堤圩夜走报，水长三丈强。冲泥急奔赴，寝食不暇遑。滨江皆可虞，迎溜尤难搪。捐赀集畚筑，那复愁空囊。千夫共邪许，众力相扶匡。岂知尽人力，未克回天殃。一决数千尺，顷刻成汪洋。冯夷舞澎湃，鱼鳖争跳踉。富人预绸缪，举室迁高岗；穷民无所之，结茅傍菰蒋。棚栖与露宿，藉草以为床；魂魄惊乍定，饥饿病欲僵。贱子愧邑宰，忧劳职所当。小舟犯骇浪，沿堤散干粮。飞书报大吏，章奏陈天阊。皇心廑赤子，恩膏逮穷氓。发帑拯凋瘵，蠲赋苏痍疮。大小四十员，治事诚周详。青蚨按户口，白粲盈筥筐。灾黎十八万，庶几免流亡。贱子筋力尽，微命仰昊苍。自夏以迄秋，艰苦躬备尝。转忆始涉险，堤溃水若狂。是时夜将半，月黑星无光。急流冲一叶，力挽逢枯桩。舟幸不破碎，死生判毫芒。一身讵足惜，万户良可伤。比闻川涨盛，泛滥及湖湘。又闻江浙间，淫潦淹村庄。下流既弥漫，上流益纵横。昔为爽垲地，今亦卑湿乡。天公悯黎庶，蛟鼍敢鸱张。所望千里流，早注百谷王。哀嗷雁泽聚，修筑鸠工良。会看鼛鼓集，复见虹堤长。董事有能者，余方束轻装。梅民苦念我，相送立周行。我虽出坎险，临行转徊徨。中年历忧患，境过安敢忘。缅怀饥溺意，恻怆留篇章。①

诗篇所述内容，大致包括三个部分。第一个部分，自开题一句至“寝食不暇遑”句，记述黄梅的地理位置及大水的由来。谓黄梅地处吴楚之交，东边连鄱阳湖，西边与蜀江相通，南边有江西的浔阳江。水路交通，本来不应造成灾害，但由春到夏，雨下个不停（恒雨），导致江水上涨。开始时担心庄稼受损，没想到伤及堤防。这件事，令自己寝食不安。第二个部分，自“滨江皆可虞”句至“死生判毫芒”句，记述赈灾的过程。由近及远，由小到大，展现赈灾的场面。先说一人（捐赀），后说千夫（众力）；先说贱子，后说大吏；先说皇心，后说穷氓。当中，加个小插曲，说自己于急流冲击中，如何因树枝相挽而得以免死。第三个部分，自“一身讵足惜”句至全篇结束，记述个人的感想。由一身，说及万户，既表达一身对于万户饥溺的缅怀，也表现万户对于一身不顾坎险的拥戴。一身教化和济万户，显得一团和气。

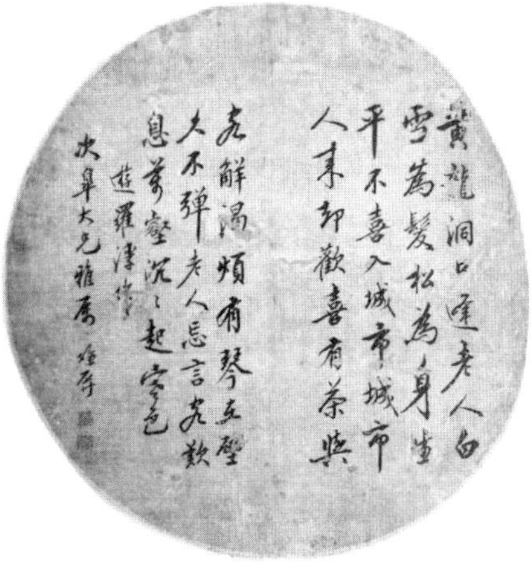

张维屏书法作品

① 张维屏《听松庐诗钞》卷十，《张南山全集》（一），广东高等教育出版社1994年12月版，页290-292。

以上这一事例，既体现张维屏为官时的政绩，也可见张维屏的历史观和诗学观。就社会现实看，富人与穷民，在这场大水中，表现不同，但未出现冲突。富人未雨绸缪，预先给自己在“高岗”安排好住处，全家搬迁。穷民没地方逃避，只好在水边搭建草棚，暂且栖身。作为一县主事者、老百姓的父母官，张维屏身先士卒，承担起责任。他一方面，驾上小船，沿堤为灾民派发干粮；另一方面，飞书上司，报告灾情，并且呈上奏章，直达天听。下情上达，朝廷派员四十，周详治事，给各家各户派发钱币和白米，让十数万灾黎免受流亡之苦。官和民，富人与穷民，相安无事。这应当是张维屏理想中的大政事。而就美刺风化讲，一个社会的人伦关系，风与雅，应当也是诗人所追求的一个目标。两个方面，社会的安定及人民的文明程度，现代人说和谐，以前说王道，都是对于风、雅的一种诠释。

白居易《读张籍古乐府》诗云：“张君何为者，业文三十春。尤工乐府诗，举代少其伦。为诗意如何，六义互铺陈。风雅比兴外，未尝著空文……”他认为张籍的古乐府，和他自己的新乐府一样，都没超出“上可裨教化，舒之济万民”的范围。尤其是他自己所创作的新乐府，每一篇都有明确的用意，为时、为事，目标十分明确。教化和济万民，实际上就是张维屏论述有关一国和四方的大小政事的目的。张维屏崇尚风、雅，和《诗经》、乐府诗，乃至白居易铺陈六义的精神，一脉相承。

和白居易一样，张维屏崇尚风、雅的诗学观，主要体现在诗教，而非诗学。比起他的前辈，张维屏对于以诗设教，有所推进，但在诗学方面没有什么建树。上文所列举，他的《国朝诗人征略》自序，从《毛诗》说到笺和疏，即由诗的解释，说到解释的解释，层层包装，十分繁重，但一国、天下，一方、四方，只是大与小的区分而已，二者并无实质上的区别。张维屏以诗设教，利用诗歌进行社会伦理道德的说教，具有现实价值，但其诗少诗学价值，对于诗歌自身，并无太大益处。在当时的现实社

学海堂丛刻全套四册，清光绪三年（1877)粤东省西湖街富文斋承接刊印，香港大学冯平山图书馆藏

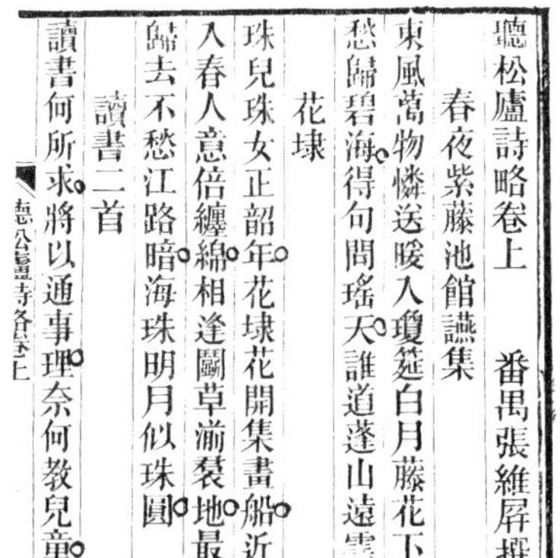

聽松廬詩略卷上　番禺張維屏撰　陳澧編
春夜紫藤池館讌集
東風萬物憐送暖入瓊筵白月藤花下春人楊柳邊容
愁歸碧海得句問瑤天誰道蓬山遠雲屏六曲前
花埭
珠兒珠女正韶年花埭花開集畫船近水柳條增嫵媚
入春人意倍纏綿相逢鬬草湔裙地最好清明穀雨天
歸去不愁江路暗海珠明月似珠圓
讀書二首
讀書何所求將以通事理奈何教兒童誘以博青紫
聽松廬詩略卷上　一

《听松庐诗略》卷上，学海堂丛刻之三，粤东省西湖街富文斋承接刊印，香港大学冯平山图书馆藏

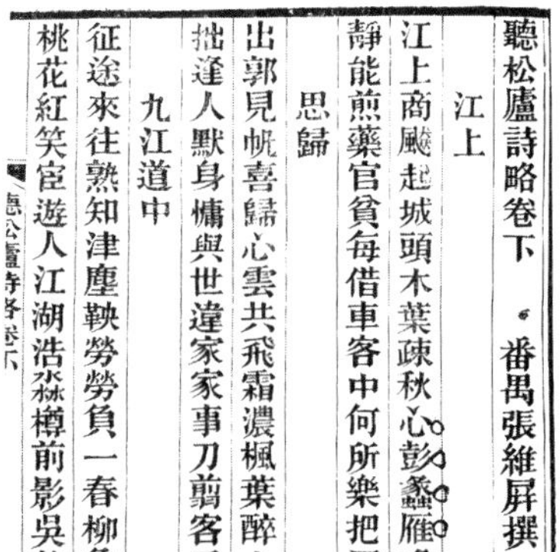

聽松廬詩略卷下　番禺張維屏撰　陳澧編
江上
江上商飈起城頭木葉疎秋心彭蠡雁晚食武昌魚僮
靜能煎藥官貧每借車客中何所樂把酒看家書
思歸
出郭見帆喜歸心雲共飛霜濃楓葉醉水活荻苗肥宦
拙逢人默身慵與世違家家事刀翦客子正無衣
九江道中
征途來往熟知津塵鞅勞勞負一春柳色碧催寒食節
桃花紅笑宦遊人江湖浩淼樽前影吳楚蒼茫畫裏身
聽松廬詩略卷下

《听松庐诗略》卷下，学海堂丛刻之三，粤东省西湖街富文斋承接刊印，香港大学冯平山图书馆藏

会中，诗歌已成为统治者教化的工具。

总的看来，张维屏崇尚风、雅的诗学观，正是《诗大序》所体现的理念。张维屏思想上的“今”，以及他学术创造和诗歌创作中的“今”，皆来源于“古”——崇尚风、雅的“古”。这也就是说，张维屏在当时，与同时代的人相比，他的思想很先进，但政治立场及诗学观点，还是比较保守的。《诗大序》说风、雅，讽刺、讽诵，以及大政事和小政事，中心思想就在于维护封建统治。张维屏说风、雅，所谓一国之事和天下之事，中心思想在于巩固中央集权，同样也是为维护封建统治。用现在的话讲，就是文学为政治服务，这是现代的概念，也是古代的观念。在诗歌创作理论方面，张维屏没有突出的建树；在清代诗学发展史上，尚未能与几位开宗立派的诗坛先进一比高下；在诗学建设方面，无法超越平庸。张维屏的这一状态，在他为官十载期间如此，退归乡里，赋闲二十余载，也还是这个样子。不过，处于历史转型期的张维屏，思想上的转型，令他的诗歌创作体现出新时代新的特色和新的面目。这就是张维屏足以傲视前辈的一个事证。因此，作为现代读者，仍然可以从张维屏的诗歌创作实践中看出其超越平庸的特色和面目。

结语

张维屏自嘉庆十二年（1807）开始，先后四次赴京会试，皆落第，一直到道光二年（1822），会试中式为殿试二甲进士，才开始他的仕宦生涯，即自道光二年（1822）至道光十六年（1836）。但担任官职期间，张维屏因父去世丁忧居家三年，仕途经历仅十年，并且一直在湖北、江西任上，所谓“十载以来，四为县令”（《县言序》）。道光十六年（1836），五十七岁，辞官归故里。道光十七年（1837），五十八岁，至咸丰九年（1859），八十岁，为其著述、交友的诗书生涯。

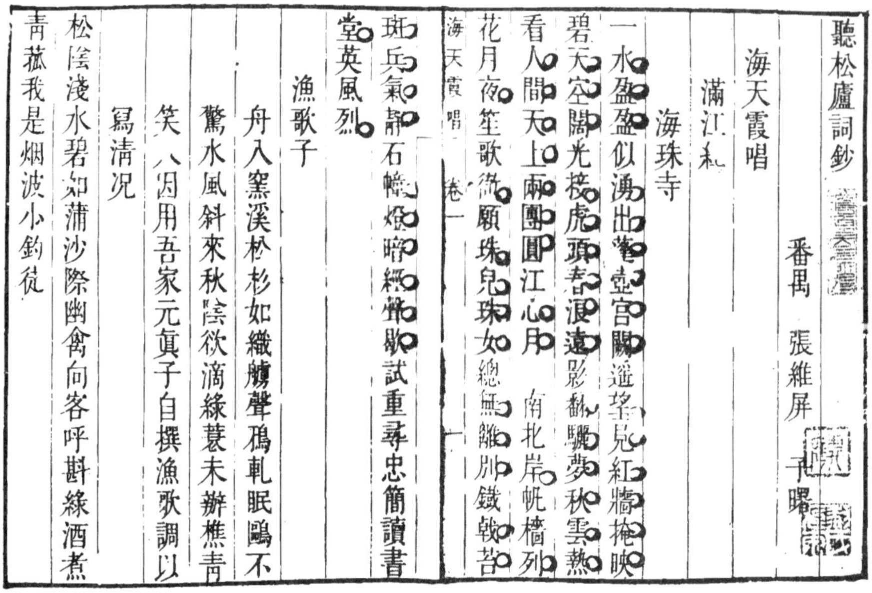
聽松廬詞鈔
番禺 張維屏子樹
海天霞唱
滿江紅
海珠寺
一水盈盈似湧出蓬壺宮闕遙望見紅牆掩映
碧天空闊光接虎頭春浪遠影飄鵝夢秋雲熱
看人間天上兩團圓江心月 南北岸帆檣列
花月夜笙歌徹願珠兒珠如總無離別鐵敦苔
海天霞唱 卷一 一
斑兵氣銷石帨燈暗經聲歇試重尋忠簡讀書
堂英風烈
漁歌子
舟入窯溪松杉如織艣聲鴉軋眠鷗不
驚水風斜來秋陰欲滴綠蓑未辨樵青
笑八因用吾家元真子自撰漁歌調以
寫清况
松陰淺水碧如蒲沙際幽禽向客呼斟綠酒煮
青菰我是烟波小釣徒

《听松庐词钞》

八十年人生旅程，张维屏经历乾隆、嘉庆、道光、咸丰四朝以及两次鸦片战争，经历了中国历史发展的两个不同时代，亦经历了中国文学历史发展的两个不同时代——古代与近代。张维屏作为一名“读书人家”的读书人，读书仕进，尽心尽力，做官为民，亦奋不顾身。所谓“用之则行，舍之则藏”。辞官后，出长学堂，课徒授业，游园吟诗，亦算平安无事。而道光二十年（1840），鸦片战争爆发，之后整整二十年，就“藏”得并不安稳。这期间，张维屏和林则徐、魏源一班人士交往，既激发其投身现实斗争的热情，亦有助其张开眼睛看世界。张维屏此时的政治观念、思想观念、文化观念均有较大的转变。在人生历程的最后二十年，张维屏不仅创作了《三元里》《三将军歌》《越台》等堪称史诗的篇章，创作了《火轮船》等歌咏来自异域新事物的诗篇，而且，对于自己的述作，在指导思想上也作了调整，可见其是一位能够跟上时代潮流的诗人。

张维屏的诗书事业经过求仕、为官、家居三个阶段，晚年自刻印章云“乾隆秀才”“嘉庆举人”“道光进士”“咸丰老渔”。三个阶段、四种身份，正是他一生经历的自我概括。咸丰六年（1856）九月三十日，七十七诞辰，门人李长荣献联奉祝，曰：“诗称三子，学绩三馀，望重三城，福懋三多，寿祝三秋，愿松柯益健，菊节弥香，文囿词场陪杖履；身历四朝，名高四海，官尊四品，科连四世，堂开四代，况夫妇齐眉，儿孙晋爵，国恩家庆乐林泉。”[①]（三子：张维屏、龚自珍、魏源；三馀：董遇“三馀”读书说，即“冬者岁之馀，夜者日之馀，阴雨者时之馀”；三城：京、省、县；三多：多福、多寿、多男子；三秋：张维屏寿在九月，故曰三秋；四朝：张维屏一生历乾隆、嘉庆、道光、咸丰四朝）联语所云，也正是对张维屏一生立德、立功、立言三不朽事迹的总归纳。

义理、考据、辞章，三者并重，既是桐城派文论纲领，也是文章学或者文体学的三大构成要素。张维屏一生，阅历丰富，见多识广，并且精于学、勤于思，平生述作，义理、考据、辞章，三者得兼。仅就辞章一项，依其所涉及体裁，大致可划分为三大类别：古近体诗创作、长短句歌词创作及各体文创作。是编作为张维屏的一个读本，拟对其部分作品作一推介，分别为诗部、词部及文部三个门类，包括原文、注释、评析三项。以作品解读为主，即于讲述思想内容及艺术形式的基础之上，依文体特色加以评析。除了留意吸取前人及时贤研究成果外，亦时而加入编纂者的阅读心得。采录篇章，据《张南山全集》三册[②]及《听松庐词钞》（载于《广州大典》第五十九辑·集部词类）。因限于水平，亦难免以偏概全，敬请方家批评指正。

---

① 李长荣《张维屏传》，《广州大典》第五十七辑·集部总集类，第26册，页483。

② 《张南山全集》三册：《张南山全集》（一），广东高等教育出版社，1994年12月第1版，主要内容为《听松庐诗钞》；《张南山全集》（二），广东高等教育出版社，1993年11月第1版，主要内容为《松心诗集》；《张南山全集》（三），广东高等教育出版社，1994年12月第1版，主要内容为《松心诗录》《松心杂诗》《新春宴游唱和诗》《花甲闲谈》。

诗部

题解

据目前刊行的《张南山全集》[1]，张维屏古近各体诗别集，包括《听松庐诗钞》十六卷、《松心诗集》十集、《松心诗录》十卷、《松心杂诗》十种、《花甲闲谈》十六卷、《新春宴游唱和诗》一卷，计六种。其中，《松心诗集》十集，又名《松心十集》。

《听松庐诗钞》十六卷，为张维屏道光年间刻的以前诗作品的一个自选本。卷首有嘉庆六年（1801）翁方纲《粤东三子诗序》及张维屏自序。前十一卷刻于道光五年（1825），其余五卷续刻，直到道光三十年（1850）方才完成全编。此为早期所刊诗别集。

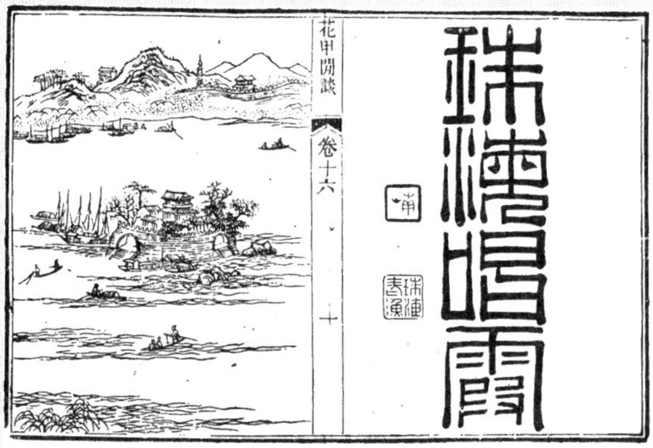

珠海唱霞

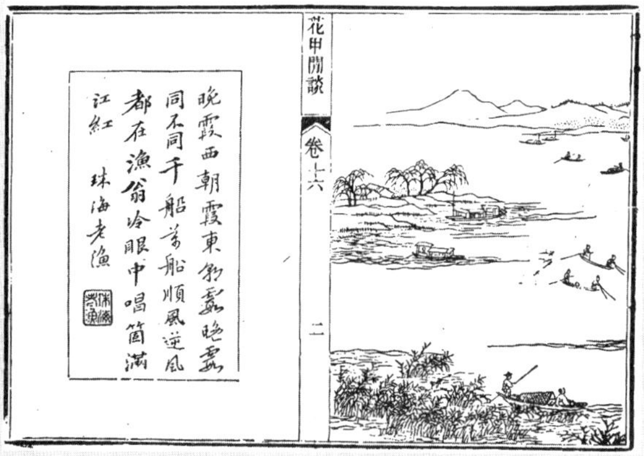

“珠海唱霞”采自张维屏《花甲闲谈》，据《广州大典》第十四辑·自著丛书第十一册（总第94册）

① 见第27页注释②

《松心诗集》十集二十九卷，为张维屏生平所编诗别集。卷首有嘉庆二十五年（1820）张维屏所撰《松心诗集序》及李长荣《松心诗略序》。收录诗篇始自乾隆五十九年（1794），迄于咸丰九年（1859），依其一生宦历行踪，编为十集。

《听松庐诗钞》十六卷，收录诗作一千零四十三首，其中，六百五十五首与《松心诗集》重复，三百八十八首为《松心诗集》所无。以上两部诗集，两项相加，再加上其他集子中的诗作，张维屏各体诗歌创作总数达二千二百余首（据詹文理《张维屏与嘉道诗坛》统计）。

张维屏古近各体诗歌创作，代表其一生的主要成就。对此，张维

桐屋受经

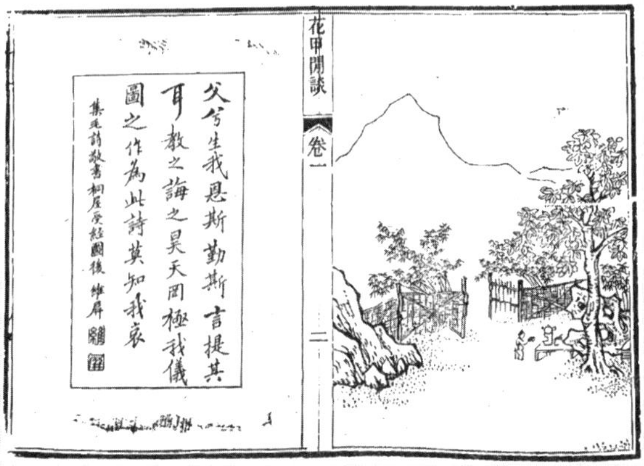

“桐屋受经”采自张维屏《花甲闲谈》，据《广州大典》第十四辑·自著丛书第十一册（总第94册）

屏亦颇有自信，认为身后必凭借诗歌而留名于世。

对于中国古典诗歌，张维屏既注重创作实践，亦注重理论探索；既着眼于当下，亦顾及其发展变化。他的诗歌创作，题材及体裁两个方面并重。一方面，他在题材的拓展上，留意新思想、新内容的加入；另一方面，他曾进行多种尝试，除了古近体中常见体裁，如五七言律绝及五七言古诗，还尝试古歌谣创作。在《松心杂诗》中，所载《松心古歌谣》三十九篇，颇能体现其创造精神。

是编所辑录，先古体、后近体；先五言、后七言。并依作品格式排列。古体包括：五言、七言、杂言；近体包括：五言绝句、律诗及七言绝句、律诗。

古歌谣（三十九选三）

缉史有暇，偶读古歌谣。爱其辞旨简质，意味深长。有会于心，欣然命笔。我用我法，不袭旧题。敢云方驾昔贤[1]，聊以自摅素抱。题曰古者，以其异于今体，遂别之曰古云尔。

尘海谣[2]

鱼不离水，龙不离云，人不离尘。

形神篇

形薪神火，薪尽火留。薪无百岁，火有千秋。

守黑歌[3]

日之夕兮，月之魄兮。默兮墨兮，吾守吾之黑兮。

——据《松心杂诗》松心古歌谣。《张南山全集》[4]（以下简称《全集》）（三），页249-256。

注释

［1］方驾：并车而行。左思《魏都赋》：“竦峭双碣，方驾比轮。”又谓匹敌，比喻彼此不相上下。刘孝标《广绝交论》：“遒文丽藻，方驾曹王。” ［2］尘海：茫茫尘世。袁宗道《曹元和邀饮灵慧寺同诸公赋》：“骤马出尘海，入门闻午钟。” ［3］守黑：安于暗昧，保持玄寂。《老子》第二十八章：“知其白，守其黑，为天下式。”河上公注：“白以喻昭昭，黑以喻默默。人虽自知昭昭明白，当复守之以默默，如暗昧无所见，如是则可为天下法式，其德常在。” ［4］见第27页注释②。

评析

古歌谣，指上古时期的民歌与民谣。上古时期，以合乐为歌，徒歌为谣，今则统称歌谣。《诗经·魏风·园有桃》云：“心之忧矣，我歌且谣。”《毛诗诂训传》（参见第3页注释①）曰：“曲合乐曰歌，徒歌曰谣。”歌与谣均无固定格式，句式、句法及字声、韵协，尚未形成一定规则，但其题材均较贴近生活，较能体现上古时期先民的经验及智慧。古时采诗，很大一部分就来源于不同地域的歌与谣。这是中国古典诗歌两大源头三百篇及楚辞之外，另一重要来源。张维屏好古敏求，所作古歌谣三十九首，“我用我法，不袭旧题”，颇有方驾昔贤，亦即与古人一比高下之意。对于中国古典诗歌的创作及研究，具有一定参考价值。今特采录其中三首，与共观赏。

其一，《尘海谣》。这是歌咏地、天、人三才的一曲歌谣。地、天、人三才，代表上古时期先民对宇宙的看法。先民通过自己对地、天、人的观察及体验，寻找并且确定人类自己与天地之间的关系。所谓“鱼不离水，龙不离云，人不离尘”，表示地、天、人三者，分别以鱼与水、龙与云、人与尘的组合加以呈现，三者的离与合，构成地文、天文及人文；同时亦表示，天、地、人三者都由两种相互对立而又互相依赖的因素组成，比如鱼与水、龙与云及人与尘。故，欲于人与地、天之间及人与人之间取得平衡，就当恪遵人与自然（地和天）休戚与共、和谐发展之道。简简单单十二个字，明确体现先民的天地观、自然观及宇宙观，值得细加琢磨。

其二，《形神篇》。这是以形与神关系演绎神不灭论的一曲歌谣。所谓“形薪神火”，即以薪与火代表事物的形与神；所谓“薪尽火留”，表示能量不灭，精神永在，即薪有燃烧穷尽之时，但火种能传递下来，没有尽期。如用庄子的话讲，即“指穷于为薪，火传也，不知其尽也”（《庄子·养生主》）。故曰：“薪无百岁，火有千秋。”这说明，形体虽然逝去，但精神却可长存。这是以“兴”的手法所创造的一曲富有哲理意味的歌谣，“兴者，先言他物以引起所咏之词也”（朱熹《诗集传》语）。即先言薪与火，以喻人之形体有死，而精神不灭。四句话，十六个字，言虽近，所蕴含意旨却甚为高远，颇堪玩味。

其三，《守黑歌》。这是用守黑以表达世界观及处世态度的一曲歌谣。首二句以日月为歌咏对象，谓接近黄昏时候的太阳及刚刚升起或者开始由圆转缺时的月亮，特别美好。次二句说明原因，称接近黄昏时候的太阳及刚刚升起或者开始由圆转缺时的月亮，沉静无声，孔静幽默，正与“吾守吾之黑”，两相投合。吾守吾之黑，表示安于暗昧，保持玄寂。典出《老子》第二十八章：“知其白，守其黑，为天下式。”即谓：“白以喻昭昭，黑以喻默默。人虽自知昭昭明白，当复守之以默默，如暗昧无所见，如是则可为天下法式，其德常在。”（据河上公注）又，《庄子·齐物论》曰："注焉而不满，酌焉而不竭，而不知其所由来，此之谓葆光。"意即："葆，蔽也。至忘而照，即照而忘，故能韬蔽其光，其光弥朗。"（成玄英疏）表示"藏其光而不露"（林希逸注庄语）。葆光与守黑相对应，说明知白守黑，才是人生完善而完美的境界。

述德

忆昔十二龄，我父授我经。馆于河之阳，河南潘氏（指张维屏父亲正在河南潘氏家任馆师）。屋外双桐青。未冠学为文[1]，吾父日善诱。出应童子试[2]，汗颜冠侪偶。小子何所知，虚誉日以驰。无端患腹疾，血去儿不支。大母七十馀，爱孙如爱子。吾父有隐忧，忧儿病不起。儿病苟不起，必伤老母心。洁诚祷于神，敢望神鉴临[3]。维时方黎明，庙宇深且黑。祷毕一举头，俨然见颜色。乌巾而道服，长须白如雪。归来语家人，神像见如活。病已濒于危，越日有转机。翻书得奇方，效速如神医。儿病幸获瘳，父乃往谢神。入庙睹神像，冕服而金身。归来语家人，今见殊昔见，方知神鉴临。感叹泪如霰。病愈越十载，大母终天年。我母淑且慈，奈何寿不延。贱子谬通籍，筮仕于楚乡。迎养父不至，陟岵心彷徨。父时为学官，予弟侍杖履。父病儿不知，鲜民不如死。大母既苦节，吾父复纯孝。节孝神所知，节孝天必报。教我父辛勤，育我母劳苦。欲养亲不存，得禄亦何补。亲在不知孝，亲殁徒伤悲。百身不可赎，百悔奚

可追。明发空有怀，昊天嗟罔极。作诗示子孙，尔其念先德。

——据《松心诗集》己集清濠集。《全集》（二），页265。

注释

［1］学为文：先学做人 再学为文。《论语·学而》：“子曰：‘弟子入则孝，出则弟，谨而信，泛爱众，而亲仁。行有余力，则以学文。’” ［2］童子试：科举时代童生的进学考试。童生应试合格者始为生员。顾炎武《中宪大夫山西按察司副使寇公墓志铭》：“炎武年十四，以童子试见公，被一言之奖。” ［3］鉴临：表示审察、监视。韩愈《论佛骨表》：“佛如有灵，能作祸祟，凡有殃咎，宜加臣身。上天鉴临，臣不怨悔。”

评析

乾隆五十六年（1791），张维屏十二岁，随父入馆学经。当时，其父应潘有度聘，往河南潘氏家任馆师。诗篇说，他因为得到父亲的劝导，未冠之年，得以学而为文，所以能够于同辈中脱颖而出。馆于河阳，即河之南，屋外双桐，表示学馆的位置及其标志。其中，双桐树成为永久的记忆。由于读书过劳，张维屏患血痢，当其二十岁时，大病一场。祖母及父亲、母亲都非常担心，生怕他一病不起。父亲到庙宇敬奉神明，祈求保佑。这是诗篇的第一个段落：读书染疾，望神鉴临。至第二个段落，时方黎明，神明鉴临。黑暗中突然出现神明的形象，乌巾道服，长须如雪。栩栩如生，栩栩欲活。第二天，病有转机，并从书中获得奇方，效速如神。儿病获瘳，父乃往谢。入庙睹神，冕服金身。方才获知，果真鉴临。这一段落表示：病愈谢神，泪落如霰。最后一个段落，病愈十载，祖母、母亲相继去世。继而出外做官，迎养不至，其心彷徨。父为学官，弟子随侍。父病不知，生不如死。大母苦节，老父纯孝。节孝神知，节孝必报。教其有父，育其有母。欲养不存，得禄何补。亲在不孝，亲殁伤悲。百身不赎，百悔奚追。明发有怀，昊天罔极。今示子孙，纪念先德。最后一段表示：节母孝子，世代相传。全篇题称：述德。近则在于训示子孙，继承节孝传统，接续家风；远则在于以节孝侍奉君主，报效神明、报效国家。这充分体现其事父、事君的中心思想。

怀吴象川先生政达

番禺一都会，宰官吴隐之。鸣琴获清暇，结习耽文辞。贱子方丱角，操觚等遨嬉[1]。试士千馀人，公曰此子奇。萧然罢官去，执手珠海湄。勖我勤灌溉，养此干霄姿。别来四五载，齿发恐就衰。岂无双鲤鱼[2]，浮沉安得知。都匀既滃濛[3]，独山复崔巍[4]。徊徨梦不达，再见当何时。感公期许意，耿耿缄心脾。

——据《听松庐诗钞》卷一。《全集》（一），页7。

注释

［1］操觚（gū）：执笔作文。觚：木简。陆机《文赋》：“或操觚以率尔，或含毫而邈然。”　［2］双鲤鱼：简称双鲤，书信的

代称。古时将书信结成双鲤形或将书信夹在鲤鱼形的木板中寄出，故云。《乐府诗集》卷三八相和歌辞十三古辞《饮马长城窟行》："客从远方来，遗我双鲤鱼。呼儿烹鲤鱼，中有尺素书。" ［3］奫潫（yūn wān）：水回旋貌。左思《吴都赋》："泓澄奫潫，澒溶沆漾。莫测其深，莫究其广。"李善注："奫潫，回复之貌。" ［4］崔巍：山高峻貌。东方朔《七谏·初放》："高山崔巍兮，水流汤汤。"

评析

乾隆五十七年（1792），张维屏十三岁，获学于知县吴政达，即吴隐之。吴赏其才，为之诵《毛诗序》："《南山有台》，乐得贤也。"因此自号南山。应番禺县童子试，名列榜首。诗篇追述其事，并表达对宰官（县官）的思念。谓：番禺这一小都会，有位宰官，名叫吴隐之。这位宰官，清闲之时，手抚鸣琴；而耽于文辞，则结习难改。"我"年少无知，率尔操觚，等如遨嬉一般。想不到试士千余，却得到宰官的特别器重。后来，这位宰官，萧然罢官而去。临行之时，相与执手于珠海之滨。宰官勉励"我"，辛勤灌溉，终有一天能够扶摇直上。并谓分别之后，已有四五年时间，想来这位宰官，牙齿与头发恐怕就将衰落。不是没有"双鲤鱼"，不能传递书信，而是世事难测，无法获知其升沉浮降。而今，都匀既已水深且广，独山又是那么高峻挺拔，不知几时能够再见，徊徨于梦思之中，难以到达。"我"将永远感激宰官的期许之意。篇中都匀、独山均为黔南一带地名，不一定实指。其中，奫潫、崔巍，表示水远山高，相见时难。

万明寺槐树[1]

我来万明寺，槐树犹空枝。昏昏尘土中，春尽吾不知。但见槐树上，新碧何离离。渐觉午阴静，更爱柔风吹。此树非贝多[2]，我坐聊思惟。不知何年种，种树人为谁。不知此寺中，几人吟咏之。尔槐亦何为，枝叶空葳蕤。曷不为桃花，公门有光辉。曷不为樗栎[3]，臃肿甘弃遗。我行与此别，树亦为依依。高僧恋三宿，况我旬月迟。枯荣客自感，爱憎物安知。矫首发三叹，夕照明前墀[4]。

——据《听松庐诗钞》卷四。《全集》（一），页97-98。

注释

［1］万明寺：在今北京市西城区永安路北侧万明路。元名水淅庵，明改名万明寺。《日下旧闻考》（卷六十一）引谷之麟《重建万明寺碑略》语曰："京师正阳门外有万明寺，相传为水淅庵故址也。考庵之所由，盖自元季有游僧水淅，道行最高，结茅于此，邦人钦仰，即以其名名之。明万历间始改名万明禅林。" ［2］贝多：古代印度人将佛经书写于贝多树的叶子上，故以此语为佛经的代称。李商隐《题僧壁》："若信贝多真实语，三生同听一楼钟。" ［3］樗栎（chū lì）：樗和栎指两种树名。古人认为这两种树质地不好，不能成材。后因以樗栎喻才能低下。典出《庄子·逍遥游》及《庄子·人间世》。欧阳詹《寓兴》："桃李有奇质，樗栎无妙姿。"此外，亦用为自谦之辞。苏轼《和穆父新凉》："常恐樗栎身，坐缠冠盖

蔓。”　［4］墀（chí）：台阶；台阶上的地面。

评析

诗篇描写万明寺中的槐树。说“我”初来之时，万明寺的槐树，枝条谢落。昏昏尘土中，竟不知春天又将过去。只见槐树上，新长出的枝条，碧绿青翠，繁盛茂密。渐觉得，午阴宁静；柔风吹送，颇感舒适。这是嘉庆十二年（1807）的事。那时，张维屏第一次赴京会试落第，即将出都作了此诗，这是对寺中槐树当时情状的描述。接着，就当时的槐树，提出问题，叙说感想。说此树并非贝多树，不是神树，“我”只是想，此树不知何年所种，种树的又是何人，而且也不知在此寺中，几人曾为之吟咏。而今，槐树又何为长得这般华美、艳丽，葳蕤生光？当时为什么不种植桃树，为公门增添光辉？又为什么不种植樗栎，甘愿不要这臃肿低下的树木？提出问题，马上回到眼前，说“我”将出行，于此告别，眼前槐树，亦显得依依不舍。高僧不在同一棵桑树下连宿三个夜晚，而“我”却超过十天半月。事物的枯与荣，只是客人自己的感触，爱与憎，树木怎么能够得知。抬头望八荒，独自三叹息；黄昏的太阳，将门前台阶照得明亮。

全诗用明白晓畅的语言，描写眼前所见，叙说心中所想。平易晓畅，不务雕琢，让人犹如身临其境一般。且以“赋”的手法将事物的存在状态加以呈现。描写、刻画较为细致。作者的提问，不断引发联想，进行思考，也有些意味。在白描的笔墨中，蕴含凝练的韵致，做到言有尽而意无穷。从立意与造境的意义上讲，自然形成的工巧，颇能见其白描功夫。

黄梅大水行

东去连鄱湖，西来通蜀江。浩浩江湖间，波浪相冲撞。邑当吴楚交，其南即浔阳。八省之通衢，冠盖纷道旁。朝夕疲送迎，中夜披衣裳。飘然欲归去，笼鸟不得翔。癸未三月引疾求退，大府慰留。由春以及夏，恒雨无时旸。阴霾压四野，道路成陂塘。始虑损禾稼，未料伤堤防。何期雨不止，江涨非寻常。堤圩夜走报，水长三丈强。冲泥急奔赴，寝食不暇遑[1]。滨江皆可虞，迎溜尤难捷。捐赀集畚筑，那复愁空囊。千夫共邪许[2]，众力相扶匡。岂知尽人力，未克回天殃。一决数千尺，顷刻成汪洋。冯夷舞澎湃，鱼鳖争跳踉。富人预绸缪，举室迁高岗；穷民无所之，结茅傍菰蒋。棚栖与露宿，藉草以为床；魂魄惊乍定，饥饿病欲僵。贱子愧邑宰，忧劳职所当。小舟犯骇浪，沿堤散干粮。飞书报大吏，章奏陈天阊。皇心廑赤子，恩膏逮穷氓。发帑拯凋瘵，蠲赋苏痍疮。大小四十员，治事诚周详。至梅邑办灾，自方伯以下凡四十员。青蚨按户口，白粲盈筥筐。灾黎十八万，庶几免流亡。贱子筋力尽，微命仰昊苍。自夏以迄秋，艰苦躬备尝。转忆始涉险，堤溃水若狂。是时夜将半，月黑星无光。急流冲一叶，力挽逢枯桩。舟幸不破碎，死生判毫芒。余勘灾，舟为急水冲去，力抱枯木，乃免于溺。一身讵足惜，万户良可伤。比闻川涨盛，泛滥及湖湘。又闻江浙间，淫潦淹村庄。下流既弥漫，上流益纵横。昔为爽垲地，今亦卑湿乡。天公悯黎庶，蛟鼍敢鸱张。所望

千里流，早注百谷王[3]**。哀嗷雁泽聚，修筑鸠工良。会看鼛鼓集，复见虹堤长。董事有能者，余方束轻装。**实松溪大令来梅董修堤之役，余奉檄摄篆松滋。**梅民苦念我，相送立周行。我虽出坎险，临行转徊徨。中年历忧患，境过安敢忘。缅怀饥溺意，恻怆留篇章。**

——据《听松庐诗钞》卷十。《全集》（一），页290-292。

注释

［1］暇遑：空闲。《史记·儒林列传》："然尚有干戈，平定四海，亦未暇遑庠序之事也。" ［2］邪许：众人共同致力时的呼声，即号子声。《淮南子·道应训》："今夫举大木者，前呼'邪许'，后亦应之，此举重劝力之歌也。" ［3］百谷王：指江海。因百谷之水必趋江海，故称。老子《道德经》第六十六章："江海所以能为百谷王者，以其善下之，故能为百谷王。"

评析

这首诗有两个版本：一为十六卷本《听松庐诗钞》（卷十），一百句；另一为二卷本《听松庐诗略》（卷下）及十卷本《松心诗录》（卷五），七十六句。《听松庐诗钞》为嘉庆末年刊本，卷首附翁方纲《粤东三子诗序》及张维屏自序；《松心诗录》为咸丰四年刊本，附李长荣序及沈世良序。一百句本，保留原初状态；七十六句本，为精华本，亦作者所"摘取"。两个版本均有保存价值。这里即依一百句本进行评析。一百句本，可划分为三个部分。第一部分，自开题一句至"寝食不暇遑”句；第二部分，自“滨江皆可虞”句至“死生判毫芒”句；第三部分，自“一身讵足惜”句至全篇结束。总的框架不变，只是内容及字面有些变动。第一部分，记述黄梅的地理位置及大水的由来。与七十六句本相比，一百句本，除了自东边、西边、南边几个方位及由春到夏气候变化交代大水背景外，还加多“浩浩”二句及“八省”以下六句，并一自注“癸未三月引疾求退，大府慰留”，补充说明大水决堤前的情状。七十六句精华本，将此添加部分及自注条目悉数删除，由原有二十四句，删存十二句。第二部分，记述赈灾过程，展现赈灾场面，并且加上一个小插曲，说自己于急流冲击中，如何因树枝相挽而得以免死。这是全篇的重点。一百句本原有四十八句；七十六句本删存四十句，将当中“棚栖与露宿，藉草以为床；魂魄惊乍定，饥饿病欲僵”等描述“穷民”困境的句子删除，而将注意力集中于“贱子”身上，以突显其赈灾的事迹。第三部分，记述个人的感想。一百句本原有二十八句，七十六句本删存二十四句。删减四句为：“下流既弥漫，上流益纵横。昔为爽垲地，今亦卑湿乡。”集中说一身对于万户饥溺的缅怀，也表现万户对于一身不顾坎险的拥戴。教化和济万户，体现其良吏典型。两个版本，一繁一简，为突显主题，除了大段文字删减，对于若干词语亦做调整，颇能见其剪裁功夫，值得细心玩味。

◆附录：七十六句版《黄梅大水行》

东去连鄱湖，西来通蜀江。邑当吴楚交，其南即浔阳。由春以及夏，恒雨无时旸。始虑损禾稼，未料伤堤防。何期雨不止，江涨非寻常。冲泥急奔赴，寝食不暇遑。捐赀集畚筑，那复愁空囊。千夫共邪许，众力相扶匡。岂知尽人力，未克回天殃。一决数千尺，顷刻成汪洋。富人豫绸缪，举室迁高岗。穷民无所之，结茅傍菰蒋。贱子忝邑宰，忧劳职所当。小舟犯骇浪，沿堤散干粮。飞书报大吏，章奏陈天阊。皇心廑赤子，恩膏逮穷氓。发帑拯凋瘵，蠲赋苏痍疮。大小四十员，治事诚周详。青蚨按户口，白粲盈筥筐。灾黎十数万，庶几免流亡。贱子筋力尽，微命仰昊苍。自夏以迄秋，艰苦躬备尝。转忆始涉险，堤溃水若狂。是时夜将半，月黑星无光。急流冲一叶，得树危而康。舟幸不破碎，死生判毫芒。一身讵足惜，万户良可伤。比闻川涨盛，泛滥及湖湘。又闻吴越间，淫潦淹村庄。天公悯黎庶，蛟鼍敢鸱张。所望千里流，早注百谷王。瞀鸣雁泽聚，修筑鸠工良。会看鼛鼓集，复见虹堤长。董事有能者，余方束轻装。梅民苦念我，相送立周行。我虽出坎险，临行转徊徨。中年历忧患，境过安敢忘。缅怀饥溺意，恻怆留篇章。

——据张维屏撰，李长荣、沈世良编校《松心诗录》卷五，《续修四库全书》一四九六·集部·别集类，中国科学院图书馆据清咸丰四年赵惟濂羊城刻本影印。

紫藤篇有序

余年十三聘方氏女。越五载，将卜吉请期，而女以哭母病殁。其兄以女小像及手临洛神一纸属余藏之。女所居小阁前有紫藤一株，女殁，紫藤亦枯死。为诗悼之，遂以紫藤名篇。

枯槎触石银河乾，饥凤冷啄青琅玕。天孙不乐住尘世[1]，何苦写韵来人间。匏瓜欲坠罡风起[2]，云軿远送婵娟子[3]。遥知高处不胜寒，玉楼十二秋如水。修蛾不展枕手眠，梦到旧时亭院边。暗尘漠漠紫藤化，化作子规啼暮烟。

——据《松心诗集》甲集珠江集卷一。《全集》（二），页26。

注释

［1］天孙：传说中巧于织造的仙女。柳宗元《乞巧文》："下土之臣，窃闻天孙，专巧于天。" ［2］匏（páo）瓜：一年生草本植物，亦指这种植物的果实。《论语·阳货》："吾岂匏瓜也哉？焉能系而不食？" ［3］云軿（píng）：神仙所乘之车。以云为之，故云。沈约《赤松涧诗》："神丹在兹化，云軿于此陟。"

评析

张维屏年十三，由于童子试名列榜首，闻名乡里。那个时候，同里方氏（方翁）叹服他的诗才，准备将女儿嫁给他。据张维屏《复程春海侍郎书》记载，方翁家有园亭，又喜好音乐，膝下十子女。方翁通过媒人传达意愿，请张维屏家选择其中的两名姐妹。但因八字未合，最后另择方翁家的幼女，即方十姑。十姑姿性明慧，眉目娟秀，于是下聘。只可惜，时过五载，将卜期迎娶，十姑却病殁。又据诗篇小序称，方氏女因为哭母而病殁。随后，她的兄长将她的遗物赠送给张维屏，包括她的小像及手临洛神一纸。小序并称：女所居小阁前有紫藤一株，女殁，紫藤亦枯死。所以作此诗悼之。诗篇说：枯槎触石，银河干枯；饥凤冷啄，青翠琅玕。指人已亡，有如枯槎触石一般，不能渡过银河。天孙不乐，长住尘世；何苦写韵，来到人间。以天孙比喻方氏女，既不乐意在尘世长住，为何又来到人间？匏瓜欲坠，罡风又起；婵娟子被送往广寒高处。指女之仙逝。修蛾不展，枕手以眠；梦到旧时，庭院之旁。指魂梦归来。暗尘漠漠，暮烟沉沉；啼叫声凄厉的子规，应是紫藤所化成。指魂梦化作紫藤。序与诗，表达了诗人深沉的痛惜及无穷的哀思。正如张维屏在《复程春海侍郎书》中所说，他与十姑尽管未有房帏之感，缘是虚缘，但恨却是长恨。天上人间，月沉花谢，终究未能忘怀。

◆附录：张维屏《复程春海侍郎书》（节选）

仆年舞勺，谬得虚名。山阴方翁家，有园亭，性好丝竹。齐眉偕老，绕膝十人。见余文辞，称为佳婿。倩媒达意，请择两妹。子平家言，老亲笃信。两姝虽好，八字弗谐。最后赤绳，乃属幼女。女名十姑，姿性明慧。初议婚于两姊，十姑甫及垂髫。尝见其侍立母侧，眉目娟秀，一笑嫣然。

——据张维屏《花甲闲谈》卷七。《全集》（二），页402–403。

三元里

三元里前声若雷，千众万众同时来。因义生愤愤生勇，乡民合力强徒摧。家室田庐须保卫，不待鼓声群作气。妇女齐心亦健儿，犁锄在手皆兵器。乡分远近旗斑斓，什队百队沿溪山。众夷相视忽变色，黑旗死仗难生还。夷打死仗则用黑旗，适有执神庙七星旗者，夷惊曰：打死仗者至矣。夷兵所恃惟枪炮，人心合处天心到。

晴空骤雨忽倾盆，凶夷无所施其暴。岂特火器无所施，夷足不惯行滑泥。下者田塍苦踯躅，高者冈阜愁颠挤。中有夷酋貌尤丑，象皮作甲裹身厚。一戈已揕长狄喉，十日犹悬郅支首[1]。纷然欲遁无双翅，歼厥渠魁真易事。不解何由巨网开，枯鱼竟得攸然逝。魏绛和戎且解忧[2]，风人慷慨赋同仇。如何全盛金瓯日，却类金缯岁币谋[3]。

——据《松心杂诗》松心感事诗。《全集》（三），页268–269。

注释

［1］郅（zhì）支：匈奴单于的名号，即郅支骨都侯单于，名叫呼屠吾斯。汉宣帝五凤元年（前57），独立为郅支骨都单于。元帝初，叛汉。汉元帝建昭三年（前36），为西域副校尉陈汤攻杀，斩郅支首及名王以下千余级。参阅《汉书·陈汤传》与《汉书·匈奴传》。后世因以“郅支”代称外寇。鲍照《建除诗》：“破灭西零国，生虏郅支王。” ［2］魏绛和戎：与少数民族或别国媾和修好。魏绛，春秋时晋国武将。《左传·襄公四年》：“公曰：‘然则莫如和戎乎？’对曰：‘和戎有五利焉。’” ［3］金缯岁币：金缯，黄金和丝织品，泛指金银财物。岁币，旧指朝廷每年向外族输纳的钱物。苏轼《富郑公神道碑》：“上命御史中丞贾昌朝馆伴，不许割地而许增岁币。”

评析

道光十六年（1836），张维屏五十七岁，辞官自江西返粤里所。道光十七年（1837），由桂林返粤。寄住在花地潘氏东园。道光十九年（1839），钦差大臣林则徐奉旨查禁鸦片，到达广州时曾出城到花地访晤卸任归里的张维屏。当时，林则徐为测试书院诸学子，了解他们对于禁烟的想法，自然不会忽略粤秀书院（学海堂）这位大学长。林则徐曾与这位大学长共议禁烟大计。道光二十年（1840）六月，英军舰船四十七艘、陆军四千人在海军少将懿律（George Elliot）、英国驻华商务监督义律（Charles Elliot）率领下，抵达广东珠江口外，封锁海口。鸦片战争开始。

道光二十一年（1841），英夷入寇。闰三月，林则徐离粤赴浙，过东园与张维屏话别。就在林则徐走后不久，四月间，广州三元里爆发抗英之役。这场抗争，歼敌数百。张维屏《松心杂诗》松心感事诗所载《三元里》一诗记录了这一场面。

这是一首七言歌行。全篇三十二句，二百二十四字。前八句，展现民众抗英的一个大场面。谓三元里前，人声若雷；千众万众，同时来到。民众集合于三元里。因义生愤，因愤生勇；乡民合力，强徒摧毁。乡民与强徒，发生正面冲突。家室田庐，亟须保卫；不待鼓声，群情作气。说乡民的抗争，是为了保卫自己的生命财产。妇女齐心，亦是健儿；犁锄在手，皆为兵器。说妇女也上阵，犁锄可作兵器。乡民们男女齐齐上战场。踊跃、沸腾，鼓舞人心。中间两个八句，写乡民与夷兵对决。乡民十队百队，从远处高举旗帜而来，众夷见了为之失色，短兵相接，有来无还。夷兵所倚仗的是枪炮，乡民所依靠的是齐心合力。齐心感动了上天，突然间下起倾盆大雨，凶恶的夷兵无法施展暴行。不单单是火器起不了作用，遍地泥泞也让夷兵受不了。小个子走上田埂，顿足难行；高个子爬上山冈，跌跌荡荡，站也站不稳。这当中，夷兵的头目最是出洋相，象皮作盔甲，将身体裹得紧紧的，一戈捅过去，直到他的喉咙。已经十天过去，至今还悬挂着一个头目的头。最后八句，说战斗的结果。一方面，夷兵纷然欲遁，无有双翅；一方面，乡民歼厥渠魁，真正易事。十分明显，乡民打了胜仗。但不解何由，巨网打开，枯鱼竟然也得以攸然而逝。究竟是谁把夷兵放走了呢？春秋时候，晋国的武将魏绛，用议和的策略取得少数民族的信任，姑且可为君王解忧；但诗人们的慷慨悲歌，仍然鼓动大家同仇敌忾。为什么正当“全盛金瓯日”，还要用“金缯岁币”去谋求一时的安宁呢？诗篇不仅将三元里民众抗英的场景作了生动的呈现，而且用事实对当权者所推行的和戎政策进行了有力的鞭挞。张维屏的立场和观点，似乎已完全站在乡民的一边。

《读书人家图》，为魏春松观察题并序

嘉庆三年二月，仁和魏公成宪由刑部郎出守扬州[1]，上召见于养心殿，垂询家世。上谓汝是读书人家，公敬谨奏对，因写《读书人家图》以志恩遇。十九年春，游岭南，主讲粤秀书院，出示此图，属维屏赋诗。

朝读书，暮读书。读书慕周孔，读书乐唐虞。处为良士，出为良臣。臣官则秋，圣泽如春。入司白云，出作霖雨。良二千石，百姓是抚。惟我圣皇，德迈虞唐。养心殿前，近天子之光。读书人家，天语煌煌[2]，臣心藏之不敢忘。臣心不敢忘，臣身不敢康。臣守维扬，惟清惟慎惟勤，以报我君王。言归西湖，乃作斯图，子孙宝诸。子孙宝诸，世世读书遵圣谟[3]。今来海隅，乃披斯图，生徒勉诸。生徒勉诸，家家读书遵圣谟。

——据《听松庐诗钞》卷六。《全集》（一），页136。

注释

［1］魏成宪：字宝臣，号春松，浙江仁和（今属杭州）人。乾隆四十九年（1784）进士，官至御史。工诗。有《清爱堂集》。 ［2］天语：天子诏谕，皇帝所语。刘禹锡《送源中丞充新罗册立使》：“身带霜威辞凤阙，口传天语到鸡林。” ［3］圣谟：本指圣人治天下的宏图大略，后被用作称颂帝王谋略之词，犹圣训。刘勰《文心雕龙·明诗》：“大舜云：‘诗言志，歌永言。’圣谟所析，义已明矣。”

评析

嘉庆三年（1798）二月，魏成宪由刑部郎出守扬州，上召见于养心殿，垂询家世。上谓：汝是读书人家？公敬谨奏对。因写《读书人家图》以志恩遇。嘉庆十九年（1814）春，游岭南，主讲粤秀书院，出示此图，属张维屏赋诗。诗篇借为画图赋诗的机会，提倡读书做官、做好官的风尚，表达世世代代读书，实现“处为良士、出为良臣”的意愿。诗篇包括三个部分：前十六句，说读书的目的及《读书人家图》的来历。谓朝朝暮暮读书，在于仰慕周公、孔子，仰慕唐尧、虞舜。作为读书人，居家之时为良士，出门做官为良臣。官居刑部，为掌邦禁；圣上恩泽，温暖如春。养心殿前，一番问答，闪耀天子之光。这部分为养心殿纪实。中间八句，感恩、报恩。谓“天语煌煌，臣心藏之不敢忘”。心不敢忘，身不敢康，不敢有亏职守。“臣守维扬，惟清惟慎惟勤，以报我君王。”这部分表示写图以志恩遇。后八句表达两层意思：一是归来作图，传诸子孙，以期世代读书，恪遵圣谟；二是海隅披图，传诸生徒，以期家家读书，恪遵圣谟。

三将军歌并序

三将军者，陈公联升、陈公化成、葛公云飞也。道光庚子、辛丑、壬寅三公皆以御夷寇力战歿于阵。余闻人述三公事，作《三将军歌》。

三将军，一姓葛，两姓陈。捐躯报国皆忠臣。英夷犯粤寇氛恶，将军奉檄守沙角。奋前击贼贼稍却，公奋无如兵力弱。凶徒蜂拥向公扑，短兵相接乱刀落。乱刀斫公肢体分，公体虽分神则完。公子救父死阵前，父子两世忠孝全。

陈将军，有贤子；葛将军，有贤母。子随父死不顾身，母闻子死数点首。夷犯定海公守城，手轰巨炮烧夷兵。夷兵入城公步战，枪洞公胸刀劈面。一目劈去斗愈健，面血淋漓贼惊叹。夜深雨止残月明，见公一目犹怒瞪，尸如铁立僵不倒，负公尸归有徐保。

陈将军，福建人，自少追随李忠毅长庚，身经百战忘辛勤。英夷犯上海，公守西炮台，以炮击夷兵，夷兵多伤摧。公方血战至日旰，东炮台兵忽奔散。公势既孤贼愈悍，公口喷血身殉难。十日得尸色不变，千秋祠庙吴人建。

我闻人言为此诗，言非一人同一辞。死夷事者不止此，阙所不知诗亦史[1]。承平武备皆具文，勇怯真伪临阵分。天生忠勇超人群，将才孰谓今无人？呜呼，将才孰谓今无人？君不见，二陈一葛三将军。

——据《松心杂诗》松心感事诗。《全集》（三），页271–272。

注释

［1］诗亦史：亦诗亦史，以诗歌记叙史实的篇章。孟棨《本事诗·高逸第三》："杜逢禄山之难，流离陇蜀，毕陈于诗，推见至隐，殆无遗事，故当时号为'诗史'。"谓其所作具有史的意义。

评析

张维屏八十年生涯经历过两次鸦片战争。道光二十年（1840），第一次鸦片战争爆发，张维屏六十一岁，隐居东园。咸丰六年（1856），第二次鸦片战争爆发，张维屏七十七岁，隐居听松园。两度身历战乱，张维屏都创作了大量与战事相关的作品。其中，《三元里》作于道光二十一年（1841），《三将军歌》作于道光二十二年（1842）。《三将军歌》为纪念陈联升（亦写作陈连升）、陈化成及葛云飞三位将军而作。三位将军皆因抵御夷寇、力战而亡于阵。

这是一首杂言古诗。以七言为主，于开篇及转折处穿插几个三言句，起分段及提示作用。全篇记述先后在广州、定海、吴淞牺牲的将领陈联升、葛云飞、陈化成的抗英事迹。包括四个段落。

第一个段落，十四句，记述陈联升事迹。谓三将军，一姓葛，两姓陈。捐躯报国皆忠臣。英夷犯粤，寇氛凶恶；将军奉檄，守卫沙角。奋前击贼，贼稍退却；奋勇杀敌，兵力太弱。凶徒蜂拥，扑向公；短兵相接，乱刀砍落。乱刀斫公，肢体分离；体虽分离，神仍完备。公子救父，死于阵前；父子两世，忠孝双全。这一段说的是陈联升的事迹。陈联升，湖北鹤峰人，为广州三江口副将。道光二十年十二月（1841年1月），英军数千人进攻沙角炮台，陈联升率兵六百迎战。弹尽台陷。陈联升子陈长鹏，随父镇守沙角炮台，陈联升战死，长鹏提刀大呼，击杀敌军数人后阵亡。

第二个段落，十六句，记述葛云飞事迹。谓陈将军，有贤子；葛将军，有贤母。子随父死，奋不顾身；母闻子死，点首默许。夷犯定海，公守城池；手轰巨炮，烧杀夷兵。兵入土城，持刀肉搏；炮弹穿胸，头面刀劈。一目劈去，斗犹勇健；面血淋漓，贼兵惊叹。夜深雨止，残月明朗；见公一目，犹怒视不转。尸如铁立，僵而不倒；负公尸归，时有徐保。这一段说的是葛云飞的事迹。葛云飞，浙江山阴（今属杭州市萧山区）人，任定海镇总兵。道光二十一年（1841）八月十二日，英军进犯定海，葛云飞令在竹山门、东港浦炮击敌舰，英军暂退。英军再次进攻，以山为屏障，炮击守军，葛云飞隔山发炮回应。八月十七日，定海县城陷落。英军大举进攻土城，葛云飞率领亲兵二百，持刀杀入敌阵肉搏，头面右手被砍伤，身受四十余创，最终被炮弹洞穿胸背，壮烈殉国。据载，葛云飞至死仍立于崖石之上，双手握刀，巍然不倒。此战持续六昼夜，终因双方实力悬殊，清军几乎全军覆没。定海义勇徐保夜背负葛云飞遗体，浮舟内渡。

第三个段落，十四句，记述陈化成的事迹。谓陈将军，福建人。自少追随李忠毅提督；身经百战，忘记辛劳。英夷来犯，守西炮台。以炮击夷，夷多伤摧。公方血战，至于日暮；东炮台兵，忽然奔散。公势既孤，贼愈强悍；公口喷血，捐躯殉难。十日得尸，颜色不变；千秋祀庙，吴人兴建。陈化成，福建同安（今属厦门）人，为江南提督，镇守吴淞口（今上海市区北部）。道光二十二年（1842）四月初六日，英军进攻吴淞要塞，陈化成坚守西炮台阵地，身体七处受伤，牺牲在自己的岗位上。李忠毅，本名李长庚，福建同安人。乾隆三十六年（1771）三甲第二名武进士，授蓝翎侍卫。历任浙江提督、福建水师提督、总统闽浙两省水师。嘉庆十二年（1807），李忠毅在与海盗蔡牵之船战中咽喉中弹阵亡。

第四个段落，十句，记述作歌缘由。谓“我”闻人言，遂作此诗；言非一人，同此一辞。死夷事者，不止于此；阙所不知，诗亦是史。承平武备，皆具文才；勇怯真伪，临阵分明。天生忠勇，超越人群，将才孰谓于今无人？呜呼，将才孰谓于今无人？君不见二陈一葛三将军。谓其作歌，不仅为着颂扬二陈一葛三将军，为补国史之阙，而且为着告诫世人，将帅之才，并非于今无有。

《三友图》诗有序

瓶梅已放，盆菊未残。槎老创诗家春槎司马，壶公作画黄壶舟同年。陶诗有《形赠影》《影答形》，而终之以《神释》。[1]因仿其意，而变其体，为五言绝句。九章分，各得三。恍辟三三之径[2]，合而为九，同消九九之寒[3]。两美必合，名花得意而忘言；三寿作朋，主人相视而莫逆。从此菊常延寿，梅永宜春。主人对花饮酒，邀客赋诗。众香国中，皆大欢喜。

梅君语菊君，惜君生也晚。百花头上开，非我其谁敢。菊君语梅君，前茅让子先。非余为后劲，花事早萧然。梅君语菊君，落英有何味。和羹待我调，盐梅关国计。菊君语梅君，我不要人怜。君虽调鼎鼐，未免受酸咸。梅君语菊君，孤山余独占。汝尚寄人篱，晚节何由见。菊君语梅君，靖节真吾徒。笑君如妇女，

乃肯嫁林逋。两花嘲未休，主人曰否否。我请为解嘲，花间先置酒。春光属梅君，秋容属菊君。春秋多佳日，梅菊恰平分。菊君既傲霜，梅君亦傲雪。合我成三友，共保岁寒节。

——据《松心诗集》庚集豫章集。《全集》（二），页334–335。

注释

［1］《形赠影》《影答形》及《神释》：陶渊明《形影神三首》，由《形赠影》《影答形》及《神释》三个篇章组成。形、影、神，生命存在的三种形态。组诗以形与影对话的形式，极陈形影之苦，然后言神辨自然以释之，表达其对于世界的认识及其人生哲学。　［2］三三之径：即三三径。杨万里《三三径》序云："东园新开九径，江梅、海棠、桃、李、橘、杏、红梅、碧桃、芙蓉九种花木，各植一径，命曰三三径。"诗曰："三径初开自蒋卿，再开三径是渊明。诚斋奄有三三径，一径花开一径行。"　［3］九九之寒：旧俗有九九消寒之谚及九九消寒图，简称九九图。谓冬至为入九，九九足，则春风送暖，寒意全消。

评析

这是一组咏物诗，载于《松心诗集》松心诗庚集豫章集，应是张维屏在江西任职期间所作。序文称，瓶梅已放，盆菊未残。本家司马春槎有诗记之，同年黄壶舟亦为之作画。陶渊明咏形、影、神，分别以《形赠影》及《影答形》开先，而以《神释》终结，合成组诗《形影神三首》。因仿其意，而变其体，以五言绝句咏之。计九章，各得三。犹如杨万里于东园辟九径，分植不同花木，名曰“三三径”。三个三，合而为九，同消九九之寒。两美必合，名花得意而忘言；三寿作朋，主人相视而莫逆。菊常延寿，梅永宜春。主人对花饮酒，邀客赋诗。众香国中，皆大欢喜。

其一，梅与菊赠答。梅语菊曰：“吾生在先，惜君晚也；百花头上，非我谁敢？”菊答之曰：“吾生在后，让君居先；非余后劲，花事萧然。”梅再语菊：“落英可餐，有何滋味？和羹我调，盐梅之计。”以上三绝，梅与菊各持己见，各自表述。其中，和羹，指五味调和的羹汤，比喻良相贤臣辅佐国君处理朝政。盐梅，盐和梅子。盐味咸，梅味酸，均为调味所需，亦喻治国理政之才。

其二，菊与梅赠答。菊语梅曰：“我自为我，不要人怜；君调鼎鼐，未免酸咸。”梅答之曰：“我自为我，孤山独占；汝寄人篱下，晚节不保。”菊再语梅：“采菊东篱下，靖节真吾徒。笑汝小妇人，乃肯嫁林逋。”以上三绝，菊与梅仍然各持己见，各自表述。其中，靖节，陶渊明私谥靖节，世称靖节先生，一生独爱菊花。林逋，北宋隐逸诗人，谥和靖先生，世称林和靖，又称林靖。隐居西湖孤山，终身不仕不娶，唯喜植梅养鹤。自谓“以梅为妻，以鹤为子”，人称“梅妻鹤子”。

其三，主人的解嘲。谓两花互嘲，未有休止；主人解嘲，置酒花间。春光属梅，秋容属菊；春秋佳日，梅菊平分。菊既傲霜，梅亦傲雪；合成三友，共保寒节。菊常延寿，梅永宜春。主人对花饮酒，邀客赋诗，花与人，构成三友，皆大欢喜。

以梅、菊、人，仿形、影、神，将五言古诗变为五言绝句，当中包括近体五绝及古体五绝，即所谓仿其意而变其体也。南山诗艺，于此可见一斑。

忆窗前梧桐寄家人

问讯梧桐树，春来发几枝。叶肥新雨后，花秀暖风时。书味中年忆[1]，幼时读书双桐轩。**琴材异日期**[2]。**今宵小儿女，对月或哦诗。**

——据《听松庐诗钞》卷十五。《全集》（一），页405。

注释

［1］书味：书中的韵味。陆游《晚兴》："客散茶甘留舌本，睡余书味在胸中。"　［2］琴材：制琴的木材，古多指桐。雍陶《孤桐》："岁晚琴材老，天寒桂叶凋。"

评析

诗篇记述中年追忆幼时读书情景。谓春天到来，窗前的梧桐树可长成怎么个模样？新雨过后，暖风阵阵，应是叶肥、花秀的好时节。记得当年，正期待，有朝一日，梧桐树能长成制作鸣琴的好材料。这个夜晚，小儿女对月哦诗，就像我幼时在双桐轩读书一般。书斋以双桐命名，读书、育人，人与树一起成长；幼时与今时对照，幼时情景如在眼前。忆昔抚今，回味无穷。

寒食感赋[1]

乡国山阴道，风花寒食天。提壶人出郭，上冢客停船。大母头如雪，深谈泪涌泉。椒浆何处奠[2]，飞梦路三千。祖墓在山阴（即绍兴）。

——据《听松庐诗钞》卷一。《全集》（一），页6。

注释

［1］寒食：即寒食节，中国古代一个传统节日，一般在冬至后一百零五天，清明节前两天。按风俗禁火，只吃现成食物，故名寒食节。又因寒食节、清明节时间非常靠近，寒食节一结束，即是清明节，古时基本上将寒食节与清明节连着过。［2］椒浆：椒酒，用椒浸制而成的酒。因酒又名浆，故称椒酒为椒浆，古时多用以祭神。《楚辞·九歌·东皇太一》：“蕙肴蒸兮兰藉，奠桂酒兮椒浆。”

评析

诗篇前半说清明祭扫。谓山阴道上，寒食天气；提壶出郭，上冢停船。讲的是一个群众场面，其中也包括张维屏一家。后半说自己一家。大母深谈，泪如涌泉。指祖母的追忆。椒浆何处，飞梦三千。指路途遥远，不能返乡祭扫。诗篇所写，颇有故乡之思及寄居他乡的伤感。诗篇自注：“祖墓在山阴。”可知张维屏是一外省籍人士。

白云

白云环北郭，钟梵昼沉沉。海国蛟龙气，仙山鸾鹤音。泉飞丹灶冷[1]，苔积石坛深[2]。欲觅安期枣[3]，岩栖生道心[4]。

——据《听松庐诗钞》卷一。《全集》（一），页5。

注释

［1］丹灶：炼丹用的炉灶。江淹《别赋》："守丹灶而不顾，炼金鼎而方坚。" ［2］石坛：石制的台或墩。韩愈《记梦》："石坛坡陀可坐卧，我手承颏肘拄座。" ［3］安期枣：传说中的仙枣。仙者安期生所食枣。谓安期先生在东海上，吃的枣大如瓜，食后可以成仙。《史记·孝武本纪》："臣尝游海上，见安期生，食巨枣，大如瓜。" ［4］岩栖：巢居穴处，借指隐居。杜甫《赠特进汝阳王二十韵》："瓢饮唯三径，岩栖在百层。"

评析

乾隆五十九年（1794），张维屏十五岁，赋诗《白云》。诗篇说白云环绕着北郭，独立城头，可眺望远处的山峦。海国蛟龙，生气蓬勃，仙山上，鸾与鹤的声音从空中飘下。这是诗篇的前半部分，展现眼前的景象。后半部分说感想。谓清泉飞动，丹灶自然洁净；苔藓积累，石坛自然加深。何必特地求觅什么巨大如瓜的安期枣，处身岩栖，对于人心、道心，自然能够有自己的体验。

四会

四会江流合，孤城泽国偏。地卑防急涨，水足得腴田。秉铎春风暖[1]**，趋庭旭日妍**[2]**。端州有佳砚，力学孰磨穿。**省大人于四会学舍，子侄随侍，大人以端砚分赐诸孙。

——据《听松庐诗钞》卷九。《全集》（一），页259。

注释

［1］秉铎：古人执木铎以施教，后称担任文教之职的官吏为秉铎，也称为司铎。饶相《寄吴潜渠窗兄》："秉铎珠崖去，迎亲报母慈。" ［2］趋庭：承受父亲的教诲。《论语·季氏》："（孔子）尝独立，鲤趋而过庭。曰：'学诗乎？'对曰：'未也。''不学诗，无以言。'鲤退而学诗。他日，又独立，鲤趋而过庭。曰：'学礼乎？'对曰：'未也。''不学礼，无以立。'鲤退而学礼。"

评析

道光元年（1821）春，四十二岁。换了新朝，张维屏率子、侄赴四会学舍探望父亲张炳文。诗篇列述三代读书人见面时的情景。称四大江流，于此汇合；孤城泽国，地势东偏。四会西高东低，须预防山水暴涨；而水源充足，却得以腴田。这是诗篇的前半部分，说山川形胜，描述学舍的自然环境。诗篇下半部分说学舍，转入社会人生。称秉铎四会，春风和暖；趋庭承教，旭日方妍。并称，率子、侄前来，接受教督。端州佳砚，力学磨穿。那个时候，张维屏"省大人于四会学舍，子侄随侍，大人以端砚分赐诸孙”（自注）。张维屏一家三代，勤勉力学，于嘉庆六年（1801）及嘉庆九年（1804），父子相继中举，其间相隔只三年。读书人家，人才辈出，科第连绵。张炳文，嘉庆六年（1801）举人，官四会训导，赠通奉大夫衔。擅骈文，能诗，撰有《玉燕堂诗钞》二卷。《番禺县志》有传。

游极乐寺，复由西顶至绣漪桥，望昆明湖，得诗四首

春去无多日，追寻未觉迟。故乡如在眼，极乐寺颇类吾乡花埭。新绿快舒眉。柳有依人恋，花多出世姿。寺有白牡丹。清凉得禅味[1]，消夏此间宜[2]。

西顶嬉游盛，经旬兴未休。欢声哄车马，妙技幻婆猴。地狱从人看[3]，西廊塑像。尘心借佛收[4]。困来无健者，虎饿亦垂头。见圈虎。

骤暖觉身轻，云间自在行。境从香界转[5]，心到上方清[6]。碧瓦诸天丽，红墙一水明。居民来往熟，指点向蓬瀛。

满目江南思，桥环十里烟。荷钱才贴水，柳浪欲摇天。紫翠西山外，楼台北斗边[7]。重来思旧侣，怅触八年前。辛未四月，

同林月亭、汪益斋、金醴香来游。

——据《听松庐诗钞》卷八。《全集》（一），页218–219。

注释

［1］清凉：清静，不烦扰。《百喻经·煮黑石蜜浆喻》："而望清凉寂静之道，终无是处。" ［2］消夏：避暑。吴伟业《八风》诗序："余消夏小园，风堬然而四至。" ［3］地狱：人死后灵魂在地下受折磨的地方。与天堂相对。拾得《诗》："此合上天堂，却沉归地狱。" ［4］尘心：凡俗之心，名利之念。白居易《冯阁老处见与严郎中酬和诗因戏赠绝句》："纵有旧游君莫忆，尘心起即堕人间。" ［5］香界：佛寺。沈佺期《绍隆寺》："香界萦北渚，花龛隐南峦。" ［6］上方：指天界，或指寺的最高处，一般是方丈所在。郑廷玉《忍字记·楔子》："有上方贪狼星，乃是第十三尊罗汉，不听我佛讲经说法。" ［7］北斗：北斗星。《春秋左传·文公十四年》："秋七月，有星孛入于北斗。"

评析

嘉庆十六年（1811），张维屏三十二岁，再度赴试。在京期间，曾与林月亭、汪益斋、金醴香几位诗友，结伴春游。诗篇记述这一行程。

其一，极乐寺。谓人间四月天，春未完全归去，寻春未迟。极乐寺风光，如花埭一样美好，故乡就在眼前，新绿将两眉舒展。这是诗篇的前解，呈现极乐寺的风物，是为布景。后解说情。谓柳条在风中飘动，仿佛不舍得离开游人，花朵展示出多种姿态，也显得别有风采。清凉景色，适宜消夏，亦能体悟其中意味。

其二，西顶嬉游。谓登上西顶，嬉游娱乐，经过十日游程而意犹未尽。欢闹声轰动南山的野马，猿猴展现其妙绝的技艺。这是诗篇的前解，展示西顶所见，是为布景。后借西廊塑像，述说观感。谓自人间看地狱，借助于佛陀，尘心应当有所收敛；并且借助眼前所见圈虎，谓即使强健如猛虎，当其困乏之时，也会像饿虎一般低下头来。这是后解，就眼前物景发表议论，是为造理。

其三，西顶浮想。谓突然间天气变暖，觉得浑身轻松，就好像在云雾间自由自在行走一般。美好的愿望从寺庙里的天界转化而来，心到了九天之上自然一片清静。这是诗篇的前解，说境界的转换及心情的变化，都与天界的信奉有关。后解说这种信奉的影响。谓碧瓦红墙，诸天绚丽，一水澄明。周围的老百姓来往多了，也会给指点成仙成佛的方向。

其四，望湖得诗。谓自西顶至绣漪桥望昆明湖，十里烟云，满目江南之思。长桥环抱下，荷钱贴水，柳浪摇天，一派春的景象。这是诗篇的前解，呈现湖面风光，是为布景。后解说情，谓今番重游，想起八年前同游的伴侣，颇多感触。西山外，北斗边，展现出无比阔大的想象空间。

客路

客路七千里[1]，将由沙井入都。**吾生廿八年。关心离骨肉，洗眼看山川。最喜重闱健**[2]**，同称少妇贤。临行指新月，后会有团圆。**

——据《松心诗集》乙集燕台集卷一。《全集》（二），页61。

注释

［1］客路：旅途。戴叔伦《江干》：“予生何濩落，客路转辛勤。” ［2］重闱：旧称父母或祖父母。何景明《寿罗山胡侍御》：“更喜绣衣经故里，遥看彩服拜重闱。”

评析

诗篇自注：“将由沙井入都。”沙井，暂无考，应是进入都城的一个驿站。客路七千，其生廿八，是纪实。说明经历七千里路，来到京城，正好是二十八岁。关心骨肉，洗眼山川。说明途中情状，既挂心着家中妻儿，又为眼前的山川所吸引。也是纪实。可见路途遥远，行进艰难。这是诗篇的上半部分。下半部分，说同一考场的士子，大家都称赞妻子贤惠，给了自己很大的安慰。因而，想起临行之时，指着新月，正和妻子共同盼望团圆之时的情景。说明张维屏刚刚抵达京城就已充满怀乡之思。

东园杂诗[1]有序（十八选三）

园在珠江之西，花地之东，潘氏别业也。虽无台榭美观，颇有林泉幽趣。四尺五尺之水，七寸八寸之鱼，十步百步之廊，三竿两竿之竹。老干（杆）参天，留得百年之桧。异香绕屋，种成四季之花。炎氛消涤，树解招风；夜色空明，池能印月。看苔藓之盈阶，何殊布席；盼芰荷之出水，便可裁衣。枝上好鸟，去和孺子之歌；草间流萤，来照古人之字。蔬香则韭菘入馔，果熟而橘柚登筵。茂树清泉，或谓可方盘谷[2]；水田夏木，或云有类辋川[3]。仆假馆其间，养疴少出，尘事罕接[4]，天机自生[5]。五十载年华易失，往不可追；千万卷书味无穷，澹而弥旨。丹铅弗倦，敢望异时之传；博弈犹贤，不虚终日之饱。著述有暇，讴吟自娱。率吾意所欲言，时望古而遥集。句惟五字，律定不迁。什有八章，兴尽而止。作非一时，咏非一事，概名之曰《东园杂诗》云。

满眼皆生意，高低绿万丛。才闻荷盖雨，又受柳丝风。花径深深转，溪流曲曲通。鸣蝉偏解事，催报荔支（枝）红。

静久忽思动，出门随所便。时临深浅水，闲看往来船。万物物交物[6]，百年年复年。不知何处雪，吹到鬓毛边。

积雨人踪少，幽居世虑捐[7]。何来新屐齿，忽损旧苔钱。水绿树三面，风香花一肩。沙鸥天地阔[8]，随意养馀年。

——据《松心诗集》壬集花地集卷一。《全集》（二），页407–411。

注释

［1］东园：清代广州富商潘氏别业。在广州南郊。张维屏返乡后，赁居于此。　［2］盘谷：位于河南济源，李愿隐居于此。韩愈《卢郎中云夫寄示送盘谷子诗两章，歌以和之》："昔寻李愿向盘

谷，正见高崖巨壁争开张。”［3］辋（wǎng）川：水名，即辋谷水。在陕西蓝田南，源出秦岭北麓，北流至县南入灞水。王维曾置别业于此。陈亮《青玉案》：“黄犬书来何日许。辋川轻舸，杜陵尊酒，半夜灯前雨。”［4］尘事：世俗的事务。陶渊明《辛丑岁七月赴假还江陵夜行涂口》：“闲居三十载，遂与尘事冥。”［5］天机：造物的奥秘，上天的机密。陆游《醉中草书因戏作此诗》：“稚子问翁新悟处，欲言直恐泄天机。”［6］物交物：语出孟子。《孟子·告子上》：“耳目之官不思，而蔽于物；物交物，则引之而已矣。心之官则思，思则得之，不思则不得也。”［7］世虑：世俗的想法。俗念。裴铏《传奇·陶尹二君》：“余本凡人，但能绝其世虑。”［8］沙鸥：栖息于沙滩、沙洲上的鸥鸟。孟浩然《夜泊宣城界》：“离家复水宿，相伴赖沙鸥。”

评析

道光二十年（1840），六十一岁，隐居东园。有《花地集》四卷，此载卷之一。有序。序文从松、竹、花、木及枝上好鸟多个方面展现潘氏别业的林泉幽趣，说明自己将于此与渔樵结伴，与松竹论交，读书、歌咏，以娱平生。

诗计十八章，今录其中三章。

其一，荷盖柳丝，曲径通幽。谓东园此刻，放眼看去，高高低低，整个园子都在万绿丛中。园子里，一边荷花，一边柳树；一边雨，一边风。整个场景显得有声有色。这是诗篇的前解。当中，以“才闻”及“又受”一组并列对句，将场景向两边铺开。后解再以“深深”及“曲曲”一组并列对句，将场景往深远处延伸。花径和溪流，都向远处延伸。最后是蝉鸣，报告园里的荔枝红了。全篇以“赋”的手法将事物的存在状态加以呈现。此章从高低远近多个角度，描写、刻画，令得生机满眼，显示出一种白描的功夫。

其二，闲看行船，雪吹鬓边。谓静久思动，出门随兴而行。走近河边，深水浅水，观看远来的船只。这是诗篇的前解，说闲看行船。后解说雪吹鬓边。谓世间万物，物物互相牵连，百岁光阴，一年又是一年。不知哪来的飞雪，吹到鬓边。意即岁月催人老，亦启发思考，启迪心智。当中物交物，语出孟子。其曰："耳目之官不思，而蔽于物；物交物，则引之而已矣。心之官则思，思则得之，不思则不得也。"（《孟子·告子上》）意即耳目之官不会思考，不会有是非善恶的判断，只能感取外物，故耳目本身亦为物，此物与外物接触，物交物，易于被引入歧途；而心这个器官职在思考，一思考便得到，不思考便得不到。这也是诗篇想表达的意思。人在万物之中，不能为外物所蒙蔽，不能只满足于耳目之欲，而应以思为职。凡事物一来，心得其职，则得其理，而物不能蔽。

其三，捐世虑，养余年。谓积雨东园，人迹罕至；幽居独处，捐弃俗念。但园里新添足迹，忽将旧时苔钱损毁。这是诗篇的前解，说捐弃俗念。后解说颐养天年。谓池塘水绿，三面树木环绕；十里花香，一肩水云腾起。天地间的沙鸥，渺小而又宽阔，随意随心，养"我"余年。

花地有序

海珠之西有鹅潭，鹅潭之南有花地。地以花得名，有花市焉。诗家或作花埭。以地名而言，当从土音曰花地。

花地接花津，四时皆似春。一年三百六，日日卖花人。近海多烟水[1]，离城少市尘[2]。东园数亩地，聊且寄闲身。

——据《松心诗集》壬集花地集卷一。《全集》（二），页407。

注释

［1］烟水：雾霭迷蒙的水面。孟浩然《送袁十岭南寻弟》："苍梧白云远，烟水洞庭深。" ［2］市尘：喻指城市的喧嚣。陆游《东窗小酌》："市尘远不到林塘，嫩暑轩窗昼漏长。"

评析

道光十七年（1837），张维屏由桂林返粤，赁居花地潘氏别业东园，开始他的闲居生涯。道光十八年（1838），入住东园的第二年，张维屏作《花地》一诗。序文与诗篇，既确定花地的位置及名称，又描绘出花地的自然风光及人文景象。诗篇说花地与花津相连接，四时皆春。一年三百六十五天，天天有卖花人。又说花地靠近大海，较多烟水；远离城市，较少尘埃。而东园的数亩地，就在花地当中，可借以寄托其有闲之身。张维屏所作《花地》另题作《花埭》［载《松心诗录》卷八。《全集》（三），页139］。自注称："去岁江右言旋，赁居花埭东园。"确切地点，应是在珠江南岸。

早春游花埭，饮于东园，即事成咏

老至当行乐，欣看淑景新。烟霞六旬客，风日万家春。随遇心无滞[1]，忘机物自新[2]。不须愁暮色，明月涌冰轮。

——据《松心诗录》卷八。《全集》（三），页146。

注释

［1］随遇：顺应际遇。陈宗石《念奴娇·将之梁园舟中有感和大兄前韵》："行藏随遇，试看天上明月。" ［2］忘机：不存心机，淡泊无争。李白《下终南山过斛斯山人宿置酒》："我醉君复乐，陶然共忘机。"

评析

道光十九年（1839），六十岁。隐居东园。诗篇提到老之将至，自当及时行乐；欣看淑景，一切日新月异。有如烟雨云霞，匆匆而过，而今已是六旬之客；暖风丽日，万家春色，正是出游的好季节。诗篇前半部分，谓美好的春光，带来美好的景色，点题，说春天来得早。后半部分说面对美好春光的感想。谓随遇而安，心无挂碍；忘却机心，自然能与周围的景物相亲。不须担愁，暮色已经降临；明月从东山升起，有如冰轮自海岛涌起。以为心与自然融合为一，无须担忧老之将至。表现出一种积极的人生态度。

默深刺史至粤访余论文[1]，数日别去，昨得诗，知在海州，次韵答之

风蝉不成音，雾豹焉有文。文之有收放，亦如秋与春。忧时贾长沙[2]，齐物庄漆园[3]。是皆有气魄，足动人心魂。

我坐守蟫蠹[4]，君行踏鼍黿[5]。友声念谷鸟，吏事歌庭狟。忽枉瑶华赠，辞意何温醇。今宵南海月，梦见东海云。

——据《松心诗录》卷十。《全集》（三），页187-188。

注释

［1］默深：即魏源，见第8页注释①。 ［2］贾长沙：贾谊（前200—前168），西汉洛阳（今河南洛阳东）人。曾为长沙王太傅，世称贾太傅、贾长沙。著《过秦论》。贾谊忧时，上《治安策》："臣窃惟事势，可为痛哭者一，可以流涕者二，可为长太息者六，若其它背理而伤道者，难遍以疏举。" ［3］庄漆园：庄子。漆园，古地名。战国时庄周为吏之处。司马迁《史记·老子韩非列传》："庄子者，蒙人也，名周。周尝为蒙漆园吏。" ［4］蟫蠹（yín dù）：蠹鱼。苏辙《东湖》："鳖圆如新荷，鱼细如蠹蟫。" ［5］鼍黿（tuó yuán）：神话传说中的巨鳖和猪婆龙（扬子鳄）。王安石《金山寺》："扣栏出黿鼍，幽姿可时睹。"

评析

道光二十八年（1848）四月，魏源到广州，应邀往访芳村听松园，别后有诗寄张维屏。张赋诗次韵答之。魏诗为原唱，计二律。其一自注："君招饮于听松园。"叙说主人古道热肠，诗文古，人物亦古。其二说自己不过是东海的一名小吏，而张维屏则犹如青天的明月，一别三秋，仍然如饮醇醪，犹胜于与公瑾之交。张维屏依原韵奉和。其一论文，并论其人。说魏源其文，能收能放，亦如秋与春的交替一般；其人如贾长沙、庄漆园，皆足以动人心魂。其二呼应原唱，说自己不过是一条蛀书虫，而对方则是不惧风浪、行踏鼍鼋的人物。枉赠瑶华，辞意温醇，令人向往。表示对于所赐佳作的赞赏。二人之间，诗人相得，世上少有。

◆附录：魏源《寄怀张南山》

文更古于诗，人更古于文。直倾南海酒，酿我胸中春。水木明瑟处，人道张家园。谁知园中柳？有我吟诗魂。

我今东海吏，鱼盐杂蛟鼋。岂子青天月，肯照河间鼃。一别已三秋，犹酣公瑾醇。聊持一尊酒，酹子天南云。

——据张维屏《松心诗录》卷十。《全集》（三），页188。

甲寅秋夜

窗暗月初堕，衣轻宵已深。星河明夜色[1]，风露冷秋心[2]。万户众酣睡，四更吾独吟。城南望城北，兵甲气萧森。

——据《松心诗集》癸集草堂集卷四。《全集》（二），页625。

注释

［1］星河：天空联亘如带的星群，也称银河。杜甫《阁夜》："五更鼓角声悲壮，三峡星河影动摇。" ［2］风露：风和露。《韩非子·解老》："时雨降集，旷野闲静，而以昏晨犯山川，则风露之爪角害之。"

评析

据载，咸丰元年（1851），拜上帝会在广西桂平金田村起义。咸丰二年（1852）秋，粤西兵讯。咸丰四年（1854）三月，闻寇犯浙。张维屏《寄徐铁孙太守》序称："闻贼欲犯浙江，门人徐铁孙太守荣方权杭嘉湖道。铁孙有兵七百，训练数年，亲如子弟，当能守御立功。余日望捷音，先为此诗寄之，时咸丰甲寅三月。"（《松心诗集》癸集草堂集卷四）同年秋，广东天地会佛山起义，围攻广州。诗篇说，正当窗暗月堕、衣轻宵深之时，星河将夜空照得明亮，风露冷却秋心。这是秋夜的自然景象。后说人物活动。千家万户，众人酣睡；正是四更时候，只有"我"独自吟哦。城南城北，兵甲萧森；处处充满肃杀气氛。诗篇所写，可能与天地会当时的围城有关。

泌冲离城三十里

避乱到江村，村深水到门。笑言杂童稚，出入见鸡豚。宋代宗风远[1]**，邹人古谊敦**[2]。邹姓聚族而居，言自宋始迁于此。**但能安作息**[3]**，随处是桃源**[4]。

——据《松心诗集》癸集草堂集卷五。《全集》（二），页644-645。

注释

[1] 宗风：原指佛教各宗系特有的风格、传统，犹宗尚，多用于禅宗，此指古代所遗留下来的优良传统。元好问《夏山风雨》：

“惨淡经营有许功，吴僧谁得嗣宗风。”　［2］古谊：古贤人之风义。陆游《送陈德邵宫教赴行在二十韵》：“颇欲述古谊，劝公勿爱身。”　［3］作息：工作与休息。无名氏《击壤歌》：“日出而作，日入而息。凿井而饮，耕田而食。帝力于我何有哉！”　［4］桃源：“桃花源”的省称。徐陵《山斋诗》：“桃源惊往客，鹤峤断来宾。”

评析

咸丰六年（1856）九月发生亚罗号事件，英军占领猎德炮台，进攻广州，第二次鸦片战争爆发。这年秋，张维屏避乱迁居，住进离城三十里的城西泌冲。

诗篇说，逃避战乱，来到江村；村深山浅，水到门前。听得到村民的笑言欢歌，保存着童稚纯真；出入家门，可见鸡豚。宋代宗风，离之不远；邹人古谊，温柔敦厚。只要能平安作息，随处都是世外桃源。

清濠

生长清濠十九年[1]，**中间贤里向西迁**[2]。乾隆庚子，余生于清水濠。嘉庆戊午，迁居贤乐里。**今朝又卜清濠宅，重话儿时一惘然**[3]。

——据《松心诗集》己集清濠集。《全集》（二），页264。

注释

［1］清濠：清水濠，宋代开凿河涌，位于广东番禺。乾隆五十五年（1790）设盐务会馆（根据《番禺县志》记载）。今仅存路名，不见河涌。　［2］贤里：贤乐里，地名。　［3］惘然：心中若有所失的样子。《后汉书·黄宪传》："是时同郡戴良，才高倨傲，而见宪未尝不正容，及归，惘然若有失也。"

评析

诗篇说，乾隆四十五年（1780）庚子九月，张维屏出生于广东番禺新城清水濠家中。嘉庆三年（1798），十九岁，迁居贤乐里。道光七年（1827）丁亥，四十八岁，由贤乐里迁回清水濠故里。自出生地清濠到乐贤里，一直到今朝，迁回原来的出生地，四十八年间，世事沧桑，但值得宽慰的是，久已惘然的儿时记忆，可得重温。

辛未下第出都，留别汪益斋庶常铭谦

紫陌春迟未见花[1]，转蓬身又出京华[2]。此行一事君输我，瓜果筵开可到家。

——据《松心诗集》乙集燕台二集。《全集》（二），页87。

注释

［1］紫陌：京师郊野的道路。宋祁《忆上苑锡宴》："紫陌暮归

人籍籍，汗帷挥雨杏粘鞯。” ［2］转蓬：随风飘转的蓬草。曹植《杂诗七首》（其二）：“转蓬离本根，飘飖随长风。”

评析

这是下第出都，留别之时写给前来送别的友人的诗。诗篇记录辞别的情景。谓紫陌春迟，未见花发；身如转蓬，又出京华。这是诗篇的首二句，说分别。诗篇次二句说，此行别去，很不舍得。二人相比，好像是“我”输了你。但“我”今此行，还有一事，未必输君，那就是瓜果筵开之时，“我”已经到家。说到此，虽“崎岖失意”（张维屏《先慈讳日哀述》），也勉强用作自我安慰。

新雷[1]

造物无言却有情[2]，每于寒尽觉春生。千红万紫安排著，只待新雷第一声。

——据《听松庐诗钞》卷十一。《全集》（一），页308。

注释

［1］新雷：最初的春雷。徐玑《新春喜雨》：“昨夜新雷催好雨，蔬畦麦垅最先青。” ［2］造物：一种创造、主宰万物的力量，或指创造万物的神力。陆游《鹧鸪天·家住苍烟落照间》：“元知造物心肠别，老却英雄似等闲。”

评析

道光四年（1824）春，在松滋。诗中说，造物者不善言语却有情思，往往于寒尽之时，安排千红万紫，等待春天的到来。诗篇究竟想说些什么呢？从字面上看，表示造物者通过新雷发出信号，预示春天的到来；从内容看，表示人的觉醒，人已经从雷声中感觉到温暖，看到了希望。如进一步加以阐释，诗篇想说的话，想表达的想法，就是所谓体现求变精神的先进思想。这应是张维屏的“新雷”能够与龚自珍“我劝天公重抖擞，不拘一格降人才”①的“风雷”相提并论的一个重要依据。在社会历史转换时期，张维屏的“新雷”和龚自珍的“风雷”，既体现作者心声，亦为一个时代求变精神的体现。所谓一代新声，二诗皆堪称典范。

庚寅六月初二日，龚定庵礼部自珍招同周芸皋观察凯、家诗舲农部祥河、魏默深舍人源、吴红生舍人葆晋集龙树寺[1]，置酒蒹葭簃

老树百年柯叶改，天龙一指春常在[2]。前明龙爪槐无存，寺僧补种一株。**酒人醉眼半模糊，一片蒹葭绿成海。**

楼头帘卷西山青，座中簪盖皆豪英。主人好客善选胜[3]**，此地压倒陶然亭**[4]。

——据《松心杂诗》松心宴集诗。《全集》（三），页235。

① 龚自珍《己亥杂诗》，《龚自珍全集》第十辑，上海古籍出版社1999年版，页521。

注释

［1］龙树寺：京中古刹，以寺中槐树闻名。寺在北京西南郊外。［2］天龙：寺僧补种的龙爪槐。［3］选胜：寻游名胜之地。张籍《和令狐尚书平泉东庄近居李仆射有寄十韵》："探幽皆一绝，选胜又双全。"［4］陶然亭：位于北京西城区太平街19号，旧北京外城西、南下洼黑窑厂南慈悲庵内。康熙三十四年（1695），江藻奉命监理黑窑厂，在慈悲庵西部构筑了一座小亭，并以白居易"更待菊黄家酿熟，与君一醉一陶然"句中"陶然"二字为亭命名。

评析

诗篇记述宴会情景。第一首点明宴会地点，说明在龙树寺内的蒹葭簃。眼前景象是：百年老树，柯叶已改；天龙一指，青春常在。作者自注："前明龙爪槐无存，寺僧补种一株。"酒人醉眼，模模糊糊；一片蒹葭，碧绿成海。所写也都为眼前景象。第二首记述宴会实况。楼头帘卷，能见西山；座中簪盖，皆为豪英。主人好客，善于选胜；此地光景，压倒陶然亭。宴会主人龚自珍（定庵），客人周凯（芸泉）、张祥河（诗舲）、魏源（默深）、吴葆晋（红生）及张维屏（南山）。二诗载《松心杂诗》松心宴集诗。又载《松心诗集》己集燕台六集，题为《龚定庵中翰招同诸词人集龙树寺》，记述与龚自珍的同一次会面。诗篇可以作为当年在京结识龚自珍的见证。此为七言绝句二首，二首韵脚不同，一仄声，一平声，界线分明。而《全集》及相关选读本（黄刚选注《张维屏诗文选》，华东师范大学出版社，1992年3月）均将其合为一首七言律诗，应予纠正。

园中杂咏（九首其一）

半农半圃半樵渔[1]，不爱为官爱读书。自笑生平何所似，万书堆里一蟫鱼[2]。

——据《松心诗集》癸集草堂集卷一。《全集》（二），页503-504。

注释

［1］半农半圃半樵渔：此句自报家门，自述自己的身份及归宿。典出张萱《庚午守岁戏笔》："非仙非佛亦非儒，半农半圃半樵渔。" ［2］蟫（yín）鱼：蠹鱼。衣服、书籍中的蛀虫。孙枝蔚《咏物诗·蠹鱼》："青毡谁虑逢盗贼，黄卷惟愁遇蟫鱼。"

评析

道光二十六年(1846)夏，张维屏二儿祥瀛购地建筑听松园。道光二十七年(1847)春落成。园在珠江之南，花埭之东。大通寺居其前，杏林庄在其后。为一合适娱老之所。听松园落成，张维屏赋《园中杂咏》九首，叙述其"远离城市近禅林，树里清溪深复深"（《园中杂咏》其六）的处境，也说明自己的归宿。谓其平生，从读书、做官，到辞官返乡，最后又回到书本中来。蟫鱼，衣服、书籍中的蛀虫，诗人用以自比，说自己最终就是一个嗜书的人。

声（二首其一）

古云众志自成城，但执戈矛便是兵。制胜可能收后效[1]，豫（预）防都说有先声[2]。

——据《松心诗集》癸集草堂集卷二。《全集》（二），页533。

注释

［1］后效：指日后的成效或劳绩。《后汉书·安帝纪》："秋节既立，鸷鸟将用，且复重申，以观后效。" ［2］先声：领先发出的声音，也指开创潮流的事物。张九龄《勅北庭经略使盖嘉运书》："先声既振，后殿载扬。凶党闻之，卷甲而遁。"

评析

道光三十年（1850）三月，清水濠阅兵。张维屏赋诗表达自己对于抗击侵略者的意愿。诗中声称，自古以来就有这样的说法，万众一心，众志自能成城。所以，只要勇于拿起戈矛，就是兵士。克敌制胜，必须预防在先。面对战乱局面，张维屏将心中的忧愤化作抗争的实际行动。两次战事，张维屏其时尽管已不在其位，不再是政府官员，但面对眼前战乱局面，他仍然与乡里的富家站在一起，共同承担起保卫家园的职责。

新年入城

十家九户闭柴荆[1]，白昼巡街有鬼兵[2]。八十老人谈异事，广州城里少人行。

——据《松心诗集》癸集草堂集卷五。《全集》（二），页656-657。

注释

［1］柴荆：用柴荆做的简陋门户。杜甫《羌村三首》（其三）："驱鸡上树木，始闻叩柴荆。"　［2］鬼兵：英法联军。

评析

诗篇作于咸丰八年（1858）一月。诗中说十家九户，紧闭柴荆；白昼巡街，到处都是鬼兵。八十老人，谈论异事；广州城里，少见人行。所见是鬼兵，说明城市已被英法联军攻陷。这个时候，第二次鸦片战争仍未结束。

奉酬程云芬编修同年见赠二首[1]（其二）

十年前共掇秋香，乡榜同甲子。君上云霄我道旁。东观书多藜许照，中流帆弱苇难杭。少陵勋业看清镜[2]，长吉心情托锦囊[3]。枉赠瑶篇意温厚，顿教寒谷转春阳。明日长至。

——据《听松庐诗钞》卷八。《全集》（一），页238。

注释

［1］程云芬：程恩泽（1785—1837），字云芬，号春海。安徽歙县人。嘉庆十六年（1811）进士。有《国策地名考》二十卷、《诗文集》十卷传于世。　［2］少陵勋业：杜甫许身稷契、致君尧舜的勋业。杜甫《江上》："勋业频看镜，行藏独倚楼。"　［3］长吉心情：指李贺苦吟疾书的心境。李商隐《李长吉小传》："恒从小奚奴，骑距驴，背一古破锦囊，遇有所得，即书投囊中，及暮归，太夫人使婢受囊出之，见所书多，辄曰：'是儿要当呕出心乃已尔。'"。

评析

嘉庆九年（1804）秋，二十五岁，乡试中式成为举人。这是张维屏由志学阶段步入仕进阶段的起点。学而优则仕，乡试中举是求取功名的开始。张维屏《祷神显应记》及程恩泽《南山同年见示大集，灯下读之甚快，兼忆昼间情话，率成二律奉赠》诗，均曾说及此事。程恩泽，安徽歙县人，与张维屏同登乡榜。程恩泽于诗中说及二人"今夏始晤于西涯酒楼"（自注），共证前缘。张维屏以《奉酬程云芬编修同年见赠》一诗酬答。张维屏酬答诗篇有二首，本篇是其中第二首。诗篇说，十年之前，共掇秋香；君上云霄，"我"在道旁。既应合"西涯相见"一事，亦隐含两人之间的地位差别。程恩泽为嘉庆十六年（1811）进士，授翰林院编修；张维屏当时还没参加会试。两人之间，一个高在云霄，一个低在道旁。这是首联，说别后十年，双方的境况。颔联紧接着说对方，东观书多，青藜学士能够因此获益；一苇渡江，须要有人领航（杭）。二句指对方，身居要职，必将为士林造福。这是诗篇的前半部分，以一高一低、一弱一强，表示一种赞美与推扬。诗篇的颈联以少陵、长吉比拟自己的勋业与心情。

尾联回到眼前，说"明日长至"，日又渐长，赠我瑶篇，如见春阳。诗篇表达对于诗书事业的寄望，既是一种劝勉，也用以自勉。

癸未二月于役九江，忆丁卯春同潘伯临比部北上过此[1]，今十七年矣，感而赋诗，即寄伯临

廿年鸿爪费追寻，九派茫茫自古今。心似孤云难作雨，身如倦鸟欲投林。浔阳水急江声远，庐阜烟寒黛色深。多少青衫人老去[2]，琵琶亭上怕登临。

——据《松心诗集》戊集黄梅集。《全集》（二），页201。

注释

［1］潘伯临：潘正亨（1779—1837），字伯临，号荷衢，广东番禺人。十三行之首潘家之名士。贡生，曾捐官为刑部员外郎。善书工诗，著有《万松山房诗钞》。幼时师从张炳文，与张维屏同窗九年。

［2］青衫人老：作者用白居易以自况。白居易《琵琶行》："座中泣下谁最多？江州司马青衫湿。"

评析

这首诗作于道光三年（1823）癸未，当时，张维屏在湖北黄梅任上。这年二月，张维屏往九江公干。诗篇称述，嘉庆十二年（1807）丁卯，张维屏首度赴京会试，在春天同潘正亨（伯临）北上过九江，至今已十七年

矣。诗篇说廿年鸿爪，枉费追寻；九派茫茫，自古至今。以为鸿爪雪泥，已经难于找到踪迹；眼前只有大江水，日日夜夜流个不停。心似孤云，难为冷雨；身如倦鸟，欲投旧林。觉得此行，前景渺茫。这是诗篇的前半，叙说过江时的感想。后半从眼前景、当下的感想推广开去，说浔阳江头，水急江声远；匡庐脚下，烟寒黛色深。古往今来，不知道有多少青衫司马，功业未成，人已老去，害怕在琵琶亭上诉说相思。由己及人，由近到远，由进京赴考推广至整个社会人生。诗篇的感慨非常深刻。

六老堂六老者，五老峰与朱子也

初见匡君客路长，丁卯北上过庐山。**再寻庐岳鬓毛苍**。甲午转饷楚北，归游庐山。**名山许订三生石**[1]，今权郡事，三游庐山。**末学愧居六老堂**。**欲济鸿嗷无善策**[2]，**敢云燕寝有清香**[3]。**且凭歌啸舒怀抱，今古诗篇共一囊**。时辑《庐秀录》。

——据《松心诗录》卷七。《全集》（三），页121。

注释

［1］三生石：三生源于佛教因果轮回学说，后成为中国历史上意涵情定终身的象征物。三生石的三生分别代表前生、今生及来生。齐己《荆渚感怀寄僧达禅弟三首》（其三）："自抛南岳三生石，长傍西山数片云。"　［2］鸿嗷：鸿鸟的悲鸣。语本《诗·小雅·鸿雁》："鸿雁于飞，哀鸣嗷嗷。"后用以喻指流离失所、痛苦哀号的

饥民。［3］燕寝：闲居之处，指公余休息。韦应物《郡斋雨中与诸文士燕集》："兵卫森画戟，宴（燕）寝凝清香。"

评析

嘉庆十二年（1807）丁卯，二十八岁。春。过九江，登庐山；一路风光，一路诗篇。诗篇记述登临的情景。题下自注："六老者，五老峰与朱子也。"又于篇中夹注，曰："丁卯北上过庐山。"又注："甲午转饷楚北，归游庐山。"曰："今权郡事，三游庐山。"这是三游之后，回顾当时旅程及心情所创作的诗篇。前半部分叙说平生三次登上庐山的情景。后半部分就自己的这一经验，抒发感想。

戊辰四月出都，倪素之比部孟华、金艺圃驾部菁莪、潘伯临比部正亨、漆龙渊孝廉璘、刘三山孝廉华东俱有诗送行，留别二首（其一）

凤城杨柳故依依[1]，似向风前绊客衣。春梦一场云共散[2]，乡心千里鸟同飞[3]。醉中已觉车轮转，别后休教尺素稀。触热长途非得已[4]，高堂书到有当归。

——据《松心诗集》乙集燕台集卷一。《全集》（二），页72–73。

注释

［1］凤城：京都的美称。杜甫《夜》："步檐倚杖看牛斗，银

汉遥应接凤城。”　［2］春梦：喻易逝的荣华和无常的世事。罗隐《江南行》：“细丝摇柳凝晓空，吴王台榭春梦中。”　［3］乡心：思念家乡的心情。刘长卿《新年作》：“乡心新岁切，天畔独潸然。”　［4］触热：冒着炎热，指路途艰辛。

评析

嘉庆十二年（1807），二十八岁，张维屏首度会试不中，于第二年四月出都南归。出都之时，都中诗友为他饯行。他赋诗留别。诗篇说凤城杨柳，舍不得客人别去，好像在风前，故意牵绊客人的衣衫。是他自己不舍得走，偏偏说凤城杨柳不让他走。春梦一场，与浮云共消散；乡心千里，与飞鸟同归。说明此番赴考，有如一场春梦，功名事也如浮云一般，终究还得归去。这是诗篇的前半部分，描绘当前景，叙说当前事，表示送别。后半部分为道别。说醉中已觉，车轮转动；离别之后，不要忘记传递书信。触热长途，并非得已；高堂书到，催促归去。表示不舍得分别，但还得分别，体现出一种惜别之情。

哭覃溪先生四首[1]

骚坛竟失鲁灵光[2]**，不信乔松易折伤。**先生善摄生。**鹤发琼林尊杖履，**重宴琼林。**鸿文海岛购琳琅。**先生翰墨高丽人极宝贵之。**宾朋入座多耆宿，金石罗胸郁古香。心血有人勤护惜，一时房杜在门墙**[3]**。**

龙马精神耄未衰，缥湘铅椠日忘疲。养心不藉神农药[4]，拜手常赓帝舜诗[5]。东观宝书三箧熟，南溟使节八年持。同朝硕辅多鸿骏，桑梓衡文遇独奇。乾隆癸卯科，先生为顺天乡试总裁，洵异数也。

玉堂清望似髯坡[6]，况有斜川和啸歌[7]。正仰高名齐北斗，不堪老泪涌西河。嗣君宜泉太史，中年下世。新阡碑碣谁封树，古轴云烟孰网罗。苏斋所藏法书、名画，先生捐馆多散失。三十六鳞无恙在，摩挲遗墨怅如何。见寄书札俱藏箧衍。

保安寺近晓钟沉，通德门高曙色侵。先生起最早，每黎明客至。学浅愧称强敌手，屏一日诣苏斋，先生顾座客曰："诗坛大敌至矣。"谈深弥见爱才心。曲终忍更闻邻笛，弦废谁能赏爨琴。共有老成凋谢感，羊昙何止涕盈襟[8]。

——据《听松庐诗钞》卷八。《全集》（一），页214-215。

注释

［1］覃溪：即翁方纲，见第2页注释①。　［2］鲁灵光：汉代鲁灵光殿的简称，后比喻硕果仅存的人或事物。王延寿《鲁灵光殿赋》序："鲁灵光殿者，盖景帝程姬之子恭王余之所立也。"　［3］房杜：唐名相房玄龄、杜如晦的并称。耶律楚材《继宋德懋韵三首》（其三）："炎汉萧曹贤政事，李唐房杜美声名。"　［4］神农药：神农药书。袁郊《红线》："红线曰：'某生前本男子，游学

江湖间，读神农药书，而救世人灾患。’” ［5］赓，赓载，表示相续而成。帝舜诗：指诗言志诗学传统。《尚书·虞书·舜典》：“诗言志，歌永言，声依永，律和声。八音克谐，无相夺伦，神人以和。” ［6］玉堂清望：北宋太宗淳化年间，赐翰林“玉堂之署”四字，后遂用玉堂代称翰林院。黄庭坚《病起荆江亭即事》（十之七）：“玉堂端要真学士，须得儋州秃鬓翁。”此处借以赞颂翁方纲学界声望。 ［7］斜川和啸歌：斜川，古地名，在江西省星子、都昌二县县境，濒鄱阳湖，风景秀丽。陶潜曾游于此，作《游斜川》诗并序。张炎《风入松》（岫云）：“记得晋人归去，御风飞过斜川。”啸歌，啸歌吟咏，也作啸咏。《诗经·小雅·白华》：“啸歌伤怀，念彼硕人。” ［8］羊昙：泰山南城（今山东平邑南）人，太傅谢安外甥，为谢安所爱重。谢安死时，从西州门出城安葬，羊昙辍乐多年。一日至西州门，昙悲感不已，以马鞭扣扉，诵曹植《箜篌引》，恸哭而去。此以羊昙自喻，对于先生的离世，深感哀痛。

评析

嘉庆十二年（1807），张维屏二十八岁，进京应会试，访翁方纲于苏斋，被翁方纲引荐给诗界朋友。在众多诗友面前，翁方纲称张维屏为“诗坛大敌”，即将他视为诗坛的一大敌手。这是张维屏一生中的一件大事。十一年后的嘉庆二十三年（1818），翁方纲逝世。张维屏赋诗四首对其离世表示深切的哀悼。

其一，说先生逝世，骚坛丧失鲁殿灵光。并说“先生善摄生”（自注），不当这么快就离世。先生曾“重宴琼林”（自注），既为海内所敬仰，亦于海外声名扬。“先生翰墨高丽人极宝贵之。”（自注）这是诗篇前半部分的内容。诗篇后半部分说先生在诗坛上的地位。先生不仅有耆宿入座，金石罗胸，而且一时间，房杜之辈，都列于门墙之下。

其二，说先生平常的诗书生涯及为官情形，并特别提及先生于乾隆癸卯年主持乡试一事。说“乾隆癸卯科，先生为顺天乡试总裁，洵异数也”（自注）。那个时候，张维屏刚四岁。他以为，这可能是一种人生的因缘。

其三，说先生就是当世的苏东坡，如北斗般，为人所景仰。但“嗣君宜泉太史，中年下世”（自注），给他沉重的打击。这是生前的情事。至于身后情事，包括堆土为坟、植树为饰及散失古轴的网罗等，不知谁人料理。并特别提示：“苏斋所藏法书、名画，先生捐馆多散失。”（自注）旧传鲤鱼脊中有大大小小三十六片鳞甲，每片鳞上有黑点，故以三十六鳞作为鲤鱼的别称，但此处指书札。谓轻轻抚摸先生遗墨，心中无限悲凉。亦特别提示：“见寄书札俱藏箧衍。”（自注）

其四，回想过去在苏斋受奖掖的情形。谓宝安寺的钟声仍显得有点深沉，通德门才刚刚现出光亮的天色，先生新的一天又开始了。诗篇自注：“先生起最早，每黎明客至。”并注：“屏一日诣苏斋，先生顾座客曰：‘诗坛大敌至矣。’”谓先生爱才心切，一见面就加以推扬。这是诗篇的前半部分，说第一次拜见先生的情形。以下说曲终闻笛，徒增哀伤；人琴俱亡，涕泪盈襟。张维屏以羊昙自喻，对于先生的离世，深感哀痛。

浮山第一楼题壁

一酌酥醪骨欲仙，楼高览尽洞中天。心飞海日三神上[1]，身在蓬莱左股边[2]。桂父叩门谈服食[3]，麻姑招手话桑

田[4]。拍肩又被洪崖笑[5]，我堕尘寰六六年。

——据《松心诗集》丙集罗浮集。《全集》（二），页135。

注释

［1］海日三神：海日，海上的太阳。李白《梦游天姥吟留别》：“半壁见海日，空中闻天鸡。”三神，指天神、地祇、山岳。谓随着彩云飞向海日之间，到达三神之上。　［2］蓬莱左股：蓬莱，相传为渤海中仙人居住的山。《列子·汤问》：“其中有五山焉。一曰岱舆，二曰员峤，三曰方壶，四曰瀛洲，五曰蓬莱。”左股，靠左的岸边。　［3］桂父：古代传说中的仙人。刘向《列仙传》（卷上桂父）：“桂父者，象林人也，色黑而时白、时黄、时赤，南海人见而尊事之。”　［4］麻姑：传说中的仙女。姓黎字琼仙，建昌人，修道于牟州东南姑余山（今山东烟台市牟平区），宋徽宗政和中，受封真人。　［5］洪崖：亦作洪厓、洪涯，传说中仙人名，黄帝臣子伶伦的仙号。张衡《西京赋》：“洪涯立而指麾，被毛羽之襳襹。”

评析

嘉庆十九年（1814），张维屏主讲粤秀书院。嘉庆二十年（1815）春，张维屏赴惠州讲学，入罗浮山览胜，作此诗题壁。诗篇说酥醪一酌，让人蚀骨销魂，飘然欲仙；登上高楼，览尽山外山、洞中天。自己的心已随着彩云飞向海日之间，到达三神之上；身则留在蓬莱靠左的岸边。这是诗篇的前半部分，说登山所见。后半部分说感想。桂父叩门，谈论服食；麻姑招手，与话桑田。说自己仿佛已进入仙境，与诸仙论道。桂父、麻姑，皆传说中的仙人。拍拍肩膀，又恐怕被洪崖取笑；因为“我”堕落尘寰，才刚刚六六三十六个年头。据说，洪崖生帝尧时，已经三千岁，汉时仍在，曾隐居于豫章郡境内的西山。全篇是罗浮山览胜时的体验。

南归途中述怀四首（其一）

阊阖云开紫盖边[1]，青袍新惹御炉烟[2]。名经尚待参千佛，冠佩先教谒九天。大挑一等，四月初七日引见勤政殿。**吏乏长才甘避席，士存真面且耕田。蹉跎转觉留馀味，花未全舒月未圆。**

——据《听松庐诗钞》卷六。《全集》（一），页176-177。

注释

［1］阊阖（chāng hé）：传说中的天门。屈原《离骚》："吾令帝阍开关兮，倚阊阖而望予。"王逸注："阊阖，天门也。"［2］青袍：青色的袍子。何逊《与苏九德别》："春草似青袍，秋月如团扇。"

评析

嘉庆二十二年（1817），三度赴京应试。同年四月，觐见嘉庆帝。有诗为证。诗篇说，阊阖云开，就在紫盖旁边；青袍新惹，御炉缕缕生烟。名经待访，仍须参遍千佛；冠佩先教，有幸拜谒九重。自注："大挑一等，四月初七日引见勤政殿。"诗篇所记则此事。这是前半部分，说觐见嘉庆帝时的场景。后半部分说感想。说作为一名政府的官员，如果缺乏才干，没有自己的专长，自当退避三舍；作为一名士子，为保持自己的本真，往往须暂且归去田园。蹉跎岁月，反而觉得留有余味；花未全舒，正如月未全圆，凡事都不必十全十美。说的是对于进与退的看法。

己卯下第遣怀二首（其一）

似水年华弃掷轻，无多心血澹时名。且凭药饵扶身健，敢把文章与命争。阅世欲藏元豹影[1]，思家怕听子规声[2]。愁来何地舒怀抱，但觅车尘少处行。

——据《松心诗集》丁集燕台四集。《全集》（二），页162-163。

注释

［1］元豹：即玄豹，指隐修不露的人。刘向《列女传·陶答子妻》："今夫子不然，贪富务大，不顾后害。妾闻南山有玄豹，雾雨七日而不下食者，何也？欲以泽其毛而成文章也，故藏而远害。"后为遁世全身之典实。　［2］子规：杜鹃鸟的别名。白居易《送春归》（元和十一年三月三十日作）："今年杜鹃花落子规啼，送春何处西江西。"

评析

嘉庆二十四年（1819）己卯，四十岁。会试下第。诗篇称，似水年华，轻轻弃掷；心血无多，只能将时名看得淡泊一些。暂且凭借着药饵，保持身体康健；岂敢为着文章，与生命相争。此时，张维屏对于功名似乎已不是那么热衷，觉得名誉与心血、文章与生命，应当还有个轻重之分。这是诗篇的前半部分，表白自己对于人生的看法。后半部分说对策。以为在人世间，应懂得隐藏自己的元豹之影；因为思家，也往往怕听子规啼声。当闲愁来时，应懂得舒展自己的怀抱；只选择车尘少处行走。诗篇所说，体现“用行舍藏”的思想，完全符合历来读书人的那一套。这是下第时的心境。

己卯除夕

儿时风景静时寻，饯旧迎新又古今[1]**。独客友朋灯下影**[2]**，故园骨肉酒边心**[3]**。春光合让邻家早，**邻为达官宅。**雪意偏于佛屋深。墙外车声忙底事**[4]**，诗成犹自拥衾吟。**

——据《听松庐诗钞》卷八。《全集》（一），页243。

注释

［1］饯旧迎新：辞旧迎新，告别旧的一年。韩嘐《高阳台》（除夜）：“频听银签，重燃绛蜡，年华衮衮惊心。饯旧迎新，能消几刻光阴。” ［2］独客：独自为客。朱彝尊《乔侍读一峰草堂看花歌》：“疾风经旬不出户，独客懒过三眠蚕。” ［3］故园：故乡。杜甫《秋兴八首》（其一）：“丛菊两开他日泪，孤舟一系故园心。” ［4］底事：何事。

评析

会试下第，都中渡岁。诗中说，儿时风景，只能于静时寻觅；饯旧迎新，古来今往，都没有什么不同。独自在外，于友朋灯下作客；牵挂着故园骨肉的心，却在杯酒边上。这是诗篇的前半部分，说儿时过年的风景已一去不复返，眼下独自对着灯影，挂念着故园的骨肉亲情。说的是自家事。后半部分突然冒出个邻家来，说还是邻家的春光来得早。自注："邻为达官宅。"达官春早，佛屋雪深。两相比对，自生感慨。说墙外车声，为何事而忙，诗成之时，还是犹自拥衾而吟。落第之后，都中渡岁，境况可想而知。

辛巳除夕

四年除夕三年客，楚水燕台又浙西。远道友朋如骨肉，劳生岁月付轮蹄。敢将倦足追良马[1]，尚有雄心听曙鸡[2]。新政光华贤路广，不应萝薜恋山栖。

——据《听松庐诗钞》卷九。《全集》（一），页267。

注释

［1］良马：骏马，跑得快的好马，又指良种马。《诗经·鄘风·干旄》："素丝纰之，良马四之。"　［2］曙鸡：报晓的鸡啼声。沈佺期《夜宿七盘岭》："浮客空留听，褒城闻曙鸡。"

评析

道光元年（1821），辛巳。冬，赴京会试。诗中提及四年除夕，三年在客乡过；三个地方是楚水、燕台、浙西。远道友朋，有如骨肉一般；劳生岁月，都付予车轮和马蹄。这是诗篇的前半部分，说过去的事情。后半部分说当前的事情。说自己仍然敢于凭借自己的倦足——已经跑累了的双足，去追逐良马；而且还有雄心，听取曙鸡，谓将闻鸡起舞。新政光华，贤路宽广；不应当守着萝薜，留恋山栖。表示自己还得努力向前，用力奔跑，因为新朝、新政，前面的路还十分宽广。这时候，诗人由于新君登位，又对新政抱以期待，对于仕途仍然充满信心。

道光壬午四月初四日，乾清宫引见，蒙恩以知县即用，恭纪

五云高捧日华明，亲见丹毫点姓名。信是朝廷崇学术，要将民社畀书生[1]。材如散栎官原冷[2]，选临高县教谕。天许栽花宦自清。何敢鸣琴说循吏，但将买犊劝耕氓[3]。

——据《松心诗录》卷五。《全集》（三），页93。

注释

［1］民社：州、县等地方，亦借指地方长官。张孝祥《后土东岳文》："下臣虮虱，天子使守民社。服事之始，敢敬有谒。" ［2］散

栎：散材，不成材的树木。后以散栎比喻无用之人。　［3］买犊劝耕：卖刀买犊，犹言卖剑买牛。武元衡《兵行褒斜谷作》："三川顿使气象清，卖刀买犊消忧患。"表示愿做一名买犊劝耕、教化愚氓的良吏。

评析

道光二年（1822）春，张维屏北上应考，这是他第五次赴京。功夫不负有心人，此次张维屏终于会试中式，并得朝考入选，于乾清宫获得道光帝引见。为此，张维屏特别赋诗恭纪。诗篇自注："选临高县教谕。"这是指第三次应考，大挑一等而未就教职的事情。今番蒙恩即用，一经考上，马上任命知县，则有所不同。此诗另题：《道光壬午会试中式，复试一等，殿试二甲，朝考入选。四月初四日乾清宫引见，蒙恩以知县即用，恭纪》，仅首句"彤墀翘首日华明"不同。不过该题将事情交代得较为清楚，可知这次是会试中式，复试一等，殿试二甲，朝考入选。这是非常荣耀的一件事情，故当恭而纪之。诗篇说，圣上就像是五种云彩高高捧起的红太阳，光芒万丈。圣上钦定姓名，说明当今朝廷重用读书人，愿将社稷民生都托付予书生。这是诗篇的前半部分，是明显的颂圣文字。诗篇后半部分，直接向圣上表忠。说自己如散栎之材，即不成材的树木，为官者本来也并非特殊材料所构成；天许栽花，朝廷委以重任，为官者应当自律，保持廉洁。并说不敢以鸣琴而治为借口，而要做个因循的官吏；只有买犊劝耕、教化愚氓，才是根本。表示要做个良士与良臣。这也是张维屏早在《〈读书人家图〉，为魏春松观察题》诗中所表达的意思。

五十初度，漫成四首

知非何敢比前贤[1]，忽忽流光五十年。身倦已同栖树鸟，心清仍似在山泉。新阡映护松为障，旧业辛勤石是田。晚节试看篱下菊[2]，要从霜里见芳妍。

才经宦海历艰危，初署黄梅即遘水患。欲御狂澜势莫支。露宿万家棚作室，波冲一叶命如丝。夜出勘灾，几遭覆溺。绘图郑侠忧谁诉[3]，请粜臧孙事恐迟[4]。两字尽心殊有愧，抚躬何以报恩慈。黄梅抚恤事竣，大吏奏折有“尽心民事，深洽舆情”之语，仰蒙恩旨，调补广济。

师友勤拳念不才[5]，江天云树首频回。巨公论定官由命，丁丑大挑一等，请就教职；壬午捷礼闱，仍用知县。相国蒋公来书云：“科名人定胜天，官职天定胜人。”老宿神交句是媒。临川李松甫郎中、归安杨拙园明经数千里邮诗往复，均未识面。东海词人索诗去，高丽李怡云索诗。西疆福将寄书来。得果勇侯杨公手书（适接杨侯手书）。尘劳幸未昏双目，两度秋帘得榜魁。壬午、乙酉楚闱分校，榜首皆出余房。

卅年静如叶琴音，中馈操持匪自今[6]。置酒敢云追北海[7]，赠言何止重南金。余与内子同庚，诸戚友惠诗文、楹联多双寿吉语。灯前儿女听谈史，灯下辄命儿女环侍听讲史事。膝下童孙解学吟。长孙五龄，初学诵诗。**半百蹉跎千虑澹，读书犹抱少时心。**

——据《听松庐诗钞》卷十四。《全集》（一），页396–397。

注释

［1］知非：五十岁的代称。《淮南子·原道训》："故蘧伯玉年五十，而有四十九年非。"谓年五十而知前四十九年之过失。因以知非称五十岁。［2］晚节：晚年的节操。《宋书·良吏传》："年暨知命，廉尚愈高，冰心与贪流争激，霜情与晚节弥茂。"［3］郑侠（1041—1119）：字介夫，号大庆居士、一拂居士，福州福清（今属福建）人。宋英宗治平四年（1067）进士。调光州司法参军。目睹新法弊端，熙宁七年（1074）三月，画为《流民图》，写成《论新法进流民图疏》，请求朝廷废除新法。［4］臧孙：臧孙氏，春秋时期鲁国卿大夫家族。鲁孝公后代，春秋前期在鲁国的重要性仅次于三桓，出现了臧僖伯、臧文仲、臧宣叔等名臣，臧武仲出逃后，开始衰落。请槼事，未详。［5］勤拳：恳切真诚。白居易《送毛仙翁》："玄功曷可报，感极惟勤拳。"表示师友间，文人相亲，勤拳相待。［6］中馈：古时指妇女在家中主持饮食等事，引申指妻室。曹植《送应氏二首》（其二）："中馈岂独薄，宾饮不尽觞。"［7］置酒：置酒邀宾。洪炎《冯太冲置酒即事次公实韵》："春事一樽酒，夜阑三尺檠。风流孔北海，文字汉西京。"

评析

道光九年（1829）九月，五十岁生日。张维屏赋诗自寿。

其一，倦鸟知返，心清似水。前贤有云："（蘧伯玉）行年五十，而知四十九年之非。"忽忽流光，逝者如斯，而今，并不敢与前贤攀比。正如飞鸟一般，身倦知返，“我”的心仍然像山泉一样澄澈。这是诗篇的前解，自剖心迹，自说意愿。后解说具体的规划。谓新辟的野径荒阡，将以松树为屏障；旧业辛勤，仍然以石为田。晚岁的生涯，只想在篱下赏菊，要从霜寒当中见其芳妍。篱下菊，亦为张维屏的自我写照。

其二，宦海艰危，尽心尽职。曾经宦海，历尽艰危；欲御狂澜，其势莫支。露宿万家，竹棚作室；波冲一叶，命如悬丝。所说为张维屏初署黄梅即遘（gòu，相遇，碰上）水患事。即道光三年（1823）夏，江水决堤，张维屏于实地勘察水情赈灾。某日，夜出勘灾，舟为急水冲去，因力抱大树，乃免于溺。这是诗篇的前解，说黄梅赈灾事迹。后解说抚恤事竣之后的联想。谓郑侠绘图，报告民情；臧孙请粜，接济荒歉，两项大事，不容迟疑。只是“尽心”二字，深感有愧，认为不足以报答皇上的恩慈。“尽心”，指大吏奏折对其业绩的评价，见诗篇自注。

其三，师友勤拳，念其不才。或者由于官场上的交往，或者由于文字上的交往，有巨公论定，张维屏亦与诗界前辈神交已久。这是诗篇的前解，说海内诗界师友间的情谊。后解说东海、西疆，词人索诗、福将寄书。指高丽友人及果勇侯杨公来书。而值得庆幸的是，世俗事务繁杂，仍未至于双目昏花，而且两度秋帘得榜魁者，都出自门下。这是后解，概说自己在海内外诗坛的影响。

其四，半百千虑，少时心志。谓卅年静好，琴音相叶，中馈操持，方才有今日。置酒设乐，赠言相贺，情意隆重。这是诗篇的前解，说贺寿情事。后解说眼下诸况。谓儿女在灯下，听张维屏谈论历史，膝下童孙，亦懂得吟诵诗篇。半百蹉跎，千虑澹薄，唯有读书，仍抱有少时初心。这是后解，说今后计划。

自京抵楚，述怀八首（其二）

欲去身如不系舟，客心先赴楚江头[1]。**休夸仙迹题黄鹤，但恐尘容愧白鸥。装压珠玑篇什重，**朋旧多赋诗赠行。**歌成金缕酒痕稠。**吴嵩少水部、红生孝廉携酒追饯于西郭禅院，各制新词一阕。**海东亦有苔岑契**[2]，高丽李怡云嘱周菊人索余诗。**翰墨缘多未易酬。**将出都，知交多索题咏。草草倚装，愧未能遍应也。

——据《听松庐诗钞》卷十。《全集》（一），页273–275。

注释

［1］客心：旅人之情，游子之思。谢朓《暂使下都夜发新林至京邑赠西府同僚》："大江流日夜，客心悲未央。" ［2］苔岑：指志同道合的朋友。郭璞《赠温峤诗》："人亦有言，松竹有林。及余（尔）臭味，异苔同岑。"

评析

张维屏既以知县分发湖北，署黄梅，即于道光二年（1822）夏出都，由河汉抵楚。诗篇说欲去未去，身如系不住的船，这时候，心仿佛已经到达楚江头。休得夸耀自己，很快就能登上黄鹤楼，和往圣一样，留下自己的墨宝，倒是恐怕自己尘容有愧于白鸥。这是诗篇的前半部分，说自己离京赴楚时的心情。后半说众多友朋留别的情形。说临别之时，"朋旧多赋诗赠行"（自注），自己的行装，装满友朋的珠玑篇什，十分沉重；"吴嵩少水部、红生孝廉携酒追饯于西郭禅院，各制新词一阕”（自注），饯别的酒宴，歌成金缕，酒痕也很稠密；“高丽李怡云嘱周菊人索余诗”（自注），“将出都，知交多索题咏。草草倚装，愧未能遍应也”（自注），无论在海内，还是在海东，亦有苔岑之契。

壬午湖北乡闱分校二首（其一）

堂开衡鉴倚丹岑[1]，衡鉴堂后即凤凰山。**隔一重门似海深。十九年前辛苦味，二千篇内琢磨心。**每房头场卷六百馀，为文二千篇有奇。**献来玉美初离璞，拣去沙繁怕掩金。为有孤寒翘首待，夜分把卷重沉吟**[2]。

——据《听松庐诗钞》卷十。《全集》（一），页278。

注释

[1] 丹岑：绚丽的山峰。刘孝威《登覆舟山望湖北》：“紫川通太液，丹岑连少华。”此指衡鉴堂后的凤凰山。 [2] 把卷：持卷，展卷。杜牧《酬许十三秀才兼依来韵》：“凭君把卷侵寒烛，丽句时传画戟门。”

评析

道光二年（1822）壬午，抵达楚地，于七月间，任湖北乡试考官。堂开衡鉴，自注：“衡鉴堂后即凤凰山。”这是乡闱阅卷的处所。诗篇说，堂开衡鉴，倚靠着凤凰山（丹岑），隔一重门，就是像大海一样深沉的考场。十九年前的辛苦滋味，今天又有了体验。十九年前的事，指的是嘉庆九年（1804）秋，乡试中式成为举人的事。那时，初入考场，前途掌握在考官手上。而今，自己当上了考官。二千篇内，心思琢磨，也伤透脑筋。自注："每房头场卷六百馀，为文二千篇有奇。"这是诗篇的前半部分，说考场的位置及考卷的数量。诗篇后半部分，说阅卷的情况。说士子的文章，尚未雕琢成玉，但淘洗泥沙，不能让真金淹没。于夜半时分，把卷沉吟，期待有好的文章出现。可见此时的张维屏，已是一名十分称职的良臣。

十一月之任黄梅

通籍聊将禄代耕[1]**，迂疏何以慰舆情**[2]。**冲途岁有三千客**八省通衢，**剧邑名留百万城**。邑有百万城故址。**山积烟霞开佛宇**四祖山、五祖山，**地绕谷帛足民生**[3]。**旧游风景浑如昨，回首江湖十载情**。丁卯入都过此。

——据《松心诗集》戊集黄梅集。《全集》（二），页200。

注释

[1] 通籍：新官通报名籍于朝廷。《汉书·元帝纪》："令从官给事宫司马中者，得为大父母、父母、兄弟通籍。"颜师古注引应劭语曰："籍者，为二尺竹牒，记其年纪名字物色，县之宫门，案省

相应，乃得入也。” ［2］舆情：大众言论与意向。李中《献乔侍郎》：“格论思名士，舆情渴直臣。” ［3］谷帛：谷物与布帛，亦泛指衣食一类生活资料。《列子·天瑞》：“夫金玉珍宝，谷帛财货，人之所聚，岂天之所与？”

评析

这首诗写于道光二年（1822）十一月，此时张维屏上任黄梅知县。诗篇说初时做官，册中有了名籍，姑且将禄代耕，但生性迂远疏阔，不知怎么能够适应民情。大道冲途，来来往往，每岁都有客三千；繁剧的郡县，人口少说也上百万。想做一名良臣，就当顾及全面。这是就一般而言。而黄梅跟一般地区不一样，此地山积烟霞，广开佛寺，地绕谷帛，民生富足。这个地方，是自己的旧游之地。眼前所见风景，并没发生变化；回首江湖，十年过去，仍然还有很深的感情。说明张维屏对于此地原本就有一定的好感。

珠江

雨鸠啼罢又晴鸠[1]**，水调歌残换粤讴**[2]**。小醉忽生前事感，大痴常替好花愁。**牡丹初开，连月风雨。**腾腾白日绳难系，滚滚黄河坝未修。烽火兵戈曾两度，**辛丑、甲寅。**珠江南望试回头。**

——据《松心诗集》癸集草堂集卷四。《全集》（二），页615。

注释

［1］雨鸠啼罢又晴鸠：雨鸠、晴鸠，互相转换，表示天气变化。黄庭坚《自巴陵略平江临湘入通城无日不雨至黄龙奉谒》："野水自添田水满，晴鸠却唤雨鸠归。" ［2］粤讴（ōu）：广东曲艺说唱之一，与木鱼、龙舟、南音、板眼一起被称为粤调。相传为清嘉庆年间粤人冯询、招子庸在南音基础上发展而成。

评析

这首诗作于咸丰四年（1854），时张维屏七十五岁。诗中说烽火兵戈，曾经两度，说明他已经经历两次战乱。雨鸠、晴鸠，水调、粤讴，前者说天气变化，后者说歌曲变化。天气变化，阴晴未定；歌曲变换，心情也不同。先说当前的情事，再因小醉，联想到以前的情事。直到尾联的"试回头"，再将几年来的事情连接在一起，表达张维屏心中的愁闷及忧愤。诗篇自注："辛丑、甲寅。"又谓烽火两度。两次战乱，一指道光二十一年（1841）辛丑五月，英军入侵广州；另一指咸丰四年（1854）甲寅秋，广东天地会佛山起义，围攻广州。诗篇所记述，就是这两大战事。

战场

才销兵气喜平康[1]**，忽报珠江起战场。曾见海鲸来跋浪，**辛丑夷事。**又惊风鹤逼萧墙**[2]。**火原猛烈兼秋令，**城内外延烧屋店数百间。**寇最猖狂此夜郎。闻道俄罗方困汝，**英夷近为俄罗斯所困。**有能何不早还乡。**

——据《松心诗集》癸集草堂集卷五。《全集》（二），页643-644。

注释

［1］平康：平安。《尚书·洪范》："平康正直，强弗友刚克，燮友柔克。"孔传："世平安用正真治之。" ［2］风鹤逼萧墙：风鹤，指战争消息。方岳《送少卿奉使淮西》："符麟留钥汉宗姓，风鹤为兵谢安侄。"萧墙，旧时宫室大门内面对大门的门屏，或一般当门而立的小墙。比喻祸乱出自内部，事在萧墙。此谓战事逼近，情势危急。

评析

诗篇自注："辛丑夷事。"辛丑，道光二十一年（1841）。这一年，帝国主义列强的侵华战争并未结束。正如诗篇所云，兵气才销，喜得太平安康，忽然间珠江又起战场。海鲸跋浪，风鹤萧墙。海鲸，可能指炮舰；风鹤，描绘战场的气氛。这是诗篇的前半部分，说事件本身。诗篇后半部分，说自己对于事件的感想并对侵略者加以嘲讽。其中所说列强间相互争斗，可能指俄罗斯和英国的争斗。诗篇结尾说，你们（指英夷）既然不满俄罗斯的行为，何不早早返回自己的家乡？

魏默深进士源书来，以所著《海国图志》见寄，赋此奉报，即题卷端

忆昔握手向京华，别久书来豁眼花。气壮群推魏无忌[1]，心孤谁识贾长沙[2]。九州宿地凭挥翰，四海披图当泛槎。太息绕朝谋不用，为君一读一长嗟。

——据《松心诗集》壬集花地集卷三。《全集》（二），页474。

注释

［1］魏无忌（？—前243）：即信陵君，魏国公子，与春申君黄歇、孟尝君田文、平原君赵胜并称为“战国四公子”。 ［2］贾长沙：见第70页注释［2］。

评析

道光二十五年（1845），魏源书来，寄所著《海国图志》。张维屏赋诗为报。诗篇说：忆昔握手，离开京华；别久书来，眼界大开。因而想起众人所推许的信陵君魏无忌及心孤意怯而被遗弃的贾长沙。这是诗篇的前半部分，以贾谊作比，说魏的为人。据史志及林则徐所译《西夷四州志》称，魏源著《海国图志》一百卷。后半部分即说魏的著作《海国图志》。谓九州宿地，凭借挥翰；四海披图，容当泛槎。太息绕朝，谋而不用；为君一谈，为君长嗟。宿地，古是天子五载一巡狩，用事泰山，诸侯朝圣所寄宿的地方。意即将九州大地及四海天下收入图志，没有生花之笔及泛槎四海的经历，怎么能够办到？而朝廷不重视《海国图志》，令人叹息。这

既是为魏源、为林则徐而叹息，也是为三元里乡民、为整个国家民族而叹息。可见他的闲居，实际并不清闲。

三月初六日，冯西潭明府沅、寿菊泉明府祺、罗蒲洲广文家政、许宾衢观察祥光、金醴香员外菁茅、梁章冉广文廷枏、张清湖广文应秋、谭玉生广文莹、仇健亭广文乾厚、丁桂裳广文熙同过敝庐，阅清水濠壮丁。丁八百馀人。阅毕雨至，即事有述

贤侯治事不遑安，桑梓关心劝练团[1]。守望义原遵孟子[2]，闾胥法亦本周官[3]。防虞自合修矛戟，敌忾还期共胆肝。好雨应时欣有兆，洗兵从此庆安澜[4]。

——据《松心诗集》癸集草堂集卷二。《全集》（二），页542–543。

注释

［1］练团：团练，中国古代地方民兵制度，在乡间的民兵，亦称乡兵。宋至民初,多行此制。　［2］守望：看守瞭望。《孟子·滕文公上》："出入相友，守望相助，疾病相扶持，则百姓亲睦。"　［3］闾胥（lǘ xū）：周代乡官名，掌管一闾政事的小吏。《周礼·地官·闾胥》："闾胥，各掌其闾之征令。以岁时各数其闾之众寡，辨其施舍。凡春秋之祭祀、役政、丧纪之数，聚众庶；既比，则读法，书其敬敏任恤者。凡事，掌其比觵挞罚之事。"　［4］洗兵：出师遇雨。

梁简文帝（萧纲）《陇西行三首》（其二）：“洗兵逢骤雨，送阵出黄云。”

评析

鸦片战争，家国遭灾。张维屏亲历其境，既心有忧愤，也能够付诸实际行动。张维屏在乡间与一班社会贤达组织团练，担负起保家卫国的责任。道光三十年（1850）三月，张维屏汇集当地豪绅于清水濠阅兵，并作诗纪实。诗篇称赞两位知县勤于治事，没有时间稍事安歇。前来观看阅兵的有多名政府官员，他们属于张维屏所说的良臣，不会贪图安逸。而乡里的富豪，关心桑梓，也创办团练，使得闾、比之间，守卫瞭望，互相照应。诗篇指出，自古以来我们的乡村就有这么一种制度，阅兵在于遵循古制。并谓，当日阅兵遇雨，是一个好兆头。

闻林少穆制府同年卒于潮州旅次[1]，有感而作

诏起劳臣鬓已皤，半途星陨怅如何。忠忱奋发声名溢，边衅轻开祸患多。夷氛两年，死者数万。**驻节岂容谈魏绛**[2]，公在任必无议和之事。**骑箕犹共望廉颇**[3]。**重逢拟续东园话，**辛丑闰三月十三日，公坐小舟过余东园话别。**何意翻为薤露歌**[4]。

——据《松心诗集》癸集草堂集卷二。《全集》（二），页557。

注释

［1］林少穆：即林则徐，见第7页注释①。　［2］魏绛（？—

前552）：姬姓，魏氏，名绛，谥庄，史称魏庄子，春秋时晋国卿，善于领兵作战并主“和戎”之策。　［3］廉颇（前327—前243）：嬴姓，廉氏，名颇，籍贯有山西太原、山西运城、山东德州等说。封信平君。战国末期赵国良将，与白起、王翦、李牧并称“战国四大名将”。　［4］薤（xiè）露：乐府相和曲名，古代的挽歌。宋玉《宋玉对楚王问》：“其为《阳阿》《薤露》，国中属而和者数百人。”

评析

这是道光三十年（1850）九月闻知林则徐死讯所作诗篇。其中自注：“辛丑闰三月十三日，公坐小舟过余东园话别。”说明道光二十一年（1841）闰三月，林则徐被革职，即将离粤赴浙，船过花地，曾到东园与张维屏话别。诗篇从话别说起，谓林则徐被皇帝重新起用，但半路即病逝，有如巨星陨落，令人惆怅，不知如何。这是闻知林则徐死讯时的心情。颔联说林则徐忠忱奋发，声名大噪，而边衅一开，便招来横祸。指林则徐因为禁烟引起中英两国开战而招致贬官。颈联用了两个典故来叙说林则徐的故事。其中魏绛和廉颇，都是古时的名将。魏绛主和，廉颇善战。用两位名将比喻林则徐，说他对付“边衅”既不能采取魏绛和戎的路线，就只能像廉颇一样，至死也不辱使命。骑箕，亦作骑箕翼，指死后升天。尾联叙说自己和林则徐两人之间的交谊，并表哀悼之情。说想不到两人于东园话别，竟然成为生死诀别。

新年有序

己未正月初六日，放船花埭游诸园林。见百卉欣欣向荣而连日严寒，大有江北雪天风景，牡丹数十盆犹含苞敛萼以待晴暄。入春以来，今日始瞻丽日，游人皆有喜色，不特百鸟和其声，以助管弦也。晚饮花舫。同集者陈兰甫学博澧、邓荫泉中翰大林、许星台水部应鑅、李子黼光簿长荣、钱子瑞上舍芝生，主人余门人赵勉之刺史惟濂，记之者珠海老渔张维屏也。

新年八十话康强，顾健从来不杖乡[1]。余从不扶杖。饭罢或行千百步，酒酣常读两三行。每日饮酒必读书。几时华夏消夷患，何日乾坤息战场。世事艰难春事盛[2]，且偕良友看群芳。

——据《松心诗录二编》卷一。《清代诗文集汇编》533册，上海古籍出版社，2009年据清道光咸丰间刻张南山全集本影印，页412。

注释

[1] 杖乡：谓六十岁可拄杖行于乡里。《礼记·王制》："六十杖于乡。"后作为六十岁的代称。此谓"余从不扶杖"，表示身体顽健，活得康强。　[2] 春事：花卉开花的情况。叶茵《新春》："老来分外喜新春，春事关心世事轻。"

评析

咸丰九年（1859）正月，张维屏游花埭诸园作此诗。诗篇叙说新年到来的情况。说新年新岁，年登八十，一家人共话康强；向来贱躯顽健，无须拄杖于乡。每于饭后，能行上千百步；酒酣之时，也常读两三行书。与注文并读，完全纪实。这是诗篇的前半部分，说当下状况。诗篇后半部分说自己的愿望。问什么时候，什么年月，中华大地才能够消除夷患，平息战场；乾坤日月，重现辉光。而今，世事艰难，春事鼎盛；姑且与一班好友，观看群芳。时局未定，只能如此谋划。不过，八十老人，此时此刻，心中仍记挂着国事、天下事。这是珠海老渔张维屏的晚年心境。

词部

题解

有清一代，词体中兴。浙西词派和常州词派，先后崛起。嘉道之前，岭南多诗人而少词家。嘉庆、道光时期，词作手众多。张维屏虽以诗名世，但于古近体诗以外，并有若干长短句歌词存世。现传《听松庐词钞》四卷，内含《海天霞唱》三卷及《玉香亭词》一卷，录词一百三十八阕；《花甲闲谈》卷十六存词一卷，包括长短句七阕、《法驾导引》组词三十阕，散见卷六、卷七、卷九，存词六阕，合计四十三阕，均自此出。

相较于诗，张维屏长短句歌词创作的数量较少，即多在偶一为之的范围之内。不过，对于题材开拓及技法运用，张维屏均有新的尝试。例如，张维屏的歌词，除了伤春悲秋及离愁别恨，即传统闺怨词的书

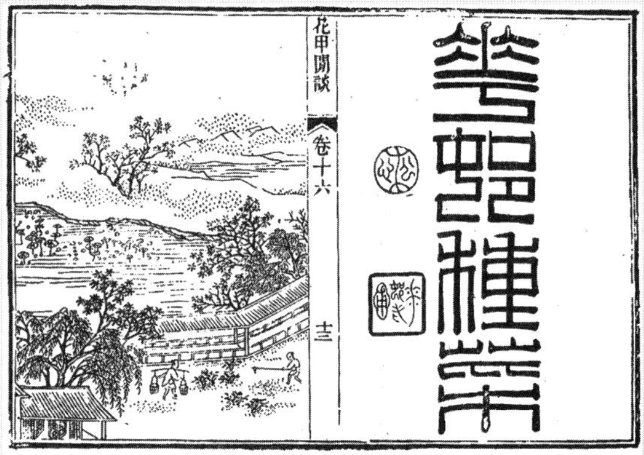

花邨种菜

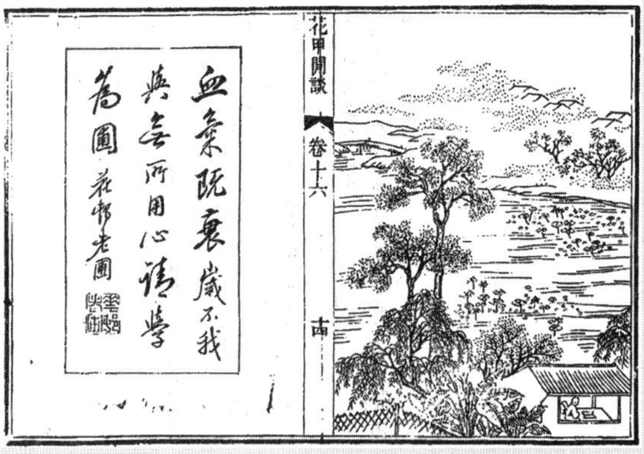

“花邨种菜”采自张维屏《花甲闲谈》，据《广州大典》第十四辑·自著丛书第十一册（总第94册）

写，还将传统游仙诗引入歌词创作。他的三十阕游仙词，援道入词，所谓神仙世界，实际是对现实生活的折射。当中所体现的世界观和人生观，在一定意义上，也可看作是作者的亲身经历及自我写照，未必都是乌有先生的非非之想。在创作方法上，唐宋词作者在按谱填词的前提下，经过多方探索，产生了和韵、集句等方法。和韵是指依照别人词作的原韵作词。集句是指集辑前人的诗、词、文成句以融汇成篇的一种作词方法。一般讲，和韵只要求句末韵脚所用韵字与原作韵部相叶（协），诗与词没有区别。集句词之集已有成句为词，其难度比集句诗更大，因为词是长短句，格式多变，须摘取合适句子摆放于合适位置，并不容易。张维屏词除了单篇，还有联章组词，而且还有集句。他的集句词四首，有三个词调——《如梦令》《清平乐》《浪淘沙》，句式、句法变化不算太大，又都是小令，难度不算太大，但亦

松庐把卷

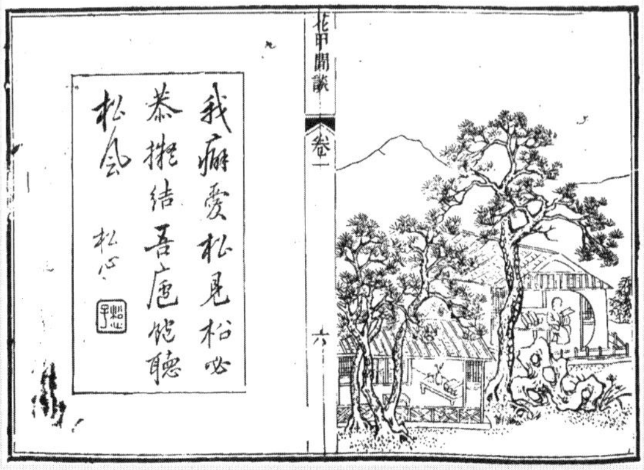

“松庐把卷”采自张维屏《花甲闲谈》，据《广州大典》第十四辑·自著丛书第十一册（总第94册）

甚不易。四词所集，宋人词为主，兼及唐诗。

是编所采录，首只曲（单篇），次联章，最后集句。单篇排列，以词调短长为序，短在前，长在后。

浣溪沙

春情用坡公韵

才见卢家燕子飞[1]。谢家风絮又沾泥[2]。带围初减怕添衣。　吹破落红鱼欲睡，唤回新绿鸟犹啼。春情唯有个（箇）人知[3]。

杨柳垂条挽去轮。留君花下倒芳樽。惜春何惜醉昏昏。　多缺少圆情似月，易离难合迹如云。春愁化作百花魂[4]。

——据《海天霞唱》卷一。页三下至页四上。《广州大典》第五十九辑·集部词类，页21–22。

注释

[1] 卢家燕子：卢家，指卢家少妇，思妇的代称。沈佺期《古意呈补阙乔知之》（独不见）："卢家少妇郁金堂，海燕双栖玳瑁梁。"谓海燕双双栖息在装饰玳瑁花纹的屋梁上。　[2] 谢家风絮：谢家，谢道韫家。其中的风絮与沾泥，一说咏絮才女，一说沾泥飞燕，这里着重说飞燕。　[3] 个（箇）人：箇人，指彼人，那人。廖

行之《点绛唇》（送人归新城）："别怀萦系，为箇人留滞。"箇人的"箇"，清刻本误为"个"，应是手写之误。［4］花魂：花的韵致。郑元祐《花蝶谣题舜举画》："花魂迷春招不归，梦随蝴蝶江南飞。"

评析

浣溪沙二首，调下题称："春情用坡公韵。"与坡公比，题材相近，表达方式略有不同；二词相比，亦有不同。

其一，歌咏春日愁思。上片首二句，以"才""又"构成一组并列复句，分别展示燕子归来的两幅画面，一为卢家屋梁燕子双宿双飞的情景，另一为谢家庭院燕子衔泥低飞的情景。接着以一人物的画面，连同前两幅并列画面，构成另一三角画面。表示，"我"看画面，自己也成为画面的一个组成部分，是为布景。但布景当中，亦不忘说情。即结拍之减了腰围（带围初减），已为下片的说情埋下伏笔。这是过片。因此，以下的鱼和鸟，在落红飘飞及新绿萌生环境的活动，诸如"欲睡"及"犹啼"，既是上列所布置景象的延续，又是"减了腰围"所出现的状况。凡此种种，鱼不能知，鸟不能知，唯有箇人知。这是下片，点明春日愁思，是为说情。篇中的卢家，代表卢家思妇。梁上双燕，反衬其孤独心境。谢家，谢道韫家。但其中的风絮与沾泥，着重说沾泥。"唯有个人知"之"个人"，非一个人，而指彼人、那人。

其二，亦歌咏春日愁思。谓杨柳青青着地垂，柳条万千，挽留远去的车轮，留君花下，频倒芳樽。珍惜春天，亦当珍惜这一沉醉时刻。这是上片，描述杨柳垂条的景象，是为布景。下片就眼前景象，叙说观感。谓世间事多缺少圆，就像天上月亮一般，易离难合，亦像白云一样，变换无穷；愿将春愁，化作百花之魂，不用再替百花忧愁风雨。意即"但教有酒身无事，有花也好，无花也好，选甚春秋”（赵秉文《青杏儿》）。是为说情。上片、下片，布景、说情。从杨柳垂条、花下芳樽到醉昏昏，又从月有圆缺、云有离合到作百花魂，既善于入乎其内，将愁思寓于具体的春日景象当中，又善于出乎其外，通过事理的辩证将愁思化解。篇中“杨柳垂条挽去轮”，将杨柳拟人化，体现惜春、惜别情绪。

二词相比，一以情胜，一以理胜，单独看，都颇有自己的特色，但作为和作，跟着韵脚走，难免有模仿的痕迹，超越原唱，并非易事。

◆附录：苏轼《浣溪沙·春情》二首

风压轻云贴水飞。乍晴池馆燕争泥。沈郎多病不胜衣。　沙上不闻鸿雁信，竹间时听鹧鸪啼。此情惟有落花知。

桃李溪边驻画轮。鹧鸪声里倒清尊。夕阳虽好近黄昏。　香在衣裳妆在臂，水连芳草月连云。几时归去不销魂。

小阑干

春思

碧桃花下玉阑干。风剪逗轻寒。一腔离绪，半身香雾，去住都难。　黄金似斗春难买，孤（辜）负月团圆。何时真箇，卿骑紫凤[1]，我跨青鸾[2]。

——据《玉香亭词》。页三上。《广州大典》第五十九辑·集部词类，页40。

注释

［1］紫凤：传说中的神鸟。谢朓《隋王鼓吹曲》（钧天曲）："紫凤来参差，玄鹤起凌乱。" ［2］青鸾：传说中凤凰一类的神鸟。赤色多者为凤，青色多者为鸾。多为神仙坐骑。李白《凤凰曲》："嬴女吹玉箫，吟弄天上春。青鸾不独去，更有携手人。"

评析

小阑干，即少年游。调下有题，曰"春思"。录自《玉香亭词》。春思，即春日的愁思。上片所展示景象，当中分明有人，于碧桃花下，斜倚阑干，撩拨轻寒。像是一次幽会，此刻的主人翁，正带着一腔离绪、半身香雾，不知道是就这么分离，还是继续留下。碧桃花、玉阑干及风前的"我"，景物及人物，如在眼前。是为布景。下片说情。谓黄金似斗，春光难买，不要辜负天上团圆月。什么时候，真箇实现，卿骑紫凤，"我"跨青鸾。紫凤、青鸾，传说中的神鸟。所谓"相思树上合欢枝，紫凤青鸾共羽仪"（李商隐《相思》），表示愿望的实现。

西江月

海天渔者，云水钓徒，往来尘界五十馀年[1]，阅历世情百千变态。天道循环，不外阴阳寒暑；人生境况，几多苦乐悲欢。偶逢山上老樵，同向海边闲话。于是沽酒共酌，各制新词，对酒而歌之。

扫却风枝雨叶，添来云影山光。老樵自插野花香。不管鬓丝飘扬。　消我胸中冰炭，凭他世上炎凉。仙人棋局请收藏[2]。不必机锋相向[3]。

不用风蓑雨笠，何须蟹舍鱼庄。老渔宛在水中央。但觉海天空旷。　懒看鱼龙百戏[4]，爱陪鸥鹭双翔[5]。武陵何必访仙乡。春水船如天上。

——据《花甲闲谈》卷十六（珠海唱霞图）。《全集》（三），页527。

注释

［1］尘界：尘俗的世界。佛教以色、声、香、味、触、法为六尘。六尘所构成的虚幻世界叫尘界。赵彦昭《奉和九月九日登慈恩寺浮屠应制》："皇心满尘界，佛迹现虚空。"　［2］棋局：比喻世局。汪懋麟《就斯詹事引疾乞归》："世事浑如百折滩，纷纷棋局肯休官。"　［3］机锋：佛教禅宗以含意深刻、不落迹象的言语彼此问答，有如弩箭触机而发其锋锐，称为机锋。苏轼《金山妙高台》："机锋不可触，千偈如翻水。"　［4］鱼龙：指古代百戏杂耍中能变化为鱼和龙的猞猁模型。杨炯《奉和上元酺宴应诏》："百戏骋鱼龙，千门壮宫殿。"　［5］鸥鹭：鸥鸟和鹭鸟的统称。张元干《临江仙》（送宇文德和被召赴行在所）："泛宅浮家游戏去，流行坎止忘怀。江边鸥鹭莫相猜。"

评析

道光十六年（1836）秋八月，张维屏告假自江西返粤里所。道光十七年（1837）春，游桂林。六月返家，赁居花地潘氏别业东园，开始其闭门著述的诗书生涯。潘氏别业东园，在珠江南岸花地，居海天之间。张维屏自命海天渔者、云水钓徒，谓往来尘界，五十余年，阅历世情，百千变态。但天道循环，不外阴阳寒暑；人生境况，几多苦乐悲欢。偶逢山上老樵，同向海边闲话。于是，沽酒共酌，各制新词，对酒而歌。以上《西江月》二阕，就是与山上老樵闲话的作品。

其一，咏老樵。谓野花一朵，没有风枝雨叶，却带云影山光。老樵摘来，自已戴上。野花飘香，鬓丝飘扬。这是上片，透过自插野花说老樵的外部行为。下片说其内在心理活动。谓野花一朵，消其胸中冰炭，不管世上炎凉。仙人棋局，可以收藏。不必两两，机锋相向。通过内与外的描述，既体现老樵的精神世界，亦体现老渔的人生态度。

其二，咏老渔。谓不用风蓑雨笠，也不用蟹舍鱼庄；老渔的位置，就像在水中央一样，海天空旷。这是上片，为老渔的出现布景。下片说情。谓懒得观看鱼龙百戏，总喜欢陪伴鸥鹭双翔；也无须往访武陵仙乡，春水船上，就好像在天上一般。武陵仙乡，指陶潜在《桃花源记》中所描述的世外桃源。其地在武陵（今湖南常德），发现桃花源的渔人是武陵人。后世多用武陵喻指神仙世界，用武陵人喻指神仙或隐士。

西江月

山樵既去，瓶酒有馀。海渔独酌，随舟所如。于时新月在天，馀霞映水。复填前调，击缶而歌，村中儿童，相与鼓掌和之。

过去事已过去，未来且莫思量。人心各自有真光[1]。莫被红尘遮障。　　自笑渔樵问答，偶同风月平章[2]。蜃楼鲛室鹭鸥乡[3]，并作樽前高唱。

——据《花甲闲谈》卷十六（珠海唱霞图）。《全集》（三），页527。

注释

［1］真光：《圣经》称“真光普照”。此曰未被红尘遮障的真光景。吴泳《冬至》：“道尽真光景，尧夫好秀才。”　［2］平章：平正彰明。平的意思是辨别之义，章通彰，有彰明、显著、鲜明的意思。典出《千字文》：“坐朝问道，垂拱平章。”辛弃疾《定风波》（再和前韵药名）：“白发自怜心似铁。风月。使君子细与平章。”　［3］鲛室：传说中鲛人在水底的居处。长孙佐辅《楚州盐墙古墙望海》：“水净露鲛室，烟销凝蜃楼。”谓海底鲛室清晰可见。

评析

此词为作者独酌所得。其曰，山樵既相别而去，但瓶酒有余。于是，老渔独酌，随着小舟，继续自己的行程。这时候新月在天，余霞映水。再填前调，击缶而歌，村中儿童，亦相与鼓掌，相与和之。谓过去的事已经过去，未来的事，且莫思量。人心各自有各自的真光景，不要被红尘所遮障。这是上片，说真光景。下片说平章古今。称自己也觉得好笑，适才的渔樵问答，竟能够与风月展开对话，能在蜃楼鲛室、鹭鸥家乡，于樽前高唱。对于归隐渔樵，表示满足。

浪淘沙

石华见寄新词[1]，次韵答之

览镜对方铜。鬓欲成翁。劳劳南北更西东。尘海回头多变幻，蜃气青红[2]。　　昨日雨蒙蒙。今日霞烘[3]。兴来歌啸海天风。小技雕虫游戏耳，好去雕龙。

——据《花甲闲谈》卷十六（珠海唱霞图）。《全集》（三），页526。

注释

［1］石华：吴兰修（1789—1839），字石华，广东嘉应州（今梅州）人。嘉庆十三年（1808）乡试中举。曾任广东信宜县（今信宜市）儒学训导，后在广州粤秀书院讲学。精通经学、文史。　［2］蜃气：亦作蜄气，一种大气光学现象，即光线透过不同密度的空气层后发生折射，使远处景物显现在半空中或地面上的奇异幻象。古人误以为蜃吐气而成，故称之为蜃气。袁可立《甲子仲夏登署中楼观海市》："须臾蜃气吐，岛屿失恒踪。"　［3］霞烘：明霞烘云。史达祖《桃源忆故人》："明霞烘透春机杼，春在明霞多处。"

评析

吴兰修有新词见赠，次韵答之。次韵，即步韵。按照原作的韵字和用韵的次序，亦步亦趋，加以应和，是为步韵。原作题称：题南山《海天霞唱图》。歌咏的对象是画图的主人张南山。故之，和作也就在主人的立场上加以应和。

歌词分为二片。上片自话平生，谓揽镜自照，鬓已成丝，突然间已是个老头子。劳劳未休，南北西东。尘海回头，几多变幻；蜃气眩青红，千奇百怪。此处用以形容无常的人生。下片说当下。谓昨日阴雨蒙蒙，今日明霞多处，五色云烘。兴来之时，歌啸海雨天风。小技雕虫，不过游戏文字而已。谓雕虫，而非雕龙，是自谦，亦为自信。最后回到画图本身，亦回到渔翁的本位。霞烘，明霞烘云，为“有诗渔父”布景，正与“海天霞唱”相合。

◆ 附录：吴兰修《浪淘沙》（题南山《海天霞唱图》）

万里碧磨铜，一个渔翁，扣舷高唱大江东。（君词稿即名《海天霞唱》。）唱到夕阳西去也，海角霞红。　烟水渺空蒙，五色云烘。桴槎我欲驾长风，共汝蓬山吹铁笛，唤醒鱼龙。

一剪梅

秋夜偕客放舟赤壁，饮酒既酣，率填此调。扣舷而歌之，亦足乐也。

依然赤壁在黄州。古有人游。今有人游。茫然万顷放扁舟。人在中流。月在中流。　髯苏二赋自千秋[1]。佳境长留。佳话

长留。何须箫管听啁啾[2]。诗可相酬。酒可相酬。

——据《花甲闲谈》卷九（赤壁夜游图）。《全集》（三），页417。

注释

［1］髯苏二赋：苏轼《赤壁赋》和《后赤壁赋》。 ［2］啁啾：形容鸟叫声、奏乐声。范成大《送陈朋元赴溧阳》：“九畹滋兰静自芳，啁啾谁复认孤凰。”

评析

赤壁夜游。黄梅任上所作。上片布景，展示夜游的景观。谓依旧是黄州赤壁，髯苏当时放舟之地。古人在此夜游，今人亦在此夜游。万顷茫然，扁舟一叶。人在中流，月也在中流，人和月一起见证万古胜迹。下片说情，叙说夜游的感想。谓髯苏二赋，自有千秋。赤壁佳境，万古长留；赤壁佳话，万古长留。何须箫管齐奏，鸟鸣啁啾？诗可相酬，酒亦可相酬。

满江红

海珠寺[1]

一水盈盈，似涌出蓬壶宫阙。遥望见，红墙掩映，碧天空阔。光接虎头春浪远，影翻骊梦秋云热。看人间天上两团圆，江心月。　南北岸，帆樯列。花月夜，笙歌彻。愿珠儿珠女总无

离别。铁戟苔斑兵气静，石幢灯暗经声歇[2]。试重寻忠简读书堂[3]，英风烈。

——据《花甲闲谈》卷十六（珠海唱霞图）。《全集》（三），页523。

注释

［1］海珠寺：全名海珠慈度寺，建于南汉大宝年间。宋理宗时，番禺名儒李昴英在此读书，考中探花，就在海珠石上建造一间书院，并捐资和僧人鉴仪另在海珠石上建成一座新的慈度寺。因寺在海珠石上，故通称为海珠寺。　［2］石幢：古代祠庙中，刻有经文、图像或题名的大石柱，有座有盖，状如塔。岑参《酬畅当嵩山寻麻道士见寄》（一作卢纶诗）："阴洞石幢微有字，古坛松树半无枝。"　［3］忠简：殉节忠臣称号。陈子壮（1596—1647），字集生，号秋涛，广东广州府南海县沙贝乡（今广州市白云区石井镇沙贝村）人。明万历四十七年（1619）成一甲第三名进士（探花），授翰林院编修。天启四年（1624），自翰林院去浙江主持乡试，策论《历代宦官之祸》，为魏党所忌，遂罢职，定居盐仓街。崇祯十年（1637）在广州白云山辟云淙书院，次年修禊南园，与其弟陈子升及黎遂球、区怀瑞、曾道唯等12人修复南园诗社，世称"南园十二子"。南明隆武二年（1646），广州城陷，陈子壮与弟陈子升捐资募兵，在南海九江举旗誓师，南明永历帝授以东阁大学士兼兵部尚书。谋求收复广州，兵败殉国。乾隆以"忠简"二字为其题写匾额。

评析

此为"珠海唱霞图"题词之一，歌咏海珠寺。上片布景。谓一水盈盈，眼前的海珠寺，就像是涌上水面的蓬壶宫阙。远远看过去，红墙掩映，碧天空阔。水光连接着虎头山，春浪长远；影翻骊梦，秋云炽热。这时候，月影投射江心，人间天上，两两团圆。下片说情。谓珠江的南北两岸，帆樯罗列。花月之夜，笙歌声彻。愿珠儿珠女，总无离别。铁戟苔斑，战事停止；石幢灯暗，经声消歇。尝试重寻，忠简读书风气，发扬忠简英烈传统。

东风第一枝

木棉[1]

烈烈轰轰，堂堂正正，花中有此豪杰。[2]一声铜鼓催开，千树珊瑚齐列。[3]人游岭海，见草木、先惊奇绝。[4]尽众芳、献媚争妍，总是东皇臣妾[5]。　气熊熊，赤城楼堞。光烂烂，祝融旌节。[6]丹心要伏蛟龙，正色不谐蜂蝶[7]。天风卷去，怕烧得、春云都热。似尉佗、英魄难消[8]，喷出此花如血。

——据《海天霞唱》卷一。页三上。《广州大典》第五十九辑·集部词类，页21。

注释

[1]木棉：落叶乔木，花大而红，广东一带盛产。《永乐大典·广州府三》：“木棉树，高四五丈，花殷红大如瓯，类山茶。花时如锦漫天，既谢，有绵飞如柳絮，可为茵褥，一名班枝。”　[2]烈烈三句：烈烈轰轰，文天祥《沁园春·题潮阳张许二公庙》：“人生翕

欻云亡，好烈烈轰轰做一场。”堂堂，盛大的样子；正正，整齐的样子。《孙子·军争》：“无要正正之旗，勿击堂堂之陈。”谓其正大光明阵容，乃花中豪杰。木棉一称“英雄树”，故云。［3］一声二句：铜鼓催开，珊瑚齐列。叙说粤人习俗。屈大均《广东新语》（卷十六）载：南海庙（今广州东郊）有二铜鼓，大小各一。盖千余年物也。岁二月十三，祝融生日，粤人击之以乐神。其声镗鞳铿鍧，若行雷隐隐，闻于扶胥（即黄埔）江岸二十余里。［4］人游二句：人游岭海，叙说木棉在广东地区的分布状况。《广东新语》（卷二十五）载：自牂牁江而上至端州，自南津、清岐二口上至四会，夹岸多是木棉，身长十余丈，直穿古榕而出，千枝万条，如珊瑚琅玕丛生，花垂至地。至仲春至孟夏，连村接野，无处不开。［5］东皇：春神。《尚书纬》：“春为东帝，又为青帝。”［6］气熊熊四句：熊熊，壮盛的样子。《山海经·西山经》：“南望昆仑，其光熊熊，其气魂魂。”郭璞注：“皆光气炎盛相焜耀之貌。”赤城，山名，在浙江天台县北六里。山上赤石屏列如城，望之如霞。“赤城栖霞”为天台八景之一。楼，城楼。堞，城墙。祝融，传说中的火神。《礼记·月令》：“孟夏之月……其神祝融。”郑玄注：“此赤精之君，火官之臣。”旌，旗。节，竹节，以旄牛尾作饰。以上四句二韵，为歌词的换头，气熊熊、光烂烂，咏其光气及旌节，由外部形貌的描绘，过渡到对于内在品格的揭示。［7］正色：古代以纯色为正色，两色相杂为间色。《礼记·玉藻》：“衣，正色。”赤色为正色，故以称木棉。又正色亦指表情端庄严肃。《尚书·周书·毕命》：“正色率下。”孔颖达《正义》：“正色，谓严其颜色，不惰慢，不阿谄。”此处用以歌咏木棉所体现的精神及品格。［8］尉佗：赵佗，秦汉之际，平定粤地。曾为南海尉，故称尉佗。

评析

歌词咏木棉，是一首咏物词。起拍三句总叙，首先为其正名，谓其“烈烈轰轰，堂堂正正”，乃花中豪杰、树中英雄。木棉一称英雄树。中间二韵，叙说粤人习俗及木棉分布状况。据载：南海庙（今广州东郊）有二铜鼓，大小各一。盖千余年物也。岁二月十三，祝融生日，粤人击之以乐神。其声镗鞳铿鍧，若行雷隐隐，闻于扶胥（即黄埔）江岸二十余里。（屈大均《广东新语》卷十六）又载：自牂牁江而上至端州，自南津、清岐二口上至四会，夹岸多是木棉，身长十余丈，直穿古榕而出，千枝万条，如珊瑚琅玕丛生，花垂至地。至仲春至孟夏，连村接野，无处不开。（屈大均《广东新语》卷二十五）其情其景，正与一声、千树及人游岭海的情景相合。至结拍二句，做一小归纳，谓其乃春神东皇，众芳无法与之相比。这是上片。咏物形，展现其形貌特征。换头二韵，气熊熊、光烂烂，咏其光气及旌节，由对外部形貌的描绘，过渡到对于内在品格的揭示。中间二韵，谓丹心、正色，烧得春云都热，是为内在品格的进一步展现。至煞拍二句，以尉佗故事作结，称血一般殷红的花树，应是南海尉赵佗英魄所化。歌词咏花、咏人，既体现人物精神，亦与物理相合。如与作者歌咏抵御外来侵略的英雄史诗如《三元里》及《三将军歌》等对读，应能够体会到这当中所寄寓的愿望及理想。

百字令

雨生都尉赠来黄绢[1]，久缺报章。昨者过余言别，不觉黯然。欲写离怀，同填此调。

多才都尉，有韬钤[2]，别具书生风骨。忠孝儿孙根本厚，君大父暨尊甫同殉台湾林爽文之难。馀事词华枝叶。细腻裁诗，淋漓作画，妙翰兼三绝。半生襟抱，此中常贮冰雪。　　忆昔琴剑初来[3]，樽罍小聚[4]，已觉论文惬。两载苔岑欢未久，忽报柳条将折。好手无多，知心有几，欲别真难别。天南地北，相思同望明月。

——据《花甲闲谈》卷十六（珠海唱霞图）。《全集》（三），页525。

注释

［1］雨生：汤贻汾（1778—1853），字若仪，号雨生、琴隐道人，晚号粥翁，武进（今江苏常州）人。乾隆六十年（1795），因袭云骑尉世职，历任苏、粤、赣、浙等省守备、都同、参将。后升温州镇副总兵（从二品官），因病未赴任而寓居南京，在鸡笼山下筑隐琴园以颐养天年。咸丰三年（1853），太平军攻克金陵，赋绝命四十言，投池殉身，谥贞愍。　［2］韬钤：兵书《六韬》及《玉钤篇》，泛指兵书，借指用兵谋略。张说《将赴朔方军应制》：“礼乐逢明主，韬钤用老臣。”　［3］琴剑：琴与剑，古代文人随身携带物品。薛能《送冯温往河外》：“琴剑事行装，河关出北方。”　［4］樽罍（léi）：樽与罍皆盛酒器。罍似坛。亦指饮酒。周邦彦《红罗袄》（大石秋悲）：“念取酒东垆，尊罍虽近；采花南浦，蜂蝶须知。”

评析

雨生都尉，指武进（今江苏常州）人汤贻汾。汤有词题张南山《海天霞唱图》，张填此词为报。词称多才都尉，有韬略，别具书生风骨。忠孝儿孙，根本雄厚，余事学文，词华为其枝叶。细腻裁诗，淋漓作画，妙翰艺兼三绝。半生襟抱，此中常贮冰雪。这是上片，称颂其人、其才、其襟抱。下片叙说交谊。谓记得往昔，琴剑初来，杯酒论文，已甚惬意。两载相处，异苔同岑，志同道合，忽然又将折柳为别。好手已不常见，知心更加难得，欲别真正难别。地北天南，相思同望明月。这是下片，表示对于这段交谊的珍惜及对于友人赠词的谢意。

◆附录：汤贻汾《百字令》

唱霞渔者，君自号好襟怀，直似海天空阔。万里潮平烟尽处，遥指中原一发。蜃市忙闲，鲸波喧静，过眼都休说。一声高唱，六螭扶起红日。　　忆昨罢钓江头，携琴海上，见汝雄心折。两卷新词声激壮，写出肝肠如铁。海雨晴时，天风断后，血共丹霞热。鱼龙夜定，再休横竹吹裂。

齐天乐

醉生水部、红生中翰[1]，余二十年文字友也。其斋前有太湖石，仅数尺，而有山意。余每入都，数过从谈宴，因名石曰小山。为填此调赠之，并呈小山馆主人。

几时湖上烟鬟动，移来绉云三尺。似笋偏高，如藤较润，妙倩苔花皱碧。孤峰峭立，看瘦骨玲珑，异姿英特。坐玩行吟，主人相对倍珍惜。　　南天飞到一客，与延陵二妙[2]，同话今昔。酒叙离悰，诗追梦绪，石丈从旁听平声得[3]。无言脉脉，想从桂当年，小山踪迹[4]。意欲留人，古欢朝更夕。

——据《花甲闲谈》卷六（京国古风图）。《全集》（三），页392-393。

注释

[1] 醉生：吴俊民，吴玉纶之子，生平未详。红生：吴葆晋（1791—1860），字佶人，号红生（或作鸿生、虹生），河南固始人。吴玉纶之第五子。道光九年（1829）进士。　[2] 延陵二妙：同时以才艺著名的二人。前指晋卫瓘、索靖，今指俊民、葆晋二吴。《晋书·卫瓘传》："瓘学问深博，明习文艺，与尚书郎敦煌索靖俱善草书，时人号为'一台二妙'。"　[3] 石丈：奇石代称。叶梦得《石林燕语》（卷十）："米芾诙谐好奇……知无为军，初入州廨，见立石颇奇，喜曰：此足以当我拜。遂命左右取袍笏拜之，每呼曰'石丈'。"　[4] 小山：指淮南小山，西汉淮南王刘安一部分门客的共称。淮南小山《招隐士》："桂树丛生兮山之幽，偃蹇连蜷兮枝相缭。"

评析

歌词咏石。谓绉云三尺，什么时候从湖上移来；烟鬟浮动，还那么活灵活现。仔细察看，似笋偏高，如藤较润，苔花横列，波纹碧皱。瘦骨玲珑，异姿英特，像是孤峰峭立。主人相对，坐玩行吟，倍加珍惜。这是上片，咏物形，正面描摹石的形貌。绉云，太湖石名，表面布满褶皱，削瘦多姿，峻拔灵秀。下片咏物理。谓南天飞到一客，指有客到访，与二位才艺相当的朋友同话今昔。杯酒间叙说惜别的心情，吟诗作赋，追逐梦的踪迹，奇石在侧，宁静地听讲。无言脉脉，略有所思。料想当年，淮南小山一班人创作《招隐士》，应也是这般情景。抚今追昔，所谓小山丛桂，最有留人意，最是令人朝夕思忆。这是下片，称说此石，虽不能言，却有灵性，能听人言。

歌词所附小序称：醉生吴俊民、红生吴葆晋，为张维屏二十年之文字友。其斋前有太湖石，仅数尺，有山意，即具灵性。每入都，多番过从谈宴。因名其石曰“小山”。为填此调赠之，并呈小山馆主人。据二吴所作词序，此所谓小山馆主人，应是吴葆晋。

附录一：吴俊民《买陂塘》

斋前太湖石，高仅数尺，瘦未十围，敢同岩岫之观，略有崎嵚之致。南山先生以小山目之。山如欲笑，石不能言，类丛桂之留人，傍孤松而承盖，主人因颜其室曰“小山馆”，并缀此词，为小山敬谢知己。

想当年翠微尘上，为云为雨无数。无端独立燕台畔，冷阅软红今古。情莫诉，似叹惜未逢，娲炼将天补。凭谁慰汝。但月地花天，欲追诗梦，又伴酒魂住。　　凄凉境，多少苔粘藓附。愁来曾几延伫。如今俊赏风流甚，两字小名新署。谁是主。赢得个南天，才子珠玑吐。花飞柳舞。幸知己评量，东君珍重，常把绿云护。

◆ 附录二：吴葆晋《锁寒窗》

斋前瘦石，南山先生赐以嘉名曰“小山”，并赠以新词。醉生兄既谱《买陂塘》一阕，代小山致谢。余别填此调，更欲倩画手为小山写照也。

何处飞来，烟痕褪药，露华肥藓。诗翁品第，山色六朝深浅。锁柴扉，浓青漾空，一峰欲起云还懒。剩满身凉翠，吟肩同瘦，夕阳庭院。　　堪羡。佳名换。甚米老奇观，武康俊选。生绡小幅，妙笔待开生面。想罗浮，原有合离，铁桥梦醒峰又转。好丁宁，几缕垂杨，莫冷看山眼。

水龙吟

大风渡黄河

一条来自昆仑，天将衣带分南北。摇摇舟楫，滔滔波浪，劳劳征客。色混泥沙，声驱日月，催人头白。恨娲皇好手[1]，补天石大，怎不把，河源塞。　　更笑吾家博望[2]，泛星槎、仙缘难得。曷为不住，归来尘土，封侯何益。白璧空沉，金堤屡筑，万人心力。让书生且向，中流啸咏，快招风伯[3]。

——据《海天霞唱》卷二。页五。《广州大典》第五十九辑·集部词类，页29。

注释

［1］娲皇：女娲，上古女神而曾为帝者。据载，女娲人首蛇身（龙身）。曾抟土造人、炼石补天。郑獬《杂兴三首》（其一）："女娲炼五石，上补天之缺。"此谓女娲当时炼石补天，怎么不将河源塞住。　［2］博望：原意为广博观望。此指张良刺秦之地博浪沙，位于河南省原阳县城东郊，现名古博浪沙。谓张良当时博浪沙一击，怎么不为自己留下退路。　［3］风伯：风神，传说中人面鸟身的神怪，又称风师、箕伯等。风伯职能见《风俗通义·祀典》："鼓之以雷霆，润之以风雨，养成万物，有功于人。"

评析

词题"大风渡黄河"，叙述一次渡河经历。起拍二句，说黄河的走势，谓其自昆仑而来，一衣带水就将大地分作南北二界。这是总叙。中间二韵，分别以三个四字句，列述渡河情景：一说征客，摇摇舟楫，滔滔波浪，谓其顶着风浪前行；一说河流，色混泥沙，声驱日月，谓其声势浩大，动魄惊心。至结拍四句，假借对于女娲的责怪，显示黄河的威力。即由对于自然物象的描述，转向对于社会世相的论辩。这是上片，说所见，着重于自然物象。换头二句，由女娲过渡到张良，以泛星槎，说其人生观及处世态度。谓女娲当时炼石补天，怎么不将河源塞住。同时嘲笑张良，谓其当时博浪沙一击，怎么不为自己留下退路。于是，中间二韵，各以三个四字句，展示社会世相。谓张良当时为何不早做归计，封侯有何益处。又谓白璧、金堤抵御不住河水泛滥所造成的祸患，只是空费万千人的心力。至煞拍三句，总结全篇，谓：在惯于兴风作浪的大河面前，还是让书生们于中流啸咏，快些招来风伯，以"掌八风消息，通五运之气候"。这是下片，说所感，着重于社会世相。全篇叙说经历，歌咏大自然的神威，表示对于大自然的敬畏，真切动人。

沁园春

对酒

手把一樽，胸罗千古，酒酣以往，率填此词。恨不获起坡翁、稼翁于九原而一质之也。

蜗角相争[1]，梦里输赢，底须较量。算五帝三王，何分升降，三唐两宋，互有兴亡。逃墨归儒，是朱非陆，管晏申韩及老庄。[2]谈文字，叹今来古往，一片沙场。　　百年岁月堂堂[3]。纵富贵回头亦可伤。看粉黛三千，骷髅面目，胡椒八百[4]，臭腐皮囊。月午高歌，花辰浅酌，便是延年第一方。闲难得，想羲娥天上[5]，也苦匆忙。

——据《海天霞唱》卷一。页四下。《广州大典》第五十九辑·集部词类，页22。

注释

［1］蜗角相争：典出《庄子·则阳》，其曰："有国于蜗之左角者，曰触氏；有国于蜗之右角者，曰蛮氏。时相与争地而战，伏尸数万，逐北，旬有五日而后反。"意即极小的事而引起极大争

执。辛弃疾《哨遍》（秋水观）："蜗角斗争，左触右蛮，一战连千里。" ［2］逃墨三句：逃墨归儒即是朱非陆，说墨、儒之争与朱（熹）、陆（九渊）之辩。下一句带出对于管（仲）、晏（婴）、申（不害）、韩（非）及老（子）、庄（子）的论证。三句为蜗角相争在思想文化上的体现。《全集》之"花甲闲谈"版作"杨墨仪秦，李牛洛蜀，管晏申韩及老庄"。两种版本所说，都在"谈文字"的范围之内。 ［3］岁月堂堂：堂堂，盛大整齐的样子。岁月堂堂，表示人生百岁，正当盛壮，又正在流逝。刘克庄《解连环》："恨岁月、去我堂堂，向酒畔愁生，镜中颜换。"此谓百年岁月，落落堂堂，还有许多机会。 ［4］胡椒八百：指八百斛胡椒。据《新唐书·元载传》载，元载贪赃纳贿，横行不法，后被治罪，抄没其家，仅胡椒就有八百石之多。后以此典指官吏贪赃聚财。丁耀亢《天史》："人生中寿六十，除去老少不堪之年，能快乐者四十多年耳。即极意温饱，亦不至食用胡椒八百石也。惟愚生贪，贪转生愚。黄金虽积，不救燃脐之祸，三窟徒营，难解排墙之危，事于此侪，亦大生怜悯矣。"意即贪腐是一愚蠢行为。 ［5］羲娥：羲和与嫦娥，即日神与月神。

评析

这首词对酒抒怀，表达作者的世界观及人生观。起拍三句总叙，谓世间极小事所引起的大争执，有如蜗角之争一般，输赢较量，都在梦中。以下二韵，先以一领格字"算"提起以下四个四字句，承接上文，再是以一七字句"管晏申韩及老庄"托上两个四字句，开启下文。四个四字句组成一扇面对，即第一句对第三句，第二句对第四句。四句说五帝三皇与三唐两宋，其升降、兴亡，都很难论定，这是起拍所说"蜗角之争"的延续；而七字句与所托起两个并列对句，说墨、儒之争与朱（熹）、陆（九渊）之辩，并且带出对于管（仲）、晏（婴）、申（不害）、韩（非）及老（子）、庄（子）的论证，即带出“谈文字”的话题。于是，结拍三句，以“今来古往，一片沙场”两个四字句作结，以与起拍所说“蜗角之争”相呼应。这是上片，列述“蜗角之争”的事实，是为布景。下片承接上结的“谈”和“叹”，对于所列事实表达观感。换拍二句，概而言之。谓百年岁月，落落堂堂，纵使富贵，回头再看，亦有可伤之处。二句二韵，变换格式，并变换内容。即由“谈”转而为“叹”，着重叙述可伤之处。中间二韵，先是以一领格字“看”提起以下四个四字句，承接上文，说可伤之处，再是以一七字句“便是延年第一方”托上两个四字句，开启下文，说高歌浅酌。四个四字句组成扇面对，谓粉黛三千，不过是尸骨一堆；胡椒八百，只剩下臭腐皮囊；七字句及所托起两个并列对句，针对上列可伤之处，正面立论，谓于月午高歌、花辰浅酌，即是人生第一快事。至煞拍，谓天上的羲和（日神）与嫦娥（月神），想必亦夜以继日，苦于匆忙，难得清闲。这是下片，于正反两个方面，表达对于争斗的看法，是为说情。上片、下片，合而观之，关键在于酒，在于以月午、花辰的高歌、浅酌，应对蜗角之争。这既是题面应有之义，也是作者切身的体验及感受。所谓咏怀、言志，堪称合作。歌词小序称，率填此词，恨不获起坡翁、稼翁于九原而一质之也。坡翁，指苏轼；稼翁，指辛弃疾。一责之也，表示对其人生态度提出质疑。例如，辛弃疾《菩萨蛮》（送曹君之庄所），谓“人间岁月堂堂去，劝君快上青云路”。化用薛能诗语，指出岁月正在逝去，劝勉曹氏抓紧时间，早取功名。对此，作者明显有不同看法。故曰：“百年岁月堂堂。纵富贵回头亦可伤。”此词序文，《海天霞唱》版无，今据《花甲闲谈》版增补。《海天霞唱》版题称“对酒”。

贺新凉

望庐山

五岳何时遇[1]。喜今朝、青苍泼眼，匡庐新晤[2]。罗列儿孙无恙在，五老欣然欲语[3]。我大叫，匡君何处。如此名山宁忍弃，任游人来往成今古。赖雪瀑，洗尘土。　　远公陶令贤宾主[4]。向虎溪、徘徊往迹，虎声犹怒。一自青莲香山后，又见东坡题句。都一样，水流难住。况我飞蓬原不系，对烟峦目断浔阳树。彭蠡雁，送人去。

——据《海天霞唱》卷一。页十一。《广州大典》第五十九辑·集部词类，页25。

注释

［1］五岳：中国五大名山的总称。分别为：中岳嵩山，位于河南郑州登封；东岳泰山，位于山东泰安；西岳华山，位于陕西渭南华阴；南岳衡山，位于湖南衡阳；北岳恒山，位于山西大同浑源。五岳曾为封建帝王仰天功之巍巍而封禅祭祀的地方，是封建帝王受命于天的象征。李白《江上吟》："兴酣落笔摇五岳，诗成笑傲凌沧洲。"［2］匡庐：庐山，又名匡山、匡庐。位于江西九江，北滨长江，东临鄱阳湖，主峰为大汉阳峰。钱珝《江行望匡庐》："咫尺愁风雨，匡庐不可登。"　［3］五老：五老峰，庐山东南一山峰，为庐山第二高峰。五老峰东北的山谷有三叠泉瀑布。李白《望庐山五老峰》："庐山东南五老峰，青天削出金芙蓉。"　［4］远公陶令：远公、陶令，

指慧远与陶潜。东晋太元六年（381），慧远首度到达浔阳，在瀑布下结庐而居。三十余年“影不出山，迹不入俗”。每次送客，总是送到虎溪为止。如果送过虎溪，就有老虎吼叫。据载，送过虎溪的客人仅二位，一为陶潜，另一为陆修静。

评析

歌词题曰“望庐山”。谓天下名山，以三山、五岳著称，五岳不知何时相遇，而今朝，青苍泼眼，喜得与庐山相见。眼底峰峦，云海弥漫，如同儿孙罗列于五老峰前。“我”不由得大叫一声，匡君你究竟在何方？如此名山，怎么能任凭游人说古道今。但愿借取雪一般的瀑布洗涤身上尘土。这是上片，歌咏庐山胜境，是为布景。下片由名山，转而名人，叙说与匡庐相关联的人物及事件。谓远公（慧远）、陶令（陶潜），宾主间谈经论道，于虎溪徘徊往迹，竟至忘乎所以。自青莲（李白）、香山（白居易）而后，各有佳作，至东坡（苏轼）先生，亦有题句，但是，这一切都难以挽留。今日吾辈，面对云雾笼罩的山峦，如同随风飘荡的蓬草一般，无有牵系，远处浔阳树，已在自己的视野里消失。落日下，青峰彭蠡雁，正在送人远去。这是下片，歌咏庐山人物，并借以发表议论，是为说情。歌词望山、咏人，具有深沉的人文意涵，非一般模山范水之作。

金缕曲

李芸甫水部色空图[1]画一僧趺坐，四丽人环之。其一手拈桂花，盖芸甫意中人也

色界逍遥地[2]。尽身边、金钗粉黛，转添禅味。梦入温柔乡里去[3]，不信蒲团酣睡[4]。要打破，谈何容易。试问维摩方丈室，散天花、天女忙何事。[5]大欢喜，且游戏。　本来有美原称四[6]。想众生、箇中因果，早埋根蒂。过眼春花容易散，留得一枝秋桂。到此际，难断抛弃（断难抛弃）。一霎优昙谁悟破[7]，被天魔[8]、引到龙华会[9]。难解脱，是情累。

——据《海天霞唱》卷三。页一七下至一八上。《广州大典》第五十九辑·集部词类，页37-38。

注释

［1］李芸甫（1783—1842）：即李秉绶，祖籍江西临川（今属江西抚州），寄籍广西桂林。曾居官工部都水司郎中，人称“李水部”。能诗、擅画事。有《李芸甫杂卉十六叶》存世。　［2］色界：或称色界天，又称色地。佛教三界：欲界、色界及无色界。色界是有色之体，但色界众生已离淫欲和食欲，境界比欲界高一层。　［3］温柔乡：喻女色迷人之所。范成大《乐先生辟新堂以待芍药酴醾，作诗奉赠》：“多情开此花，艳绝温柔乡。”　［4］蒲团，用香蒲草、麦秸等编成的圆形垫子。刘克庄《题何秀才诗禅方丈》：“何因清夜话，分我一蒲团。”　［5］试问二句：维摩方丈，维摩诘居士的方丈

室。一丈见方，包容广大。《维摩诘经·文殊师利问疾品第五》载，长者维摩诘现神通力，即时彼佛，遣三万二千师子之座，高广严净，来入维摩诘室，其室广博，包容无所妨碍。天女散花，花至菩萨身上即落去，至弟子身上便不落。《维摩诘经·观众生品第七》："时，维摩诘室，有一天女，见诸大人，闻所说法，便现其身，即以天华，散诸菩萨、大弟子上。华至诸菩萨，即皆堕落，至大弟子，便著不堕。一切弟子神力去华，不能令去。"表示菩萨和声闻弟子的道行不同。 [6]有美原称四：所谓四者，当指四圣谛：苦圣谛、集圣谛、灭圣谛及道圣谛。圣谛，圣人所知之绝对正确的真理。佛以四圣谛度化众生。苦为世间苦果，集为苦升起的原因（世间因），灭为苦熄灭的果（出世间的果），道为灭苦的方法，通往涅槃的道路（出世间的因）。众生身心有种种生死业及烦恼，有各种心病，佛陀将此病情及病情之所在告知众生，并且指出解脱的方法。 [7]优昙（tán）：或称优昙婆罗花，简称优昙花，经上又名灵瑞花。《慧琳音义》卷八："优昙婆罗花为祥瑞灵异之所感，乃天花，为世间所无，若如来下生、金轮王出现世间，以大福德力故，感得此花出现。" [8]天魔：天子魔之略称。为欲界第六天主，常为修道设置障碍，生活在"他化自在天"顶端，代表死亡、重生与欲望。在释迦牟尼成道之前，曾经企图阻止其修行证悟。向智长老把天魔形容为对抗正觉力量的化身。 [9]龙华会：度人出世的法会。弥勒菩萨在龙华树下开法会三次济度世人，分初会、二会、三会。初会说法，九十六亿人得阿罗汉；第二大会说法，九十四亿人得阿罗汉；第三大会说法，九十二亿人得阿罗汉。见《弥勒下生经》。此谓于优昙花出现的瞬间，由天魔引导，到龙华树下，听取弥勒菩萨成道的三会说法。

评析

歌词题称“色空图”。题下夹注云：“画一僧趺坐，四丽人环之。其一手拈桂花，盖芸甫意中人也。”题面意涵，大致交代明白。歌词开篇，以“色界逍遥地”，为画图定性。表示图中所写，乃佛教三界中的色界。尽身边、金钗粉黛，即“一僧趺坐，四丽人环之”的情状。说明此界仍保持着欲界众生的色身样貌，只是添加了一点禅味而已。接着二句，以“梦入”及“不信”，进一步揭示此界的条规。谓其有别于欲界，亦与无色界有异。这是上片的前半部分，就图说图，阐明画中之义。居中一句，承上启下，既承接上文，说明“要打破”的对象，又开启下文，说明“打破”之难。于是，后半部分所说，即为“打破”的方法及成效。谓维摩方丈，天女散花，开示众生，勿为尘间的喜乐所困扰，而结果仍然是且游戏、大欢喜。这是歌词的上片，叙说图中色界的种种情状，是为布景。下片就世间的因缘关系，发表议论。谓佛家讲究四圣谛，所谓苦、集、灭、道，其间的因果关系，早已深入根柢。世间一切，有如过眼春花，顷刻飘落，只留得一枝秋桂。这是下片的前半部分，说佛家的四圣谛及众生的修行。居中一句，由远及近，即从众生修行的大道理（四美），说及此刻（此际）画中之所见及心中之所想，并以“难断抛弃”引出下文，说及优昙花的出现。谓于优昙花出现的瞬间，由天魔引导，到龙华树下，听取弥勒菩萨成道的三会说法。最后，以“难解脱，是情累”，结束全篇。这是歌词的下片，叙说修行与悟道，是为说情。上下合而观之，在于援佛论画，以禅论词，体现其世界观及人生观，景与情配搭甚为得当。篇中，“难断抛弃”，应是“断难抛弃”之误。

法驾导引有序

游仙发咏，肇自陈思。[1]溯厥权舆，则皇娥白帝之歌，太乙东君之语，实飙辞之星宿，霞构之岷峨。逮郭璞沿夫古波，曹唐摛其新藻。自时厥后，代有伟篇，莫不驱海入壶，裁云作纸，顾诗多嗣响，而词少继声。

岁在元默[2]，馆于西城，时方养疴，经月不出。心每游乎碧落，身易入于黑甜。上清童子愿赠铢衣，太极夫人许披瑶笈。银河漱齿，吞星斗于怀中；绛阙挥毫，泻波涛于腕底。应接则东华南岳，驰驱则赤豹黄螭。眷彼瑰观，摅兹孤抱。

在昔龙女行歌市中，所谓水府真人法驾导引者，节奏天成，人间罕觏。爰谱其逸调，填以新词，为梦游仙曲三十阕。

仆家传辟谷，身愧伐毛。绣襦甲帐，难寻跨虎之踪；铁板铜琶，敢笑雕虫之技。况百年一瞬，并处华胥；三岛十洲，本罗丹府。浮生若梦，但须绿醑频斟；噬肯来游，莫待黄粱已熟。

游仙梦，游仙梦，飞过碧城头。三十三天门未闭，九州烟影试回眸[3]，沧海一杯浮。

游仙梦，游仙梦，吹过赤城东。五岳下方如点漆，天池初洗一丸红[4]，霞采万千重。

游仙梦，游仙梦，矫首望青雯[5]。五百金童环绛节，庆云深护玉宸君[6]。天语九霄闻。

游仙梦，游仙梦，高步上天衢[7]。刚遇星官朝玉帝，五云帘外看山呼，南极要人扶[8]。

游仙梦，游仙梦，金阙正开筵。坐近偓佺谈甲子[9]，自云昏耄不知年，沧海七为田。

游仙梦，游仙梦，仙侣宴瑶坛[10]。风髓麟脂都觉腻，爱将瓜枣当晨餐，云液助清寒。

游仙梦，游仙梦，丹诏读徐徐[11]。新赐头衔三学士，东方太白及髯苏，长吉鬼才粗。

游仙梦，游仙梦，潇洒出金门。玉女投壶天帝笑，罡风吹急渴龙奔，推倒洗头盆[12]。

游仙梦，游仙梦，东海去嬉遨。远望鲤鱼红十丈，定知来者是琴高，长啸踏波涛[13]。

游仙梦，游仙梦，宛转入蓬壶。道遇密香骑白凤，上元传命请麻姑[14]，丹篆一函书。

游仙梦，游仙梦，八极路迢遥。要借风轮追竖亥[15]，飞廉驱虎卷商飙，天柱影摇摇。

游仙梦，游仙梦，天将陈（阵）堂堂[16]。骖驾苍螭骑赤豹，各张弓矢射天狼，铙吹响琅琅。

游仙梦，游仙梦，飘忽过琳宫。才报瑶池春宴罢[17]，玉妃沉醉倚东风，裙底海霞红。

游仙梦，游仙梦，缥缈度瑶京[18]。乐奏钧天嫌旧调，群仙争要谱新声，围住许飞琼。

游仙梦，游仙梦，小憩绛霄房。不用皋卢消午渴，秋云罗帕裹甜霜[19]，三伏气清凉。

游仙梦，游仙梦，彳亍洞云边。偶访洪崖留一醉[20]，醉来狂笑拍山肩，谈到伏羲前。

游仙梦，游仙梦，双足跨昆仑。星宿海边来照影，一泓清水不曾浑，揩眼望河源[21]。

游仙梦，游仙梦，蓑笠向天田。开出玉腴三万顷[22]，不栽粳稻只栽莲，新藕大如船。

游仙梦，游仙梦，珠馆昼清虚。一碗露华研鹿髓，衍波笺滑水纹如，人索少霞书[23]。

游仙梦，游仙梦，松下石台平。鹤发老人相对坐，袖边棋子落无声，空际见流星。

游仙梦，游仙梦，水墨气淋漓。敕写蓬莱烟雨意[24]，众仙交手让王维，胸有画中诗。

游仙梦，游仙梦，招手上瑶台[25]。才见楚妃行雨去，又看秦女弄星来，笑口一齐开。

游仙梦，游仙梦，双桨渡银河。飞白锦边量玉尺[26]，流黄机上掷金梭[27]，花样近如何。

游仙梦，游仙梦，穿破碧琉璃。捣药香中寻月姊，步虚声里待风姨[28]，环佩笑来迟。

游仙梦，游仙梦，邀过素娥家。补种白榆千岁树，催开丹桂九秋花，拿住老虾蟆[29]。

游仙梦，游仙梦，袒臂上茅峰[30]。八百猕猴分两队，手持双剑献猿公，千朵白芙蓉。

游仙梦，游仙梦，羽盖偶迟留[31]。要访淮南鸿宝诀，八公携手上丹邱，仙犬大如牛。

游仙梦，游仙梦，三岛任逍遥[32]。坐隐须眉藏紫橘，谈兵闺阁咒红桃，争胜气粗豪。

游仙梦，游仙梦，醉眼雾迷离。昨夜瀛洲飞绛雪，玉皇宣去和新诗[33]，龙许谪仙骑。

游仙梦，游仙梦，飞去落层城。小住红尘三万日，绿章先奏绿槐厅[34]，臣愿管琅嬛。

此本少作，稿已散弃。三十年来，见有画入扇头，绘上屏障者，聊复存之。自古神仙家言，多属空中楼阁，流传日久，遂成故事耳。唱霞渔者自识。

——据《花甲闲谈》卷十六（珠海唱霞图）。《全集》（三），页529–534。

注释

［1］游仙发咏二句：游仙发咏，指游仙诗的创作。陈思，指陈思王曹植。谓游仙诗之作，肇始自陈思王曹植，而其渊源，则应追溯至黄娥白帝之歌及太乙君之语。黄娥白帝，一指古代传说中的仙女，一指白帝少昊，神话中五方上帝之一的西方白帝之神。　［2］岁在元黓（yì）：元黓即玄黓，天干中“壬”的别称。《尔雅·释天》：“（太岁）在壬曰玄黓。”魏源《〈圣武记〉叙》：“道光二十有二载，元

黓摄提格之岁。” ［3］九州烟影：自高处俯视九州，如九点烟霞。李贺《梦天》：“遥望齐州九点烟，一泓海水杯中泻。” ［4］天池：天上仙界之池。韩偓《漫作二首》（其一）：“悬圃珠为树，天池玉作砂。” ［5］青雯：意为高空，喻指高位。陆洽原《官舍杂咏》（其一）：“岷峨极塞接青雯，路辟蚕丛境始分。” ［6］庆云：祥瑞的云气，比喻尊显之位。王褒《九怀·思忠》：“贞枝抑兮枯槁，枉车登兮庆云。” ［7］天衢（qú）：帝京的辇道。李贺《汉唐姬饮酒歌》：“御服沾霜露，天衢长蓁棘。” ［8］南极：指南极长生大帝，协助玉帝执掌四时气候之神。杜甫《南极》：“南极青山众，西江白谷分。” ［9］偓佺（wò quán）：古代传说中的仙人，后指仙人、得道之人。司马相如《上林赋》：“偓佺之伦，暴于南荣。醴泉涌于清室，通川过于中庭。” ［10］瑶坛：用美玉砌成的高台，多指神仙居处。《后汉书·方术传序》：“然神经怪牒，玉策金绳，关扃于明灵之府，封縢于瑶坛之上者，靡得而窥也。” ［11］丹诏：帝王的诏书。以朱笔书写，故称。韩翃《送王光辅归青州兼寄储侍郎》：“身著紫衣趋阙下，口衔丹诏出关东。” ［12］洗头盆：华山中峰有玉女祠，祠前有石臼，称为玉女洗头盆。杜甫《望岳》：“安得仙人九节杖，拄到玉女洗头盆。” ［13］长啸：大声呼叫，发出高而长的声音。张九成《拟古》：“推琴一长啸，清风振吾屋。” ［14］上元：俗以农历正月十五日为上元节，也叫元宵节。朱敦儒《好事近》：“美人慵翦上元灯，弹泪倚瑶瑟。” ［15］风轮：佛教语，四轮（金轮、水轮、风轮、空轮）之一，有通达四方之意。方干《除夜》：“玉漏斯须即达晨，四时吹转任风轮。” ［16］天将：天上神将。《西游记》（第四回）：“悟空大喜，恳留饮宴不肯，遂与金星纵着祥云，到南天门外。那些天丁天将，都拱手相迎。” ［17］瑶池：仙界天池，西王母居住地，传说在昆仑山上，周穆王西征曾在此受西王母宴请。　［18］瑶京：玉京，天帝所居，泛指神仙世界。宋祁《春帖子词·夫人阁十首》（其二）："春从何处生，先觉满瑶京。"　［19］罗帕：丝织方巾。旧时女子随身用品，又作佩戴饰物。杜甫《骢马行》："赤汗微生白雪毛，银鞍却覆香罗帕。"　［20］洪崖：见第89页注释［5］。　［21］河源：亦作河原，河流的源头，此特指黄河的发源地。　［22］玉腴：泛指鱼的肉。王恽《糟鱼》："霜刀截断玉腴芳，暖贮银罂酿粉浆。"此处解作丰腴。　［23］少霞：蔡少霞（?—820），唐代陈留县人，泗水县丞。性情恬静温和，幼年信奉道教。早年参加科举考试，以明经得第，选蕲州（湖北长江以北）参军。任满后寄寓江淮，访诸名山大川，与名士谈玄论道。再授职为兖州泗水县（今山东泗水县）县丞，晚年于兖州泗水东三十里买山筑室，深僻而居，养成晨练吐故纳新之习。其事迹载唐薛用弱《集异记·蔡少霞》。　［24］敕：帝王的诏书、命令。白居易《卖炭翁》："手把文书口称敕，回车叱牛牵向北。"　［25］瑶台：美玉砌成的华丽楼台，传说为神仙所居住。王嘉《拾遗记·昆仑山》："傍有瑶台十二，各广千步，皆五色玉为台基。"　［26］玉尺：玉制的尺，借指选拔人才和评价诗文的标准。李白《上清宝鼎诗》："仙人持玉尺，废君多少才。玉尺不可尽，君才无时休。"　［27］金梭：织锦用具。温庭筠《织锦词》："簇簌金梭万缕红，鸳鸯艳锦初成匹。"　［28］步虚句：步虚，道士唱经礼赞，此指神仙的凌空步行。《汉武帝内传》："可以步虚，可以隐形。长生久视，还白留青。"风姨，司风的神。《北堂书钞》卷一四四引《太公金匮》语曰："风伯名姨。"此"风姨"之所本。此句谓于步虚声中追风而行。　［29］虾蟆：此处指传说中的月中蟾蜍。杜甫《月三首》（其一）："魍魉移深树，虾蟆动半轮。"　［30］茅峰：道家的仙山，道教七十二福地中第一福地，十大洞天中第八洞天。亦称茅峰，名称源自三茅真君。三茅真君祖籍陕西咸阳南关，为汉修道成仙的茅盈、茅固、茅衷三兄弟，道教清微派尊为教祖。［31］羽盖：古时以鸟羽为饰的车盖，指仙人车驾。韦应物《王母歌》："众仙翼神母，羽盖随云起。"［32］三岛：传说中的蓬莱、方丈、瀛洲三座海上仙山。郑畋《题缑山王子晋庙》："六宫攀不住，三岛去相招。"［33］玉皇：玉皇大帝，居于太微玉清宫。道教称天帝曰玉皇大帝，简称玉帝、玉皇。为地位最高、职权最大的天神。李白《赠别舍人弟台卿之江南》："入洞过天地，登真朝玉皇。"［34］绿章：即青词。旧时道士祭天时所写的奏章表文，用朱笔写在青藤纸上，故名。李贺《绿章封事》："绿章封事咨元父，六街马蹄浩无主。"

评析

法驾导引，单调，三十字，六句，三平韵。调见陈与义《无住词》，以其《法驾导引》（朝元路）为正体。格式与《望江南》相近，但起句下多一叠句。传为赤城韩夫人所制。张维屏所作联章组词三十阕。有序，并有附言，知乃三十年前旧作。题下序文，包括四个段落。

其一，游仙之作的渊源。谓游仙诗之作，肇始自陈思王曹植。而其渊源，则应追溯至黄娥白帝之歌及太乙君之语。二者称得上天上的星宿及地上的岷峨。等到郭璞出现，《游仙诗》传世；曹唐之作，意境绚丽。所谓驱海入壶，裁云作纸，每个时代都有伟篇出现。但游仙之作，诗多嗣响，而词则较少继声。陈思，指陈思王曹植，撰有《游仙诗》。黄娥白帝，一指古代传说中的仙女，一指白帝少昊，神话中五方上帝之一的西方白帝之神。神话传说中有二人故事。太乙，或作太一、泰一。道教先天尊神太乙救苦天尊郭璞，两晋时代方术士，擅长预卜先知和诸多奇异的方术，以《游仙诗》名重当世。曹唐，唐诗人，早年为道士，工于文章诗赋，后还俗。作有《游仙诗》逾百首，人称游仙。这是第一个段落，追溯历史。

其二，心游碧落的经历。谓道光二十二年（1842），岁在元默，退居花地，馆于西城。时方养疴，经月不出。身既易入于黑甜，心则遨游于碧落。一时间，上清童子前来，表示愿意赠送铢衣；太极夫人出现，表示允许披挂瑶笈。临银河漱齿，将星斗吞入怀中；于绛阙挥毫，令波涛自腕底奔泻。有东华南岳相与应接，有赤豹黄螭驰驱左右。瑰丽景观，令人眷念；抒其胸臆，远大怀抱。元黓，即玄黓，天干中“壬”的别称。碧落，指天空。道家认为东方最高的天有碧霞遍布，故称之为碧落。白居易《长恨歌》：“上穷碧落下黄泉，两处茫茫皆不见。”黑甜，指酣睡。苏轼《发广州》有“三杯软饱后，一枕黑甜余”之句。上清童子，古钱的别称。相传贞观年间，岑文本避暑山亭，有一“上清童子元宝”进见。语毕，送之出亭，于墙下忽然不见。掘地，得古钱一枚，乃悟“上清童子”为铜名，元宝为钱文。铢衣，传说为神仙穿的衣服，其重量只有数铢甚至半铢，因用以形容极轻的分量，如舞衫之类。眷，顾也。表示借助于瑰异的景观，可以舒展自己的胸襟及怀抱。这是第二个段落，叙说游仙的体验。

其三，梦游仙曲的来历。谓在昔龙女，行歌市中，所谓水府真人《法驾导引》者，节奏天成，人间罕觏。于是，谱其逸调，填以新词，撰为“梦游仙曲”三十阕。陈与义《法驾导引三首》序云：“世传顷年都下市肆中，有道人携乌衣椎髻女子，买斗酒独饮，女子歌词以侑，凡九阕，皆非人世语。或记之，以问一道士。道士惊曰：此赤城韩夫人所制水府蔡真人《法驾导引》也。乌衣女子疑龙云。得其三而忘其六，拟作三阕。”张维屏所说逸调即此指。

其四，浮生若梦，黄粱已熟。谓有家传辟谷，愧于伐毛洗髓。绣襦帐幕，难寻跨虎踪迹；铁板铜琶，敢笑雕虫小技。百年一瞬，同处于华胥之境；三岛十洲，本罗丹府。浮生若梦，只需绿醑频斟；噬肯来游，莫待黄粱已熟。辟谷，又称却谷、去谷、绝谷、绝粒等，道术之一种，指不食五谷以求成仙的修炼方法。王充《论衡·道虚》："世或以辟谷不食，为道术之人。"伐毛，指伐毛洗髓，即刮去毛发，洗清骨髓，比喻彻底清除自身的污秽，脱胎换骨。甲帐，汉武帝所造的帐幕。沈约《咏帐》："甲帐垂和璧，螭云张桂宫。"华胥，传说是伏羲氏的母亲。《列子·黄帝》载："（黄帝）昼寝而梦，游于华胥氏之国。"后用华胥氏之国指安乐和平之境。三岛十洲，道教称存在于距陆地极遥远的大海之中。三岛的原型为三神山，即先秦传说中的蓬莱、方丈、昆仑，后《云笈七签》定三岛为昆仑、方丈、蓬丘。据《天皇至道太清玉洲》载，十洲为瀛洲、玄洲、长洲、流洲、元洲、生洲、祖洲、炎洲、凤麟洲、聚窟洲。噬，无义，语助词。如"彼君子兮，噬肯适我"（《诗经·唐风·有杕之杜》）。谓当加紧于梦中造梦。

以下是游仙词三十阕：

其一，沧海一杯。谓：游仙梦，梦魂飞过碧城头。三十三天门未闭，自高处俯视九州，如九点烟霞。回头看，大海就像一杯美酒浮空半。歌词说回看神州的印象。三十三天，佛家讲三十三重天，计有三界（欲界、色界、无色界）二十八重天：欲界六天、色界十八天、无色界四天。欲界六天的第二天，名叫忉利天，在须弥山顶。忉利，译成中文是三十三天。三十三天，是从平面说，须弥山顶为忉利天，东、西、南、北四方各有八天，合起来共有三十三天，所以称作三十三天。

其二，霞采万千。谓：游仙梦，梦魂吹过赤城东。下看五岳如点漆，初洗天池一丸红。往仙界，霞采万千重。歌词说下看五岳的景象。点漆，乌黑光亮貌，形容眼睛色泽有如漆一般黝黑明亮。刘义庆《世说新语·容止》："王右军见杜弘治，叹曰：'面如凝脂，眼如点漆，此神仙中人。'"天池，天上仙界之池。一丸红，一丸红日。中峰《净土诗》："东海一丸红弹子，流光日日射西林。"此指红日映照天池。

其三，近闻天语。谓：游仙梦，梦里矫首，仰望太空。五百金童，霓旌绛节，引见天帝；庆云深护，千官应事。九霄云外，咫尺谛闻天语。歌词说抵达天庭的情景。青雯，意为高空，喻指高位。金童，仙人的侍童。绛节，古代使者持作凭证的红色符节，传说中上帝或仙君的一种仪仗。杜甫《玉台观》："中天积翠玉台遥，上帝高居绛节朝。"玉宸，指天帝。苏辙《赠司空张公安道挽词三首》（其二）："闻道骑箕尾，还应事玉宸。"天语，古人称天子的诏谕为天语，此指玉帝的话语。黄庭坚《下水船》："丹禁风微，咫尺谛闻天语。"

其四，高步天衢。谓：游仙梦，魂梦上天衢。刚遇星官，朝拜玉帝；五云帘外，观看山呼。南极大帝，有人扶起。歌词说玉帝上朝的场面。山呼，三呼万岁。汉武帝登嵩山，群臣三呼万岁，称为山呼。后世将三呼万岁规定成臣子朝见皇帝的定规。南极，南极长生大帝，协助玉帝执掌四时气候之神。

其五，沧海桑田。谓：游仙梦，梦魂上金阙。上金阙，金阙正开筵。坐近偓佺仙人旁，谈论甲子话语长；自云老迈眼昏花，不知岁月不计年。若问高寿有几何，已见七回东海变桑田。歌词说仙人偓佺来历。偓佺，古代传说中的仙人。甲子，甲为十天干之首，子为十二地支之首。古代以干支次第相配，共配成甲子、乙丑、丙寅……六十种，统称为甲子。沧海七为田，指大海七次变成桑田，比喻世事变化很大。

其六，瑶坛雅宴。谓：游仙梦，魂梦赴瑶坛。瑶坛宴，仙侣来相伴。凤髓麟脂都觉腻，爱将瓜枣当晨餐。云母玉液，可助清寒。歌词说宴会情况。瑶坛，用美玉砌成的高台，多指神仙居处。凤髓麟脂，指凤凰的髓和麒麟的肝，比喻珍稀的美味佳肴。瓜枣，谓枣大如瓜，指奇特仙果。《史记·孝武本纪》："臣尝游海上，见安期生，食巨枣，大如瓜。安期生仙者，通蓬莱中，合则见人，不合则隐。"云液，指酒。白居易《对酒闲吟赠同老者》："云液洒六腑，阳和生四肢。"

其七，新赐头衔。谓：游仙梦，徐徐读丹诏。丹诏颁布新头衔，赐予旷世英才三学士，东方太白（李白）及髯苏（苏轼），还有一个鬼才李长吉（李贺）。歌词说三学士获颁头衔。诏，皇帝发出的文书；丹诏，用朱笔写的诏，或者文章。长吉鬼才，后人对李贺的评价。如《文献通考》载："宋景文诸公在馆，尝评唐人诗云：'太白仙才，长吉鬼才。'"至于"鬼才粗"的"粗"，未知确指，或谓其粗率的性格、作风，亦喻文章粗略的构思，可备一说。

其八，玉女投壶。谓：游仙梦，潇洒出金门。金门玉女更投壶，投壶不中天帝笑；天帝笑，罡风吹，雷电闪，渴龙奔。渴龙奔，推倒洗头盆。歌词记述投壶这项投掷游戏。传说东王公与玉女投壶玩耍，投不中时，上天为之一笑而闪电。李白《梁甫吟》曾记其事，曰："我欲攀龙见明主，雷公砰訇震天鼓。帝旁投壶多玉女，三时大笑开电光，倏烁晦冥起风雨。"

其九，东海嬉遨。谓：游仙梦，东海去嬉遨。东海鲤鱼红十丈，遥望定知是琴高。琴高善鼓琴，长啸踏波涛。歌词记述东海所见。琴高，先秦时传说中人物，能鼓琴，后于涿水乘鲤归仙。郦道元《水经注》（卷二十三）载："赵人有琴高者，以善鼓琴，为康王舍人。行彭、涓之术，浮游砀郡间二百余年。后入砀水中取龙子，与弟子期曰：'皆洁斋待于水旁，设屋祠。'果乘赤鲤鱼出，入坐祠中。砀中有可万人观之，留月余，复入水也。"

其一〇，麻姑献寿。谓：游仙梦，魂梦入蓬壶。途中遇仙人，仙人骑白凤。密香敬三清，麻姑获传命。上元佳时节，丹篆一函宝。歌词说上香仪式。蓬壶，传说海上仙山蓬莱，形如壶器，故称为蓬壶。汤式《天香引》（望三山）："望三山远似蓬壶，挨到如今，提起当初，槟榔蜜涎吐胭脂。"密香，道教二十四香谱密示吉凶。道教中以三炷香代表道教三宝（道宝代玉清、经宝代上清、师宝代太清），也代表天、地、人，正可谓敬三清，敬天、地、圣贤人。丹篆，用朱砂书写的篆文，指仙道之书或符箓。柳宗元《龙城录》（韩退之梦吞丹篆）：“退之常说，少时梦人与丹篆一卷，令强吞之。”

其一一，天柱摇摇。谓：游仙梦， 梦魂游八极。八极神仙地，迢遥隔层城。借得风轮转，快速追竖亥；飞廉驱猛虎，商飙起四郊。商飙一朝靖，天柱影摇摇。歌词说天柱形势。八极，八方极远之地的乾、兑、离、震、巽、坎、艮、坤八个神仙。竖亥，中国上古神之一。在神话传说中，竖亥是一个步子极大、特别能走的人物。飞廉，亦作蜚廉，古代神话中的神兽，因掌管风，被称为风伯。商飙，秋风。梁简文帝萧纲《开霁》：“景落商飙靖，烟开四郊谧。”天柱，道教将天下名山列封为三十六洞天、七十二福地，天柱山为第十四洞天，五十七福地。

其一二，天将布阵。谓：游仙梦，魂梦上战场。战场神将三十六，阵容齐整又威严。驾苍螭，骑赤豹，各张弓矢射天狼。铙钹响，响琅琅。歌词说天将布阵。天将，天宫的神将，称三十六天将，又称三十六天罡。三十六只是泛称。堂堂，壮盛的样子，形容阵容盛壮整齐。“天将陈堂堂”，“陈”疑为“阵”之误。骖驾，三匹马驾的车子，泛指车马。苍螭、赤豹，传说中的神兽。天狼，星名，是天空中非常明亮的恒星，属于大犬座。古以为天狼星主侵掠。《楚辞·九歌·东君》：“青云衣兮白霓裳，举长矢兮射天狼。”王逸注：“天狼，星名，以喻贪残。”后以天狼比喻侵略者。铙，古代军中的打击乐器，用锤敲击发声。行军时，用铙声制止击鼓。琅琅，形容金石相击的声音。

其一三，玉妃沉醉。谓：游仙梦，魂梦过琳宫。琳宫集众圣，瑶池盛事多。才报春宴罢， 沉醉倚东风。扶起娇无力，裙底海霞红。歌词说玉妃醉酒。琳宫，仙宫。《初学记》卷二三引《空洞灵章经》语曰：“众圣集琳宫，金母命清歌。”玉妃，指杨贵妃。

其一四，争谱新声。谓：游仙梦，魂梦度仙都。仙都聚群仙，乐坛奏新声。钧天广乐嫌旧调，群仙争要谱新声。震灵之簧仙女鼓，群仙围住许飞琼。歌词描绘乐坛胜境。瑶京，即玉京，为天帝居所，泛指神仙世界。钧天，钧天广乐。苏轼《集英殿秋宴教坊词》（女童致语）：“妾闻钧天广乐，空传帝所之游。”许飞琼，神话传说中西王母的侍女。

其一五，绛霄小憩。谓：游仙梦，梦游入绛霄。入绛霄，天高处。不用皋卢，消除午渴；秋云罗帕，包裹甜霜。三伏时节，透骨清凉。表示绛霄是个清凉之境。绛霄，指天空极高处。梁元帝萧绎《玄览赋》：“郁如蓬莱之临沧海，憬如昆仑之出绛霄。”皋卢，亦作皐卢，木名。叶状如茶而大，味苦涩，可代饮料。三伏，是初伏、中伏和末伏的统称，是一年中最热的时节。

其一六，偶访洪崖。谓：游仙梦，梦到洞云边。缓步往前走，来到洞云边。洪崖居此地，留其同一醉。醉来狂笑傲，以手拍山肩。一醉千杯少，谈到伏羲前。歌词说访谈情景。彳亍，缓步慢行。彳，左步；亍，右步。《文选·潘岳·射雉赋》：“彳亍中辍，馥焉中镝。”洪崖，亦作洪厓、洪涯，是黄帝臣子伶伦的仙号。伏羲，华夏民族人文先始，三皇之一，与女娲同为福佑社稷之正神。

其一七，跨越昆仑。谓：游仙梦，魂梦到昆仑。昆仑万山祖，双足能跨越。星宿为照影，来自东海边；一泓澄明水，不曾与浑浊。擦亮眼睛，遥望河源。歌词描绘昆仑胜境。昆仑，即昆仑山，又称昆仑虚、昆仑丘或玉山，被道教奉为仙山，为万山之祖。昆仑山中居住西王母，人头豹身，由两只青鸟侍奉，为道教正神。

其一八，藕大如船。谓：游仙梦，魂梦向天田。青箬笠，绿蓑衣，不驾孤舟不垂钓，向天田。开出良田三万顷，不栽粳稻只栽莲。莲花开十丈，新藕大如船。歌咏天田栽莲。蓑笠，蓑衣与箬帽。柳宗元《江雪》：“孤舟蓑笠翁，独钓寒江雪。”天田，帝王之籍田。张衡《东京赋》：“躬三推于天田，修帝籍之千亩。”吕延济注：“天田，天子之籍田。”

玉腴，泛指鱼的肉。此处解作丰腴。藕大如船，韩愈《古意》：“太华峰头玉井莲，开花十丈藕如船。”

其一九，珠馆索书。谓：游仙梦，魂梦在珠馆。珠馆熏燃久，昼日倍清虚。一碗露珠，研磨鹿髓；衍波笺滑，纸纹如水。有人索书，找蔡少霞。即谓昼日清虚实际也不得空闲。珠馆，仙馆、仙宫，指道观。清虚，清净虚无。露华，露气、露珠。衍波笺，信笺的一种。杨慎《丹铅总录》载：“唐世有蠲纸，一名衍波笺，盖纸文如水文也。”“文”与“纹”通用，“纸文如水文”指纸上的纹理如水纹。滑，滑溜、光滑。少霞，蔡少霞，唐代陈留县人，其事迹载于《集异记》。

其二〇，松下石台。谓：游仙梦，魂梦到松下。松下石台平，雨中山殿灯。鹤发老人，相对而坐；袖边棋子，起落无声。只见空际，几点流星。歌词呈现山殿宁静状态。心静，境亦静。

其二一，蓬莱烟雨。谓：游仙梦，魂梦到蓬莱。敕命写下，蓬莱烟雨；众仙交手，推让王维。王维水墨，大气淋漓。胸中有画，画中有诗。歌词既颂扬王维，亦赞颂蓬莱烟雨。敕，帝王的诏书、命令。交手，表示交战或搏斗。本歌词中的交手指较量。

其二二，瑶台星雨。谓：游仙梦，招手上瑶台。才见楚妃，行雨而去；又看秦女，弄星而来。众仙聚集，笑口齐开。歌词描述瑶台娱乐场景。瑶台，仙人居住的地方。楚妃，楚国的王妃。李白《望夫石》：“有恨同湘女，无言类楚妃。”秦女，指秦穆公女弄玉。曹植《仙人篇》：“湘娥抚琴瑟，秦女吹笙竽。”刘向《列仙传》：“萧史者，秦穆公时人也，善吹箫，能致孔雀白鹤于庭。穆公有女字弄玉，好之。公遂以女妻焉。曰教弄玉作凤鸣，居数年，吹似凤声，凤凰来止其屋。”

其二三，玉尺金梭。谓：游仙梦，魂梦渡银河。银河仙人持玉尺，飞白锦边，细心丈量；抛掷金梭，流黄机上。乞巧年年，不知近来，花样如何。歌咏仙人织锦。玉尺，玉制的尺。金梭，织锦用具。

其二四，环佩来迟。谓：游仙梦，透过碧琉璃。捣药香中，寻找月姊；步虚声里，等待风姨。环佩含笑，姗姗来迟。其中出现人物，包括月姊、风姨及佩带环佩的仙女。碧琉璃，碧绿色的琉璃。捣药，舂捣药材。古代传说月中有白兔捣药。傅玄《拟天问》："月中何有，白兔捣药。"此处指月姊，也就是传说中的月中仙子、月宫嫦娥。步虚，道士唱经礼赞，此指神仙的凌空步行。风姨，司风的神。环佩，古人所系佩玉，后多指女子所佩的玉饰。此外，或指佩带环佩的人。

其二五，白榆与丹桂。谓：游仙梦，梦到素娥家。家种白榆，千岁老树；催开丹桂，九秋之花。白榆与丹桂，历历真质，高尚远天。这是月宫的代表物象。而以月中蟾蜍总结全篇，表示都在老虾蟆的把握当中。素娥，传说中嫦娥的别称，形容天上的神仙美女。李商隐《霜月》："青女素娥俱耐冷，月中霜里斗婵娟。"白榆，指星。《古乐府·陇西行》："天上何所有，历历种白榆。"丹桂，桂花中花色最深的一类。传说月中有桂树，因以"丹桂"为月亮的代称。虾蟆，亦指传说中的月中蟾蜍。

其二六，袒臂茅峰。谓：游仙梦，恭敬上茅峰。茅峰神仙地，八百猕猴，分列二队；手持双剑，奉献猿公。千朵芙蓉，皎如霜雪。歌咏三茅真君成仙之地。袒臂，袒露右臂，是佛教徒表示恭敬的一种方式。茅峰，道家的仙山，是道教七十二福地中第一福地、十大洞天中第八洞天，亦称茅峰。猕猴，猴科一属，是在全球分布最广泛的灵长类动物。猿公，剑术高明的隐者。

其二七，淮南鸿宝。谓：游仙梦，车驾稍停留。为访《淮南鸿宝》，寻觅炼丹秘诀，跟随八公，携手上丹邱。丹邱此处神仙地，所在仙犬大如牛。歌咏成仙秘诀。羽盖，古时以鸟羽为饰的车盖，指仙人车驾。淮南鸿宝，即《淮南鸿宝》，为淮南王刘安所招致淮南学派所著，计八卷，说炼丹长生秘诀。丹邱，昼夜长明的神仙处所。八公，淮南八公，道教神迹仙话中的八位仙人，淮南王刘安参与著书立说的八位门客。据高诱《叙目》

记载，八位门客为苏飞、李尚、左吴、田由、雷被、毛被、伍被、晋昌，世称“八公”。《神仙传》《灵异录》将其衍化为八位仙人。

其二八，坐隐谈兵。谓：游仙梦，魂梦三岛游。坐隐须眉，隐藏紫橘；谈兵闺阁，祝告红桃。争胜赌狠，性气粗豪。叙说须眉与闺阁的两种博彩游戏。逍遥，即消摇。逍者，消也，如阳动冰消，虽耗也，不竭其本。遥者，摇也，如舟行水摇，虽动也不伤其内。（参见黄几复《庄子·逍遥游注》）坐隐，围棋或下围棋的别称。刘义庆《世说新语·巧艺》：“王中郎以围棋为坐隐。”谓弈者正襟危坐、运神凝思，喜怒不行于色的神态，有如僧人参禅入定，故称坐隐。咒，旧时僧、道、方士自称可以驱鬼降妖的口诀，有祝愿和诅咒两个方面的意思。本义祝告。

其二九，奉诏赋诗。谓：游仙梦，魂梦到瀛洲。瀛洲昨夜，绛雪飘飞；玉皇宣去，应和新诗。宿酲未解，醉眼迷离。八尺骏马，许谪仙骑。叙说李白奉诏情形。瀛洲，神话中仙人所居三座神山之一。绛雪，比喻红色花朵。刘克庄《汉宫春》（秘书弟家赏红梅）：“拼醉倒，花间一霎，莫教绛雪离披。”龙，喻骏马，马八尺以上为龙（《周礼·夏官》）。谪仙，自天上被谪居人间的仙人，此指李白。孟棨《本事诗·高逸》：“李太白初自蜀至京师，舍于逆旅。贺监知章闻其名，首访之。既奇其姿，复请所为文。出《蜀道难》以示之。读未竟，称叹者数四，号为‘谪仙’。”

其三〇，愿管琅嬛。谓：游仙梦，魂梦落层城。层城高九重，昆仑最高峰。红尘三万日，小住一百年。绿章朱笔写，先奏绿槐厅。臣有一愿望，琅嬛理秘籍。这是组词的完结篇。说明意愿，表示未失“蟫鱼”（书籍中的蛀虫）身份。层城，古代神话中昆仑山上的最高城。琅嬛，也作嫏嬛，神话传说中天帝藏书的地方。

如梦令集句

暮雨乍收残暑。李甲惟有垂杨自舞。叶梦得独立俯闲阶[1]，韩偓吹落一池风絮。晁冲之无绪[2]。无绪。美奴月到旧时明处。周紫芝

——据《花甲闲谈》卷七（香阁怀仙图）。《全集》（三），页402。

注释

［1］闲阶：门阶闲寂。陆龟蒙《闲书》："闲阶雨过苔花润，小簟风来薤叶凉。" ［2］无绪：没有情绪。柳永《雨霖铃》："都门帐饮无绪，留恋处、兰舟催发。"

评析

《如梦令》，单调，不分片。三十三字。五仄韵、一叠韵。全篇可分为三个层次。首二句布景。谓暮雨过后，残暑乍收；唯有垂杨，风中自舞。展示人物活动的时间及外部环境。这是第一个层次。接下来，人物出现。谓其独立闲庭，看闲阶，面前是，被吹落的一池风絮。展示时间、地点及人物动静。这是第二个层次。最后说人物心情。谓无绪、无绪，月到旧时明处。表示从黄昏（日暮）一直到月明时，都在庭院站立。可当一首闺怨歌词看待。歌词计七句，其中一个叠句。于唐宋时代六位作者的作品中各取一句所组成，独立成篇，已与原作无关。

◆附录：歌词所集各句原作

①李甲《八宝妆》：

门掩黄昏，画堂人寂，暮雨乍收残暑。帘卷疏星庭户悄，隐隐严城钟鼓。空街烟暝，半开斜月朦胧，银河澄淡风凄楚。还是凤楼人远，桃源无路。　　惆怅夜久星繁，碧云望断，玉箫声在何处。念谁伴、茜裙翠袖，共携手、瑶台归去。对修竹、森森院宇。曲屏香暖凝沉炷。问对酒当歌，情怀记得刘郎否。

②叶梦得《贺新郎》：

睡起流莺语。掩青苔、房栊向晚，乱红无数。吹尽残花无人见，惟有垂杨自舞。渐暖霭、初回轻暑。宝扇重寻明月影，暗尘侵、尚有乘鸾女。惊旧恨，遽如许。　　江南梦断横江渚。浪粘天、葡萄涨绿，半空烟雨。无限楼前沧波意，谁采苹花寄取。但怅望、兰舟容与。万里云帆何时到，送孤鸿、目断千山阻。谁为我，唱金缕。

③韩偓《效崔国辅体》（四首之一）：

澹月照中庭，海棠花自落。独立俯闲阶，风动秋千索。

④晁冲之《感皇恩》：

蝴蝶满西园，啼莺无数。水阁桥南路。凝伫。两行烟柳，吹落一池飞絮。秋千斜挂起，人何处。　　把酒劝君，闲愁莫诉。留取笙歌住。休去。几多春色，禁得许多风雨。海棠花谢也，君知否。

⑤美奴《如梦令》：

日暮马嘶人去。船逐清波东注。后夜最高楼，还有思量人否。无绪。无绪。生怕黄昏疏雨。

⑥周紫芝《清平乐》：

烟鬟敛翠。柳下门初闭。门外一川风细细，沙上暝禽飞起。　　今宵水畔楼边。风光宛似当年。月到旧时明处，共谁同倚阑干。

清平乐集句

带愁归去。史达祖**春在无人处**。周晋**小立东风谁共语**。刘仙伦**旧事不堪重举**。冯去非　**枉教莺诉春情**[1]。杨子咸**迢遥似隔层城**[2]。尹鹗**一个飘零身世**，陆游**如何得作双成**。鱼玄机

——据《花甲闲谈》卷七（香阁怀仙图）。《全集》（三），页401。

注释

［1］枉教：徒然、枉自、枉费心机。宋无名氏《更漏子》："人比燕，不成双。枉教人断肠。"　［2］迢遥：遥远的样子。颜延之《秋胡诗》："迢遥行人远，婉转年运徂。"

评析

《清平乐》，双调。四十六字。上片四仄韵，下片三平韵。上下片各四句，从四位作者作品中各采一句，连缀成篇。上片四句说春天带愁归去，春在无人之处，不知何处寻找。小立东风，谁人共语。以往的事，不堪重新提起。惜春、寻春，独自发愁。正叙说一种状况。可以理解为布景。下片四句说，白白花费心机，向黄莺诉说春情；相隔遥远，像是隔着层城。这么一种飘零身世，怎么能够配成一对。独自发愁，也是独自发牢骚。可以理解为说情。枉，徒然、枉然、枉自几种意思。双成，配成一对。李商隐《柳枝五首》（其五）："画屏绣步障，物物自成双。"

◆附录：歌词所集各句原作

①史达祖《东风第一枝》（灯夕清坐）：

酒馆歌云，灯街舞绣，笑声喧似箫鼓。太平京国多欢，大酺绮罗几处。东风不动，照花影、一天春聚。耀翠光、金缕相交，苒苒细吹香雾。　　羞醉玉、少年丰度。怀艳雪、旧家伴侣。闭门明月关心，倚窗小梅索句。吟情欲断，念娇俊、知人无据。想袖寒、珠络藏香，夜久带愁归去。

②周晋《点绛唇》（访牟存叟南漪钓隐）：

午梦初回，卷帘尽放春愁去。昼长无侣。自对黄鹂语。　　絮影苹香，春在无人处。移舟去。未成新句。一砚梨花雨。

③刘仙伦《蝶恋花》：

小立东风谁共语。碧尽行云，依约兰皋暮。谁问离怀知几许。一溪流水和烟雨。　　媚荡杨花无着处。才伴春来，忙底随春去。又恐游蝶粘得住。斜阳芳草江头路。

④冯去非《喜迁莺》：

凉生遥渚。正绿芰擎霜，黄花招雨。雁外渔村，蛩边蟹舍，绛叶满秋来路。世事不离双鬓，远梦偏欺孤旅。送望眼，但凭舷微笑，书空无语。　　慵觑。清镜里，十载征尘，长把朱颜污。借箸青油，挥毫紫塞，旧事不堪重举。间阔故山猿鹤，冷落同盟鸥鹭。倦游也，便樯云柁月，浩歌归去。

⑤杨子咸《木兰花慢》：

紫凋红落后，忽十丈，玉虬横。望众绿帏中，蓝田璞碎，鲛室珠倾。柔条系风无力，更不禁、连日峭寒清。空与蝶圆香梦，枉教莺诉春情。　　深深。苔径悄无人。栏槛湿香尘。叹宝髻鬈松，粉铅狼藉，谁管飘零。不愁素云易散，恨此花、开后更无春。安得胡床月夜，玉醅满蘸瑶英。

⑥尹鹗《杏园芳》：

严妆嫩脸花明，教人见了关情。含羞举步越罗轻，称娉婷。　终朝咫尺窥香阁，迢遥似隔层城。何时休遣梦相萦，入云屏。

⑦陆游《朝中措》（梅）：

幽姿不入少年场。无语只凄凉。一个飘零身世，十分冷淡心肠。江头月底，新诗旧梦，孤恨清香。任是春风不管，也曾先识东皇。

⑧鱼玄机《寓言》：

红桃处处春色，碧柳家家月明。楼上新妆待夜，闺中独坐含情。芙蓉月下鱼戏，螮蝀天边雀声。人世悲欢一梦，如何得作双成。

清平乐集句

梦魂无据[1]。欧阳修**空记来时路**。周紫芝**化作惊鸿留不住**。吕渭老**寂寞朝朝暮暮**。毛滂　**愁心欲诉垂杨**[2]。周密**丝丝都是愁肠**。李莱老**好个瘦人天气**，赵汝茪**为他花月凄凉**。赵汝迕

——据《花甲闲谈》卷七（香阁怀仙图）。《全集》（三），页402。

注释

［1］无据：没有根据、凭借。赵佶《宴山亭》（北行见杏花）：“怎不思量，除梦里、有时曾去。无据，和梦也新来不做。”　［2］愁心：忧愁之心。颜延之《秋胡诗》：“明发动愁心，闺中起长叹。”

评析

歌词记述梦醒时的一种感觉。谓梦不梦实际都没有凭据，也记不得来时的路。一时间，化作惊鸿，翻飞而去；留也留不住，留下的只是令人寂寞的朝朝与暮暮。这是上片，梦魂无据，表示一种感觉，是为布景。下片叙说感想。谓欲诉垂杨。想将愁心向垂杨倾诉，想不到垂杨比“我”更愁。垂杨丝丝，垂杨的许多枝条，每一根都是离肠。好一个瘦人天气，无端端为了他，也为着眼前的花月，感到凄凉。这是下片，由柳条联想到离愁，由天气联想到心情，表示由寂寞所带来的怨恨。是为说情。是一首闺怨词。丝丝，即柳条。李白《侍从宜春苑奉诏赋龙池柳色初青听新莺百啭歌》：“垂丝百尺挂雕楹，上有好鸟相和鸣。”

◆附录：歌词所集各句原作

①欧阳修《青玉案》：

一年春事都来几。早过了、三之二。绿暗红嫣浑可事。绿杨庭院，暖风帘幕，有个人憔悴。　　买花载酒长安市。又争似、家山见桃李。不枉东风吹客泪。相思难表，梦魂无据，惟有归来是。

②周紫芝《点绛唇》（西池桃花落尽赋此）：

燕子风高，小桃枝上花无数。乱溪深处。满地飞红雨。　　唤得春来，又送春归去。浑无绪。刘郎前度。空记来时路。

③吕渭老《减字木兰花》：

雨帘高卷。芳树阴阴连别馆。凉气侵楼。蕉叶荷枝各自秋。　　前溪夜舞。化作惊鸿留不住。愁损腰肢。一桁香销旧舞衣。

④毛滂《惜分飞》：

泪湿阑干花著露。愁到眉峰碧聚。此恨平分取。更无言语空相觑。　　断雨残云无意绪。寂寞朝朝暮暮。今夜山深处。断魂分付潮回去。

⑤周密《四字令》（拟花间）：

眉消睡黄。春凝泪妆。玉屏水暖微香。听蜂儿打窗。　　筝尘半妆。绡痕半方。愁心欲诉垂杨。奈飞红正忙。

⑥李莱老《清平乐》：

绿窗初晓。枕上闻啼鸟。不恨王孙归不早。只恨天涯芳草。锦书红泪千行。一春无限思量。折得垂杨寄与，丝丝都是愁肠。

⑦赵汝茪《如梦令》：

小砑红绫笺纸。一字一行春泪。封了更亲题，题了又还坼起。归未。归未。好个瘦人天气。

⑧赵汝迕《清平乐》：

初莺细雨。杨柳低愁缕。烟浦花桥如梦里。犹记倚楼别语。小屏依旧围香。恨抛薄醉残妆。判却寸心双泪，为他花月凄凉。

浪淘沙集句

花发去年丛，杜甫**春色融融**。冯延巳**惺忪语笑隔帘栊**，张炎**明月满庭花似绣**，杜安世**人在其中**。周密　　**心事寄题红**，陈允平**一笑难逢**。晏几道**落花流水忽西东**，柳永**把酒留春春不住**[1]，尚（向）师尹**懊恨东风**[2]。余桂英

——据《花甲闲谈》卷七（香阁怀仙图）。《全集》（三），页401-402。

注释

［1］留春：把春光留住，不使轻易流逝。欧阳修《蝶恋花》："雨横风狂三月暮。门掩黄昏，无计留春住。"　［2］懊恨：苦恼，悔恨。冯延巳《鹊踏枝》："懊恨年年秋不管，朦胧如梦空肠断。"

评析

《浪淘沙》，双调小令。五十四字。上下片各四平韵。亦写闺怨。上片布景，包括花、月、帘栊及庭院，还有人物。谓春花在去年的花丛里开放，春色融融。轻盈悦耳的语笑声，隔着帘栊传送出来。明月满庭，繁花似绣，人就在这当中。下片说情。谓心事寄题红，即将诗句写在红叶上，借助红叶传送出去，只是机会难逢。落花随着流水，忽西忽东；把酒留春，春留不住，只能够怨恨东风。惺忪，刚睡醒的样子。潘汾《玉蝴蝶》："醉眼羞抬，娇困犹自未惺忪。"也形容声音轻快悦耳。晏几道《丑奴儿》："莺语惺忪，似笑金屏昨夜空。"题红，即《题红叶》，相传为唐宣宗时宫女韩氏所作。其曰："流水何太急，深宫尽日闲。殷勤谢红叶，好去到人间。"

◆ 附录：歌词所集各句原作

①杜甫《老病》：

老病巫山里，稽留楚客中。药残他日裹，花发去年丛。夜足沾沙雨，春多逆水风。合分双赐笔，犹作一飘蓬。

②冯延巳《酒泉子》：

春色融融，飞燕乍来莺未语。小桃寒，垂杨晚，玉楼空。　天长烟远恨重重，消息燕鸿归去。枕前灯，窗外月，闭朱栊。

③张炎《南歌子》（陆义斋燕喜亭）：

窗密春声聚，花多水影重。只留一路过东风。围得生香不断、锦熏笼。　　月地连金屋，云楼瞰翠蓬。惺忪笑语隔帘栊。知是谁调鹦鹉、柳阴中。

④杜安世《浪淘沙》：

帘外微风。云雨回踪。银釭烬冷锦帏中。枕上深盟，年少心事，陡顿成空。　　岭外白头翁。到没由逢。一床鸳被叠香红。明月满庭花似绣，闷不见虫虫。

⑤周密《甘州》（灯夕书寄二隐）：

渐萋萋、芳草绿江南，轻晖弄春容。记少年游处，箫声巷陌，灯影帘栊。月暖烘炉戏鼓，十里步香红。欹枕听新雨，往事朦胧。

还是江春梦晓，怕等闲愁见，雁影西东。喜故人好在，水驿寄诗筒。数芳程、渐催花信，送归帆、知第几番风。空吟想，梅花千树，人在其中。

⑥陈允平《唐多令》（秋暮有感）：

休去采芙蓉。秋江烟水空。带斜阳、一片征鸿。欲顿闲愁无顿处，都著在两眉峰。　　心事寄题红。画桥流水东。断肠人、无奈秋浓。回首层楼归去懒，早新月、挂梧桐。

⑦晏几道《浪淘沙》：

小绿间长红。露蕊烟丛。花开花落昔年同。惟恨花前携手处，往事成空。　　山远水重重。一笑难逢。已拚长在别离中。霜鬓知他从此去，几度春风。

⑧柳永《雪梅香》：

景萧索，危楼独立面晴空。动悲秋情绪，当时宋玉应同。渔市孤烟袅寒碧，水村残叶舞愁红。楚天阔，浪浸斜阳，千里溶溶。　临风。想佳丽，别后愁颜，镇敛眉峰。可惜当年，顿乖雨迹云踪。雅态妍姿正欢洽，落花流水忽西东。无憀恨、相思意，尽分付征鸿。

⑨向希尹《浪淘沙》：

结客去登楼。谁击兰舟。半篙清涨雨初收。把酒留春春不住，柳暗江头。　老去怕闲愁。莫莫休休。晚来风恶下帘钩。试问落花随水去，还解西流。

⑩余桂英《小桃红/连理枝》：

芳草连天暮。斜日明汀渚。懊恨东风，恍如春梦，匆匆又去。早知人、酒病更诗愁，镇轻随飞絮。　宝镜空留恨，筝雁浑无据。门外当时，薄情流水，如今何处。正相思、望断碧山云，又莺啼晚雨。

文部

题解

张维屏作为古时候“读书人家”读书人的典型，十二岁读经，十五岁开始诗歌创作，二十八岁进京应试，即被称作“诗坛大敌”。所谓“行有余力，则以学文”，张维屏的文章，题材范围包括天文、地文及人文，凡日月星辰、山川陵谷、多种多样的社会世相及人生百态，均为驱使笔下；无论叙事、布景，或者说情、造理，均能体现其书写的技艺。

张维屏各体文创作，包括骈文及散文，皆各擅胜场。除了《听松庐骈体文钞》四卷、《松心文钞》十卷及《桂游日记》《听松庐诗话》等集中收录以外，《张南山全集》各卷所收录序跋书札，以及散见于《国朝诗人征略》初编、《国朝诗人征略》二编及《艺谈录》等的诗话体诗评亦甚可观。

是编采录文二篇、序文三篇、书札二通、诗评若干则。

黄河晓渡

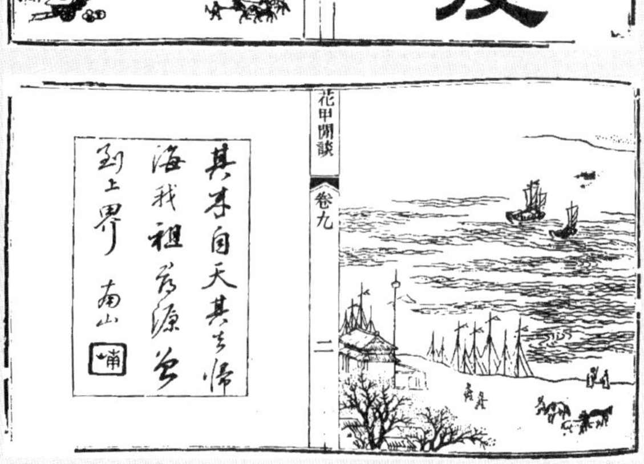

“黄河晓渡”采自张维屏《花甲闲谈》，据《广州大典》第十四辑·自著丛书第十一册（总第94册）

情释

天地，情之主也。宇宙，情之寓也。日月，情之柱也。君臣、父子、兄弟、夫妇、朋友，情之序也。诗书、礼乐、政事、文学，情之著也。忠臣、孝子、义夫、节妇，情之树也。风云雨雪、山川道路、鸟兽虫鱼、卉木花草，情之具也。春夏秋冬、寒暑昼夜、治乱兴衰、富贵贫贱，情之遇也。饮食醉饱、死生老少、离合悲欢、往来施报，情之绪也。惟天地有情，故万古有常而不改其度[1]；惟人物有情，故万类有生而各得其趣[2]。性不可见，于情见之；心不可见，于情验之。无情则为死灰、为槁木、为顽石、为盗贼、为虎狼、为鬼蜮而人理几乎熄。然则，情之所系大矣哉！作情释。

——据《松心文集》卷二。《清代诗文集汇编》533册，上海古籍出版社，2009年据清道光咸丰间刻张南山全集本影印，页438。

注释

［1］万古：犹万代、万世，年代久远。《北齐书·文宣帝纪》："（高洋）诏曰：'朕以虚寡，嗣弘王业，思所以赞扬盛绩，播之万古。'"　［2］万类：犹万物。齐己《萤》："透窗穿竹住还移，万类俱闲始见伊。"

评析

诗主性情，自古以来皆然，但对于性情的理解，各不相同。为了揭示其内在意涵，张维屏有《情释》之作，阐明其见解。这篇短文释情，从天地、宇宙、日月，说到人类社会中的君臣、父子及诗书、礼乐，乃合天地人物而成的一个“情”字。就整体上看，其所谓情，既为天地、宇宙、日月之所规范，又随着天地、宇宙、日月的变化而呈现出各种不同的姿态。其所谓情，既是一种规矩，或者秩序，又是一种相感之气。所以说：天地有情，万古有常；人物有情，万类有生。这是天地人物之间，最大的一个“情”字。张维屏以此为核心，建造其崇尚自然的诗学观。

千万人与一人

松心子曰：千万人不能为者，一人为之。[1]三代以上[2]，如尧禅舜，舜禅禹，禹治水，稷教稼，契明伦，文王三分有二服事殷，周公辅成王，作周礼，孔子为政三月鲁大治，修《春秋》而乱臣贼子惧，孟子距杨、墨，崇仁义黜利是也。三代以下，如蔺相如完璧归赵，而回车避廉颇；项羽破强秦，而鸿门不杀沛公；留侯椎报韩，而为老人进履；武侯佐先主定蜀、七擒孟获，六出祁山；关壮缪扶汉鼎，讨汉贼，威震华夏，曹操欲迁都以避；陶渊明不仕宋，当佛教盛行之时，攒眉不入莲社；张睢阳守孤城，保障江淮，城陷死之；郭汾阳中兴唐室；韩昌黎辟佛，谏迎佛骨；赵普佐太祖，收藩镇兵权；寇准澶渊却契丹；岳忠武以背嵬骑五百破兀术十馀万；文文山饿七日不死，守义三年，从容殉节；于忠肃能战能守，而也先送英宗归；王文成平宸濠，不居功；杨忠愍疏劾严嵩十大罪，杨忠烈疏劾魏忠贤二十四大罪是也。此之谓大人，此之谓豪杰，此之谓志士，此之谓社稷臣，此之谓大丈夫。

——据张维屏《听松庐文钞》。《国朝诗人征略》，中山大学出版社2004年12月版，页860。

注释

［1］千万人不能为者，一人为之：此为松心子评茶村语。松心子，张维屏号；茶村，杜濬号。杜濬（1610—1686），原名绍先，字于皇，号茶村，又号西止，晚号半翁，湖北黄冈人。崇祯十二年（1639）乡试副榜。刻意为诗，并擅论史。有《变雅堂集》行于世。曾曰："天下事不患无千万人，患无一人。"并曰："士读《四书》，以为此场屋题目耳，求其读而自考自讼，恭行是务者，千百人无一人。"两句话均出自《变雅堂集》（据《国朝诗人征略》二编卷四"杜濬"条转引）。张维屏阐释千万人与一人的历史观取材于此。　［2］三代以上：三代是夏、商、周三个朝代的合称，又称夏商周。《论语》（卫灵公第十五）："斯民也，三代之所以直道而行也。"

评析

张维屏这段话，引自他所撰《听松庐文钞》。题目为编者所加。这段话通过列举三代以上及三代以下一批重要人物所做的千万人不能为而自己能为的事情，以及其在历史上所发挥的作用，说明千万人不能为者，一人为之。一人是办成天下事的关键，是历史的创造者。这是从历史经验的总结中得出的结论。所以，直至最后，张维屏又说，能够充当这一历史重任的，就是所谓大人、豪杰、志士、社稷臣，也就是大家所推崇的大丈夫。这段话为杜浚史观作阐释，实际也是他个人史观的表述。《艺谈录》卷上"杜浚"条，不再转述上述对于杜浚史观所作阐释的这段话，而在杜浚语录下，用一句话加以说明。谓："此言似奇实确，做事虽千万人，其实主意出自一人也。"（《松轩随笔》）这段话简明扼要，使得千万人与一人的历史观显得更加突出。

《松心诗集》序

人有性情，诗于是作。志发为言，声通于乐。波澜须才[1]，根柢在学[2]。肆必先醇，苦乃得乐。作者牛毛，成者麟角。仆非曰能，寸心是托。得失自知，疾病自药。后有桓谭[3]，岂能豫度？嘉庆二十有五年，岁次庚辰夏五月。番禺张维屏。

——据《松心诗集》卷首。《全集》（二），页1。

注释

[1] 波澜：波浪、波涛，比喻文章气势壮阔。杜甫《追酬故高蜀州人日见寄》："文章曹植波澜阔，服食刘安德业尊。" [2] 根

柢：基础、根基。　［3］桓谭：字君山，东汉哲学家、经学家，沛国相县（今安徽濉溪）人。擅长经学和音乐。曾任职奉车郎中，陪侍汉成帝出祠甘泉、河东，著《仙赋》。王禹偁《偶题三首》（其一）："贾谊因才逐，桓谭以谶疏。"

评析

序文突出"性情"二字，简洁明了。而性情就是在于内心的志。正如《诗大序》所云："在心为志，发言为诗。"这是张维屏诗学理论创造的依据。志发为言，内在的性情，表现为外在的语言文字；声通于乐，声成文，谓之音，声与音依据一定的组合规则，构成乐曲。这当中，才与学，各有不同的功能及作用。才就是才华，是能够起伏变化的一种本领；学则为平日的不断积累和增添，是才华表现的基础。才与学，有如酿酒一般，务必首先求得真醇，才能够苦尽甘来。几句话，说明了张维屏的见解，集中体现了他的诗学主张。他以为，诗与性情，性情在先，诗摆第二位。这是对于诗的总观感，亦即其诗学观的核心。诗主性情，即为创作主体心志的内在意涵。

《国朝诗人征略》初编自序一

国朝文治昌明，人材辈出。名臣名儒，后先相望。即以诗论，自朝廷以逮闾巷，其间扬风扢雅[1]，鼓吹休明[2]，或为有德之言，或擅专家之业，云蒸霞蔚，富有日新，彬彬乎称依永和声之盛焉。屏赋性颛愚，寡所嗜好。暇日辄喜诵古人诗。诵其诗欲知其人，而其人生平事迹，大都散见于诸家文集及志乘说部诸书，爰即流（浏）览所及，随意录之。篇幅稍繁者，节录之。或见其事未见其诗，或偶见其诗而未遇会心者，姑缺之。岁月既积，卷帙遂增。思于纂述之馀，用广兴观之助，因厘为十卷，名曰《国朝诗人征略》。一日有客过余，览之曰："书中所载，多名臣名儒，而概以诗人称之，可乎？"余瞿然曰："微子言，余亦疑之。虽然，尝征诸古矣。"毛诗孔疏云："诗人览一国之意，以为己心，所言者诸侯之政，故谓之风；诗人总天下之心，以为己意，所言者天下之政，故谓之雅。观孔疏所称，诗人则周公、召公、卫武公、尹吉甫皆在其中矣。盖以人言，则智愚贤否，等有不齐；以诗言，则凡作诗之人，皆得谓之诗人。诗以人而重，人不以诗而轻也。"客曰："善。"越日，客复过余曰："《文心雕龙》言：'赋者，受命于诗人。'又言：'《离骚》，轩翥诗人之后[3]。'是皆合风、雅、颂之诗人而通称之，亦可为是编之一证也。"客既去，余并书于卷端，以质诸博雅君子[4]。嘉庆二十有四年（1819）岁次己卯夏四月番禺（禺）张维屏。

——据《国朝诗人征略》初编自序一。《国朝诗人征略》，中山大学出版社2004年12月版，页5-6。

注释

［1］扬风扢雅：品评诗文。赵翼《廿二史札记》（卷三十）：

“诸人尝寓其家，流连觞咏，声光映蔽江表。此皆林下之人扬《风》扢《雅》，而声气所届，希风附响者，如恐不及。” ［2］鼓吹休明：鼓吹，宣扬、吹嘘、吹捧，引申为捧场、怂恿。休明，美好清明。用以赞美明君或盛世。谢朓《始出尚书省》：“惟昔逢休明，十载朝云陛。” ［3］轩翥（zhù）：龙翔凤翥，喻飞举貌。屈原《远游》：“雌蜺便娟以增挠兮，鸾鸟轩翥而翔飞。” ［4］博雅：广博、高雅。谓学识渊博，品行端正。《后汉书·杜林传》：“博雅多通，称为任职相。”

评析

这是张维屏《国朝诗人征略》中的第一篇自序，序文中，张维屏明确表示，他编纂《国朝诗人征略》旨在为国朝诗人立传，并在序文中对于诗人的身份进行确认。编中所载，多为名臣、名儒，为何一概以诗人名义称之？友人也曾提出这样的质疑。因此，他特地在序文中作了回答。他说，他的这一做法，自古以来已有先例。这就是《毛诗》、孔疏所提供的例证。

《毛诗》、孔疏，一指齐、鲁、韩、毛四家传诗当中毛亨、毛苌对于诗的解释与传承；一指孔颖达疏《毛诗正义》。二者说诗，以及其对于诗人身份的确认，是张维屏立论的依据。因此，张维屏这篇自序牵涉到两个方面的问题：诗人与政治家的关系问题，以及风、雅与政事的关系问题。前者表示对于诗人身份的认同，后者集中体现他崇尚风、雅的诗学观。

崇尚风、雅，是中国读书人的一种传统。中国历来的文论和诗论，大都秉承这一传统。张维屏崇尚风、雅的诗学观，明确体现在他所编纂《国朝诗人征略》的宗旨上，同时，他的诗歌创作实践也体现这一观点。

《国朝诗人征略》初编自序二

海内诗人众矣，诗集繁矣。兹编所录，不过千百之十一。然百数十年以来，心藏心写，师事友事之人，大半略可考见。且意在知人，本非选诗。其中或因题，或因事，或已所欲言，或人所未言，意欲无所不有，不专论诗之工拙也。回思在楚五年，每当簿书迷闷之馀，风雨萧寥之会，开卷有益，聊以自娱。论者谓增广闻见[1]，陶冶性灵[2]。均有裨助，因怂恿付梓。旋里四载，刻至六十卷。续有所得，随时增补。拙著四种，间附数条，借以就正有道焉。道光十年（1830）二月维屏再识。

——据《国朝诗人征略》初编自序二。《国朝诗人征略》，中山大学出版社2004年12月版，页7。

注释

［1］增广闻见：增加见识，拓广知识领域，包括知识及经验。黄宗义《再辞张郡侯修志书》："不然，则见闻固陋。" ［2］陶冶性灵：谓怡情养性，给人的思想、精神及情感以有益的影响。杜甫《解闷十二首》（其七）：" 陶冶性灵存底物，新诗改罢自长吟。"

评析

这是《国朝诗人征略》初编的第二篇序文，作于道光十年（1830）二月初编付梓之时。第一篇序文作于嘉庆二十四年（1819）四月初编撰成之时。其间相隔十一年。序文一在于为《国朝诗人征略》正名，序文二论说编纂宗旨。正名问题，在于诗人身份的确定，已见“初编自序一”所述。这里说宗旨，就序文二所言，《国朝诗人征略》的编纂宗旨，大致可概括为两句话：一为意在知人，本非选诗；另一为增广闻见，陶冶性灵。两句话中，前者是一种历史观的体现，后者说个人的修养。以下试逐一加以说明。

意在知人，本非选诗。为什么说这是一种历史观的体现呢？因为张维屏所说知人，实际上在于论世，在于通过为诗人立传，达到论世的目标，也就是知人以论世。而他对于世的所谓论，就是一种历史的书写。具体讲就是，通过传中诗人的众多人士之可考见的事迹、言论所作的记录，以表达自己的历史观，体现自己对于历史的识见。这就是知人的意涵。相对于知人，选诗则被列居次要地位。但是，选诗的功用，并不完全被削弱。因为编纂者眼光独到，对于诗歌欣赏、鉴别及选择往往别有会心。所以，凡采择名篇佳句，仍然有助于知人，有助于编纂者对于诗歌发展的历史书写。

增广闻见，陶冶性灵。有关个人修养，指的是通过读诗、诵诗，满足内心修养的需求。孔夫子说：“古之学者为己，今之学者为人。”（《论语·宪问》）为己、为人，或者为着自身的修养，或者为着流芳百世，历来读书人尽皆如此。就编纂者而言，意在知人，本非选诗，应当较为偏重于为人，而增广闻见、陶冶性灵，应当较为偏重于为己。这一点，编纂者心里应该很明白。而作为读者，有的偏重于编中的某些名篇佳句，有的偏重于诗歌历史的发展与演变，这是可以理解的。

两个方面的目的，合而观之，就是张维屏编纂《国朝诗人征略》的宗旨。

复翁覃溪先生[1]

维屏顿首夫子函丈：惠书及诗，感荷无量。长者训辞，敢不敬听。蓬心欲飞[2]，橘性无定[3]。竖一指禅[4]，不能无疑。意之所至，请纵言之。春夏秋冬，天有四时。青黎赤白，土有五色。箕则好风，毕则好雨。壁则主文，奎则主武。气从天来，横亘太空。为虹为霓，有雌有雄。气从地出，鼓以大力。为潮为汐，有呼有吸。五岳虽高，不能限山。匡庐天台，岩岫回环。四海虽大，不能限水。彭蠡洞庭[5]，灏溔无涘。神龙之而腾天跃渊，缩而成寸，妙又能潜。丹凤九苞[6]，不得而见。罗浮彩蝶，见者称善。眠蚕食桑，吐而为丝。桑何以丝，蚕不自知。游蜂采花，酿而为蜜。花何以蜜，蜂亦不识。横目直鼻，同此位置。如何人貌，绝少相似。虞舜重瞳，项羽重瞳。目同心异，仁暴不同。重耳骈胁，廷凑骈胁。使生同时，必不相协。环肥燕瘦，凫短鹤长。强此就彼，必至两伤。千门万户，宫号建章。若求安神，深闺洞房。三牲五鼎，方丈罗列。但欲适口，殽温饭热。甘辛酸咸，味调乃精。金石丝竹[7]，音谐乃成。汉魏唐宋，递嬗递更。中有不更，至性至情。李杜韩苏，面目各异。中有不异，真意真气。素绚悟礼，磋磨悟诗。无固无执，有信有疑。规矩绳墨[8]，先学古人。后贵有我，万法一身。盍各夙闻，率尔应恕。敬问起居，伏惟崇护。

——据《听松庐骈体文钞》卷一。《清代诗文集汇编》533册，上海古籍出版社，2009年据清道光咸丰间刻张南山全集本影印，页526。

注释

［1］翁覃溪：翁方纲。见第2页注释①。 ［2］蓬心：比喻知识浅薄，不能通达事理，后亦常作自喻浅陋的谦辞。《庄子·逍遥游》："今子有五石之瓠，何不虑以为大樽而浮乎江湖，而忧其瓠落无所容，则夫子犹有蓬之心也夫。"成玄英疏："蓬，草名。拳曲不直也……言惠生既有蓬心，未能直达玄理。" ［3］橘性：橘树的习性。骆宾王《早发诸暨》："橘性行应化，蓬心去不安。" ［4］一指禅：佛教禅宗用语，或谓一指头禅，喻万法归一。宋俱胝和尚向天龙和尚询问佛教教义，天龙竖一手指，俱胝立即大悟。此后凡有人向其求教，亦常竖一指。临死前谓众人曰："吾得天龙一指头禅，一生用不尽。"见《景德传灯录·俱胝和尚》。 ［5］彭蠡：即彭蠡湖，一说为鄱阳湖古称。位于江西省北部，为中国第一大淡水湖。 ［6］丹凤：头和翅膀上的羽毛为红色的凤鸟。元稹《桐花》："丹凤巢阿阁，文鱼游碧浔。" ［7］金石丝竹：金，指金属制的乐器；石，指石制的磬；丝，指弦类乐器；竹，指管类乐器。泛指各种乐器，也形容各种声音。《庄子·外篇·骈拇》："多于聪者，乱五声，淫六律，金石丝竹黄钟大吕之声非乎？而师旷是已。" ［8］规矩绳墨：规、矩，校正圆形、方形的两种工具；绳墨，木匠画直线所用的工具。多比喻标准法度。

评析

张维屏与翁方纲关系密切，苏斋会面之后，两人诗书往来不断。他们经常就有关文学主张及诗学见解展开讨论。

这封信从天地间的四时、五色说起，以为风雨、虹霓及潮汐、山水，皆自然生成，不为所限；神龙腾跃、能缩能潜，以及丹凤九苞、不得而见，亦其本性之体现；蚕之吐丝、蜂之酿蜜，虽不知不识，亦不妨碍其眠食与采集。这一切都各有其存在方式。这是书信所说第一层意思。接着，由天地间物象说到社会上的人物、世相及金石丝竹，以为横目、直鼻，同此位置，人的面貌，绝少相似，其间，递嬗递更，面目各异，但只有至性至情，始终不变。这是书信中所纵言的见解和主张。相比之下，这和翁方纲的见解和主张有明显的不同。翁方纲将儒家经籍和学问看作诗歌创作的根本，主张以经术为诗，而张维屏这里却明显强调“至性至情”“真意真气”是诗歌的首要品质。

不过，张维屏与翁方纲尽管在诗学见解、诗学主张方面意见有所不同，但张维屏对于翁方纲仍然十分推崇，对于他所作诗也十分维护。在《国朝诗人征略》中，张维屏曾指出：“《复初斋集》中诗，几于言言征实，使阅者如入宝山，心摇目眩。盖必有先生之学，然后有先生之诗。世有空疏白腹之人，于先生之学曾未窥及涯涘，而轻诋先生之诗，是则妄矣。”（《国朝诗人征略》初编卷三十四，页502）可见，张维屏对于翁方纲仍然大加颂扬。

复龚定庵书

定庵先生足下：得手书，知体履安善，甚慰。书中奖饰逾量，弗克当。大作《诗人征略序》，气体高妙，此书已有自序，他时续刻，当弁诸卷首。

屏始闻人言足下狂不可近，及见足下，乃温厚肫笃[1]，人言固未可信也。来书谓（平生）无一篇与人论文书，以此自负，屏不以为然。足下将谓并世无可与谈古文者耶？抑善易不言易之意耶？屏谓工文者不必以论文为贵，亦不必以不论为高。春鸟秋虫，欲鸣则鸣，顺其自然可耳。且人之文，即人之言也。古圣哲尝论之矣。《易》曰：修辞立诚。《书》曰：辞尚体要。《诗》曰：有伦有脊。《春秋》传曰：言之无文，行而不远。《论语》曰：辞达而已矣。是皆论文之精言也。韩柳诸人尤详言之，后人似无可置喙。然文之是非利病，日出而不穷。今之为古文者，其病约有两端：一曰陈言。八家体貌，袭其毛皮；时文句调，摇笔即至。习见之辞，通套之语，叠床架屋，肉腐羹酸。此一病也。一日赝古。欲避凡庸[2]，高自标许。窜典摹诰，规周仿秦，艰深其辞，诡僻其字，有形无神，有人无我。此又一病也。至若以考据为文，几类钞胥[3]；以藻采为文，贻讥鞶帨[4]。又或矫枉太甚，毛去存鞹，肉削露筋，瘦将及枯，清而近薄，重性虺缪[5]，过偏失中。有能尽捐诸累，成一家言者，吾见亦罕矣。然欲由康庄，自有轨辙[6]。本诸身以立其诚，准诸经以定其则，考诸史以验其迹，征诸子以观趣，博诸集以会其通，察诸人情物理以穷其变。不执成见，不囿偏隅，随感而通，因物以付。如风行水，如水行地，以是言文，其庶几乎？仆第知之，非曰能之。昔老友徐芗甫能为古文，穷困以死，其业未成。徐君殁十馀年，而获交恽子居，相见无几，一别永诀，言之于邑。恽君殁又十馀年，而获交足下。子居与足下，皆昌黎所谓能自树立不因循者。子居逝矣，其文必传名山，盛业又当为足下期之。

久不谈文，聊因来书所云，略举古今是非利病，质诸足下，足下得无谓仆饶舌耶？

林月亭，番禺孝廉。其著述实事求是，其为人盖博闻强识，而让敦善行而不怠者也。近日桐城姚石甫、江宁梅伯言、嘉应温伊初皆以古文鸣。石甫、伯言之文，不知刻否？伊初已刻初稿，其文颇能自达。所见香山黄子，实以诗鸣，其所著《虎坊杂识》颇讲求有用之学。

去人即发，未尽欲言。北地严寒，惟为道保爱不备。维屏顿首。

——据《花甲闲谈》卷六。《全集》（三），页395–396。

注释

［1］温厚肫（zhūn）笃：温柔敦厚，诚恳朴实，泛指待人态度。“肫”同“纯”。《三国演义》（第十回）：“太守陶谦，字恭祖，为人温厚纯笃。” ［2］几庸：《全集》版作“几庸”，疑为凡庸。《史记·绛侯周勃世家》：“绛侯周勃始为布衣时，鄙朴人也，才能不过凡庸。” ［3］钞胥：专事誊写的胥吏、书手。讥笑抄袭陈言，不能自出新意的人。姚鼐《孙渊如观察万卷归装图》：“自兴雕板易钞胥，市册虽多乱鲁鱼。” ［4］鞶帨（pán shuì）：腰带和佩巾，喻雕饰华丽的辞采。刘勰《文心雕龙·序志》：“饰羽尚画，文绣鞶帨。离本弥甚，将遂讹滥。” ［5］重惿（pī）𫍲（yì）缪：指谬

误重出。左思《魏都赋》："兼重悂以貤缪，偭辰光而罔定。"李善注："言既重其悂，而又累其缪也。"悂，音纰，错谬也（《康熙字典》）。缪，纰缪，错误。［6］轨辙：车轮碾过的痕迹，喻规范、途径。王充《论衡·自纪》："何文之察，与彼经艺殊轨辙也。"

评析

道光十一年（1831），张维屏五十二岁。居家候命。九月间，龚自珍致函论文。冬，张维屏复龚自珍书。龚自珍以不与人论文而自负，张维屏与他针锋相对，说工于文者，不必以论文为贵，亦不必以不论文为高。以论对不论，用以纠正龚自珍的偏颇，这是反面的批驳。同时，张维屏进一步于正面立论。以春鸟秋虫之鸣，比喻人之发言及人之为文，最终得出顺其自然的结论。张维屏的答复，于理于情，都说得十分周至。

◆附录：龚自珍《与张南山书》

自珍二十年所接学士大夫，心所敬恭者十数子。识我先生晚。先生于平生师友中，才之健似顾千里；情之深似李申耆；气之淳古似姚敬堂；见闻之殚洽似程春庐。偻指自语：何幸复获交此人！

手书至，若以仆为可语者，雒诵不厌，袭而藏之，与诸师友手墨置一箧中，以旌子孙。藉知近状安善，改掣江西，距家盖近。世兄英英頎頎，谭次书味安祥，又知其工杂体文，善倚声，不愧骥子。《诗人征略》一书，读之大憙，竟命笔伸纸作一序文。惟拙书欹斜，不能庄缮一通，聊用稿本寄左右。

承询述作，近居京师，一切无状，昌黎所谓"聪明不及于前时，道德日负其初心”，二语足以尽之。文集尚未写定，此时无可言者。惟将来写出，有一事欲与古人争胜，平生无一封与人论文书也。自负之狂言，为先生发之。

闻阮尚书云有林伯桐者，美才也，而又朴学，其述作若何？乞示知。其穷达又若何也？顺承动定。不宣。弟龚自珍三顿头四千里外南山先生史席。时辛卯九月望。

魏君源居忧吴门，其所著《诗古微》，颇悔少年未定之论，闻不复示人。弟已迁居烂面胡同北头路东，惠书勿误。

——据《花甲闲谈》卷六附录龚自珍《与张南山书》。《全集》（三），页394-395。

沈德潜[1]

沈文悫公论诗及所选别裁诸集，自好高爱奇者观之或有嫌其近平熟者，抑知好高爱奇或出于独嗜而失之偏，或暂足惊人而不能久。平心而论，究不若文悫所见为出于中正和平[2]，使学者有轨辙可循而流弊尚少也。

——据《听松庐诗话》。《国朝诗人征略》，中山大学出版社2004年12月版，页440。

注释

[1] 沈德潜（1673—1769）：字碻士，号归愚，江苏长洲（今

江苏苏州）人。乾隆元年（1736），荐举博学鸿词科。乾隆四年（1739），以六十七岁高龄得中进士，授翰林院编修。历任侍读、内阁学士、上书房行走。乾隆十四年（1749）升礼部侍郎，乾隆二十二年（1757）加礼部尚书衔。乾隆三十年（1765），封光禄大夫、太子太傅。乾隆三十四年（1769）病逝，赠太子太师，谥文悫。论诗主格调，提倡温柔敦厚诗教。著有《沈归愚诗文全集》，并有《古诗源》《唐诗别裁》《明诗别裁》《清诗别裁》等行世。　［2］中正和平：形容乐音和平中正，引申为不偏不倚、中正平易。《礼记·乐记》："今夫古乐，进旅退旅，和正以广。"郑玄注："和正以广，无奸声也。"

评析

清代诗学，包括神韵说、格调说、性灵说、肌理说四大理论体系、四个诗论流派，代表人物分别为王士禛、沈德潜、袁枚和翁方纲。在《国朝诗人征略》《艺谈录》及相关序跋中，对于这四大理论派别，张维屏均有所谈及。其中，沈德潜与袁枚是乾隆、嘉庆之际两大诗学流派格调派和性灵派的代表人物。

沈德潜论诗主格调，提倡温柔敦厚。他所说的格，是"不能竟越三唐之格"（《说诗晬语》卷上）。张维屏《国朝诗人征略》初编卷三十"沈德潜"条，据《沈文悫公自订年谱》对沈德潜生平事迹包括仕途的升迁作了较为详尽的介绍。此外，张维屏并据《湖海诗传》《词科掌录》《群雅集》《国朝诗萃》及自著《听松庐诗话》对沈德潜诗学成就及诗坛地位作论定。这段话肯定沈德潜选诗论诗的识见，谓其中正和平，又有规则可遵循。

袁枚[1]二则

子才为人，近于纵情逸志，然其所为古文，每有切中事理[2]、洞达物情者[3]，又不可以人废言也。

——据《松轩随笔》。《国朝诗人征略》，中山大学出版社2004年12月版，页446。

注释

［1］袁枚（1716—1798）：字子才，号简斋，别号随园老人，时称随园先生，浙江钱塘（今浙江杭州）人，祖籍浙江慈溪。乾隆三年（1738）中式举人。乾隆四年（1739）联捷进士第二甲第五名，选翰林院庶吉士。曾任溧水、江浦、沭阳、江宁等地知县。乾隆十九年（1754）休官养亲，不复为官，于金陵小仓山筑随园恬淡自居。追赠二品奉政大夫。讲求性情个性，提倡性灵说，反对拟古和形式主义流弊，与蒋士铨、赵翼并称“江右三大家”。 ［2］切中事理：符合事物的道理，合情合理。沈德符《万历野获编·乡试遇水火灾》：“刘欲毕试以完大典，俱审时度势，切中事理。” ［3］洞达物情：意谓对于人世间的各种事物都看得透彻明白。曹雪芹《红楼梦》（第五回）：“又有一副对联，写的是‘世事洞明皆学问，人情练达即文章。’”

评析

袁枚不赞成沈德潜所谓的格调，提倡性灵。他说：“自三百篇至今日，凡诗之传者，都是性灵，不关堆垛。”（《随园诗话》卷五）张维屏《国朝诗人征略》初编卷三十“袁枚”条，据《词科掌录》《惜抱轩文集》《澄清堂稿》《湖海诗传》及自著《听松庐骈体文钞》《松轩随笔》《听松庐诗话》等载籍，对袁枚为人、为学及诗学成就做了较为全面的评介。以上这段话说情和理的问题，肯定袁枚的古文创作，未及诗和诗论，说明张维屏对袁枚的性灵说并非十分肯定。

陈文述《舒铁云传》云[1]：乾隆、嘉庆之际，诗人相望。归愚守宗法，随园言性灵。君以奇博创获，横绝一世。余所识诗人众矣，必以君为巨擘焉[2]。

——据陈文述撰《舒铁云传》。《国朝诗人征略》，中山大学出版社2004年12月版，页1010。

注释

［1］舒铁云：舒位（1765—1816），字立人，号铁云，自号铁云山人，小字犀禅，直隶大兴（今属北京）人，生长于吴县（今江苏苏州）。乾隆五十三年（1788）举人。屡试进士不第，游食四方，以馆幕为生。博学，善书画，尤工诗、乐府，书各体皆工。作画师徐渭，诗与王昙、孙原湘齐名。有《瓶水斋诗集》《乾嘉诗坛点将录》等著作行世。［2］巨擘：巨头、巨子，喻杰出人才。《孟子·滕文公下》：“于齐国之士，吾必以仲子为巨擘焉。”

评析

沈德潜与袁枚，一个主格调说，一个主性灵说，这在当时基本上已经论定。张维屏对于沈德潜与袁枚及其所创立诗学流派，亦有自己的看法，他曾通过对于舒位的介绍表明自己的立场。舒位为乾嘉时期诗坛一位领袖人物，有《瓶水斋诗集》及《乾嘉诗坛点将录》等著作行世。张维屏《国朝诗人征略》二编卷四十三“舒位”条，采录陈斐之撰《乾隆戊申恩科举人拣知县舒君行状》，陈文述撰《舒铁云传》，以及张维屏所撰《听松庐诗话》《松轩随笔》等多种载籍，对于舒位的身世及生平事迹作评介。《艺谈录》卷上“舒位”条，对于以上诸项作了删减，仅存录陈文述撰《舒铁云传》的一段评语。在为舒位立传的同时，张维屏特别借用陈文述撰《舒铁云传》对当时诗坛的另外两位领袖人物沈德潜与袁枚进行历史性的论定。其中，陈文述《舒铁云传》这段话，以乾隆、嘉庆时期为背景，列论其时诗学流派。首先说归愚与随园，其次说舒铁云。以为，归愚守宗法，随园言性灵，旗鼓相当；而舒位则凭借他的奇博，横绝一世。最后得出结论，谓诗人众矣，必以君为巨擘。认为还应当称舒位为第一。这段话尽管主要在于替舒位立传，但张维屏的征引，却已从舒位一家拓展至整个诗坛。可见乾嘉之际，诗坛盛况。

王士禛[1]二则

阮亭先生诗，同时誉之者固多，身后毁之者亦不少。推其致毁，盖有两端：一则标举神韵，易流为空调；一则过求典雅即王爱好之说，**易掩却性灵。然合全集观之，入蜀后诗骨愈苍，诗境愈熟，濡染大笔[2]，积健为雄[3]，直同香象渡河，岂独羚羊挂角。识曲听真，要当分别观之。**

——据《国朝诗人征略》初编卷四附录《听松庐诗话》。《广州大典》第十四辑·自著丛书第十册，页613。

注释

［1］王士禛（1634—1711）：字子真、贻上，号阮亭，又号渔洋山人，山东新城（今桓台）人。死后因避雍正讳，改称王士正。乾隆赐名士祯。进士出身，康熙年间官至刑部尚书。工诗文，勤著述，著作有《渔洋山人精华录》《池北偶谈》等五百余种。［2］濡染大笔：沾湿大笔，写字作画，常用作对他人文章或书画的赞词。李商隐《韩碑》："公退斋戒坐小阁，濡染大笔何淋漓。"［3］积健为雄：日积月累，学深养到，指诗文内涵充实才能外显浩大。司图空《诗品·雄浑》："大用外腓，真体内充。反虚入浑，积健为雄。"

评析

王士禛与朱彝尊并称"南朱北王"，倡导神韵说，以司空图"不著一字，尽得风流"为作诗要诀［王士禛："表圣论诗有二十四品，予最喜'不著一字，尽得风流'八字。"（《带经堂诗话》卷三）］。王士禛提倡神韵，追求"言有尽而意无穷"的艺术效果，对于清初学宋诗而流于平直浅露的弊端起一定纠偏作用。但他过于强调言外的神韵，也给自己制造了弊端，他的诗论也因此受到诋毁。张维屏将他身后招致诋毁的问题归纳为两点：一为标举神韵，过分强调言外之意，缺乏具体内容，容易流于空泛；二为过分要求典雅，过分注重学养，容易掩盖性灵。对于后者，张维屏借用陆鎣《问花楼诗话》所载批评王士禛的话作为文中夹注，谓"即王爱好之说"［陆鎣《问花楼诗话》（卷三）载："赵秋谷《谭龙录》，为渔洋作也。秋谷尝从问声调，秘不相告，论诗又多异同，适有讥斥渔洋诗者有‘清秀李于麟’之目，嫌隙遂成。”又载：“余友顾兼翁大令，老于诗者，亦云：‘渔洋爱好，标格自新。’”据郭绍虞编选、富寿荪校点《清诗话续编》（四），上海古籍出版社1983年版，页2313－2314］。两个方面的论断，如从天分与学力的关系看，即可明显看出，前者较偏重于学力，以为学力没跟上去，而后者则较偏重于天分，担心性情被掩盖。两个方面，天分与学力，顾此失彼。这是张维屏对于王士禛神韵说的批判。不过，张维屏并非采取全盘否定的态度。他说，如就全集全面观之，王士禛入蜀后诗篇作得特别好。有诗骨，又有诗境，濡染大笔，积健为雄，简直和香象渡河一般，能够到达尽底，并不单单是羚羊挂角那么一点本事。据说有兔、马、香象三兽，俱渡恒河，“兔不至底，浮水而过；马或至底，或不至底；象则尽底”（《优婆塞戒经》卷一）。张维屏以之说王士禛入蜀后诗，可见评价之高，也说明对一个人的理论和创作不能一概而论，而当具体分析，区别看待。

渔洋诗一曰正宗，二曰典雅，三曰神韵。具此三长，众论以本朝诗坛第一坐推之，似亦当之而无愧。至其病处，则蒋心馀二语切中其失[1]。蒋论渔洋诗云[2]：“唐贤临晋帖，真意苦不足。”余谓真意者，骨髓也。无真意则所谓正宗、典雅、神韵，皆属皮毛。

——据《艺谈录》卷上附录《听松庐诗话》。《广州大典》第十四辑·自著丛书第十一册，页528。

注释

［1］蒋心馀：蒋士铨（1725—1785），字心馀、苕生、薹生，号

藏园，又号清容居士，晚号定甫，江西铅山人，祖籍湖州长兴（今浙江长兴）。乾隆二十二年（1757）进士，官翰林院编修。乾隆二十九年（1764）辞官后主持蕺山、崇文、安定三书院讲席。少与汪轫、杨垕、赵由仪并称“江西四才子”。诗学黄庭坚，与袁枚、赵翼并称“江右三大家”。所著《忠雅堂诗集》存诗二千五百六十九首，存于稿本之未刊诗达数千首。 ［2］蒋论渔洋诗：蒋士铨《忠雅堂集》卷二十六有《论诗杂咏》三十首。其论王诗曰：“兰麝绕珠翠，美人在金屋。若使侍姬姜，未免修眉蹙。唐贤临晋书，真意苦不足。”

评析

张维屏在《国朝诗人征略》中对王士禛的论断，包括诗歌理论及诗歌创作，合而观之，有贬有褒，评价并不算低。而在《艺谈录》中，则偏向于贬。以上这段话论王士禛的诗，以一“真”字否定王士禛的三才，动摇王士禛当时诗坛第一把交椅的地位。除此以外，张维屏还用他旧时所作题渔洋集句二句附录编中，表明对于王士禛的诗的看法。二句云：“一代正宗兼典雅，开编惟觉地名多。”更带贬义。

翁方纲[1]

覃溪先生精心汲古，宏览多闻，于金石谱录书画碑版之学，尤能剖析毫芒[2]，如肉贯弗[3]。生平论诗，谓渔洋拈神韵二字固为超妙，但其弊恐流为空调，故特拈肌理二字，盖欲以实救虚也。《复初斋集》中诗，几于言言征实，使阅者如入宝山，心摇目眩。盖必有先生之学，然后有先生之诗。世有空疏白腹之人，于先生之学曾未窥及涯涘，而轻诋先生之诗，是则妄矣。

——据《国朝诗人征略》初编卷三十四附录《听松庐文钞》。《广州大典》第十四辑·自著丛书第十一册，页72。

注释

［1］翁方纲：见第2页注释①。　［2］剖析毫芒：分割剖析毫毛芒刺，形容剖析细微透彻。《文子·道原》："深闳广大，不可为外；析毫剖芒，不可为内。"　［3］如肉贯弗：弗，指串物烧烤的铁签状器具，通串，有贯穿的意思。韩愈《赠张籍》："试将诗义授，如以肉贯弗。"

评析

这段话称赞翁方纲精心汲古，宏览多闻，是一位大学者。翁方纲主肌理说，主张以学为诗，在理论上为着纠正王士禛神韵说的偏差。翁方纲以为，神韵二字固为超妙，但其弊恐流为空调，意见与张维屏一致。翁想以实救虚，弥补渔洋的缺陷。他的诗言言征实，无一字无来历。不能轻易否定。在天分与学力的问题上，张维屏和翁方纲持同样观点，两人都不喜欢空疏。但张维屏的看法明显有回护师尊之意。

鲍桂星[1]

觉生述其师吴澹泉之言曰[2]：诗之有格，犹射有鹄，工有规矩。入格则为诗，不入格则不可以为诗。不入格之诗，其工者骈俪文耳，其奥者古赋耳，其妍者词耳，其快者曲耳，其朴直者语录耳，其新颖者小说耳，其纡曲委备者公牍与私书耳。觉生颇以为然。余谓诗安有定格哉，但有真才真学真性情，其诗自有佳处。然世人为诗，亦实有蹈此数病者，则澹泉之言不可泥，亦不可不知。

——据《国朝诗人征略》二编卷五十一引《听松庐诗话》。《广州大典》第十四辑·自著丛书第十一册，页398。

注释

［1］鲍桂星（1764—1824）：字双五，一字觉生，安徽歙县人。嘉庆四年（1799）进士，授编修，官至詹事府詹事、文渊阁直阁事。少从吴澹泉学诗文，后师从姚鼐。有《觉生诗钞》《咏史诗钞》等行世。　［2］吴澹泉：吴征君，号澹泉，安徽歙县人。生卒年不详。方浚师《蕉轩随录》："歙吴澹泉征君（定）为诸生，久困场屋，受学桐城刘海峰学博，得文章宗派。平生法守程、朱，尤邃于《易》。……著有《紫石泉山房》等集，鲍双五侍郎为之刊刻。"

评析

这段话针对鲍桂星的老师吴澹泉的诗格论发表自己的意见。吴澹泉说，诗要入格。这个格，笼统地讲是一种规矩。比如形式格律，包括平仄、押韵等。但这里所说格，应当还有更深一层的含义。这里将诗和其他文体作比较，包括骈俪文、古赋、词、曲、语录、小说，以及公牍与私书，已经牵涉到不同文体的创作问题。说明吴澹泉所说的格，是一定的规格，不单单是规矩。这是就各种文体创作的不同要求所提出的意见。张维屏表示不同意。他以为诗无定格，只要有真才、真学、真性情，诗自然能作好。但他仍然承认，澹泉的话并非没道理，作诗的人也不能不知道。

王锡[1]

百朋《丁卯中秋》诗云："去岁中秋节，灯前病剧身。黄昏正风雨，白首独酸辛。此日全微命，高堂失老亲。不如垂死处，尚见倚闾人。"至性至情，一涌而出，篇法句法，俱造浑成。虽古人见之，亦当心折[2]。

——据《国朝诗人征略》初编卷二十引《听松庐诗话》。《广州大典》第十四辑·自著丛书第十册，页742。

注释

[1] 王锡：字百朋，仁和（今浙江杭州）人，诸生，生卒年不详。为毛奇龄高足弟子。康熙四十六年（1707）帝南巡，曾献诗。沈德潜得其诗集，不禁击节叹赏，曰"作者古今体诗俱有家数，即入西泠诸子中，亦为上驷"（《清诗别裁集》卷二十一）。阮元称"诗格纯正，颇近唐人"（《两浙輶轩录》）。著有《啸竹堂集》十六

卷。 ［2］心折：衷心佩服。《明史》（卷二八七·文苑列传三·茅坤列传）："坤善古文，最心折唐顺之。"

评析

王锡有《啸竹堂集》。张维屏赞赏他的《丁卯中秋》诗，谓其至性至情，一涌而出，除了赞赏性情之真，真到了极顶（至），还赞赏他的表述，谓其一涌而出，俱造浑成。就是说王锡的诗构成一个整体，没有雕琢痕迹。对照他的作品，说去岁和此日，两相对比。去岁自己病得很重，在黄昏风雨中，独自显得悲苦；此日保全自己的生命，堂上双亲却已不在，不如当时，病中还能见到盼望"我"归家的人。去岁中秋，此日也是中秋。但物是人非，倚闾人已不见，其悲苦之情，可想而知。这就是说，性情要真，而且表达也要真，才能令人心折。

蒋士铨[1]

心馀先生诗，篇篇本色，语语根心[2]。不欲英雄欺人，不肯优孟摹古。言情而出以蕴藉，故无粗率之辞；用事而妙于剪裁，故无堆垛之迹。金银铜铁，镕为一炉，而不觉其杂；酸咸辛甘调于一鼎，而愈觉其和。无他，有我以主之，有气以运之故也。

——据《国朝诗人征略》初编卷三十七引《听松庐诗话》。《广州大典》第十四辑·自著丛书第十一册，页93。

注释

［1］蒋士铨：见第192页注释［1］。　［2］根心：出自本心。《后汉书·宋弘传论》："夫器博者无近用，道长者其功远，盖志士仁人所为根心者也。"

评析

蒋士铨，字心馀、苕生，江西铅山人。乾隆二十二年（1757）进士，官编修，有《忠雅堂诗集》。他在诗史上评价很高。张维屏说："袁子才以第一人自命，而以第二位置先生，然通观两集，袁诗多可惊可喜，而蒋诗则多可味。"（《听松庐诗话》）张维屏据袁子才所说，将袁与蒋并提，不仅第一、第二，说明地位崇高，而且所谓"多可味"，也耐人寻思。究竟蒋士铨的诗好在哪里？张维屏以为，好在语语根心、我以主之。表示他诗中所写，不欺人，不摹古。说他的诗，金银铜铁，镕为一炉，不觉其杂；酸咸辛甘调于一鼎，愈觉其和。这就是"多可味"的意思。为什么其诗能作得这么有味道？张维屏以为，没有别的原因，关键在于有我以主之，有气以运之。这就是诗中有我，有我作为诗篇的主宰。

附录

张维屏编年事略

题解

张维屏门人番禺金菁茅所撰《张南山先生年谱撮略》（以下简称《年谱》），记述张维屏自乾隆四十五年（1780）一岁至道光二十九年（1849）七十岁之行迹，为目前所见关于张维屏的最早的一部年谱著作。是编以之为底本，辑其本事，加以编纂。《年谱》据北京图书馆编《北京图书馆藏珍本年谱丛刊》第136册，北京图书馆出版社，1999年据咸丰间刻本影印。所采张维屏著作，据《张南山全集》，广东高等教育出版社，1993年及1994年排印本。此外，据《张南山全集》（四十册）听松庐藏，羊城西湖街富文斋刊印，香港大学图书馆藏。又据《清代诗文集汇编》（以下简称《汇编》），上海古籍出版社，2009年据清道光咸丰间刻张南山全集本影印；以及《国朝诗人征略》，中山大学出版社，2004年排印本。

乾隆四十五年（1780）　一岁

九月三十日，张维屏出生于广东番禺新城清水濠家中。

《松心诗录》卷六《清濠》诗云："生长清濠十九年，中间贤里向西迁。今朝又卜清濠宅，重话儿时一惘然。"自注："乾隆庚子，余生于清水濠。嘉庆戊午，迁居贤乐里。"

《年谱》："庚子九月先生生。"

李长荣《张维屏》："盖师生日在九月三十，生则群借菊觞祝于松庐，殁亦亲捧萸樽祝于柳堂也。"据《柳堂师友诗录》，《广州大典》第五十七辑·集部总集类，第26册，页483。

乾隆五十六年（1791） 十二岁

随父入馆学经。父应潘有度聘，至潘家任馆师。

《松心诗集》己集清濠集所收《述德》诗云："忆昔十二龄，我父授我经。馆于河之阳，屋外双桐青。"自注："河南潘氏。"

乾隆五十七年（1792） 十三岁

应番禺县童子试，名列榜首。知县吴象川赏其才，为之诵《毛诗序》："《南山有台》，乐得贤也。"闻名乡里。由此自号南山。

《听松庐诗钞》卷一《怀吴象川先生政达》云："番禺一都会，宰官吴隐之。鸣琴获清暇，结习耽文辞。贱子方丱角，操觚等遨嬉。试士千馀人，公曰此子奇。"

《年谱》："壬子先生十三岁应县试。县令吴公政达面试诸童，独称先生曰：奇童。即书楹联以赠云：品超凤阁鸾台上，笔濯冰壶玉椀中。款曰：南山友台。取《毛诗序》'《南山有台》，乐得贤也'之意。南山之号始此。"

同里方氏叹服其诗才，许嫁以女，遂聘方氏女。

《花甲闲谈》卷七《复程春海侍郎书》云："仆年舞勺，谬得虚名。山阴方翁家，有园亭，性好丝竹。齐眉偕老，绕膝十人。见余文辞，称为佳婿。倩媒达意，请择两妹。子平家言，老亲笃信。两妹虽好，八字弗谐。最后赤绳，乃属幼女。女名十姑，姿性明慧。初议婚于两姊，十姑甫及垂髫。尝见其侍立母侧，眉目娟秀，一笑嫣然。"

《松心诗集》甲集珠江集卷一《紫藤篇》序云："余年十三聘方氏女。越五载，将卜吉请期，而女以哭母病殁。其兄以女小像及手临洛神一纸属余藏之。"

乾隆五十九年（1794） 十五岁

赋诗《白云》。著《珠江集》。

《听松庐诗钞》卷一《白云》诗云："白云环北郭，钟梵昼沉沉。海国蛟龙气，仙山鸾鹤音。泉飞丹灶冷，苔积石坛深。欲觅安期枣，岩栖生道心。"咸丰四年（1854）甲寅，七十五岁，将此诗收归自选诗集《松心诗录》甲集珠江集卷一。并于古近体诗四十七首题下自注："起乾隆甲寅，时年十五。"

《年谱》："甲寅十五岁，有《珠江集》。集中诗始于是年。"

嘉庆二年（1797） 十八岁

入县学第一名。怀念恩师，作《怀吴象川先生政达》诗。

《年谱》："丁巳十八岁，入县学第一名。学使恭公泰。"

《听松庐诗钞》卷一《怀吴象川先生政达》云："勖我勤灌溉，养此干霄姿。别来四五载，齿发恐就衰。"

嘉庆三年（1798） 十九岁

春，游岭南，主讲粤秀书院。

迁居贤乐里。

《松心诗录》卷六《清濠》诗云："生长清濠十九年，中间贤里向西迁。今朝又卜清濠宅，重话儿时一惘然。"自注："乾隆庚子，余生于清水濠。嘉庆戊午，迁居贤乐里。"

嘉庆四年（1799） 二十岁

岁考一等三名补廪。读书过劳，患血痢，三年始愈。

《年谱》："己未二十岁，学使万公承风岁考一等三名补廪。"

《花甲闲谈》卷一《祷神显应记》载："嘉庆己未，屏患血痢。庚申疾甚，辛酉夏病危。"

《松心诗集》己集清濠集《述德》诗云："小子何所知，虚誉日以驰。无端患腹疾，血去几不支。"

嘉庆五年（1800） 二十一岁

撰《松心日录》。番禺金醴香于门下受业。

《年谱》："庚申二十一岁，撰《松心日录》。"

《新春宴游唱和诗》附录金菁茅《春游次南山诗韵》自注："茅于嘉庆庚申受业，迄今四十七载。"

嘉庆六年（1801） 二十二岁

夏，血痢病危。父为之祷神，得瘳。

《松心诗集》己集清濠集《述德》诗云："大母七十馀，爱孙如爱子。吾父有隐忧，忧儿病不起。儿病苟不起，必伤老母心。洁诚祷于神，敢望神鉴临。"

《花甲闲谈》卷一《祷神显应记》载："翌日屏病忽有转机，又数日先君得幼幼集成一书，中有鸦胆子方，如法服之，三年久病，一服而瘳。"

《年谱》："辛酉，病下血三载，加以肿胀，危极复安。文集中有《祷神显应记》。盖先生祖母为节母、父为孝子，故祷而获应也。"

秋，父炳文乡试中式成举人。

《花甲闲谈》卷一《祷神显应记》载："是秋，先君举于乡。"

嘉庆七年（1802） 二十三岁

土匪之乱，赋诗《佛子嶼》。

《听松庐诗钞》卷六《佛子嶼》云："山势盘凹形，人行作之字。磴道五百丈，欲登鼓其气。福地乃设险，仙灵有深意。一关森虎牢，众丑息蜩沸。"自注："壬戌土匪之乱，驻兵于此，贼不敢逼。"

嘉庆八年（1803） 二十四岁

娶金恭人。撰《松心日录》。

《年谱》："癸亥二十四岁，娶金恭人。撰《松心日录》。"

嘉庆九年（1804） 二十五岁

秋，乡试中式成为举人。撰《松心日录》。

《听松庐诗钞》卷八《奉酬程云芬编修同年见赠二首》（其二）云："十年前共掇秋香，君上云霄我道旁。东观书多藜许照，中流帆弱苇难杭。"自注："乡榜同甲子。"

《听松庐诗钞》卷八附录程恩泽《南山同年见示大集，灯下读之甚快，兼忆昼间情话，率成二律奉赠》（其二）云："西涯相见道前缘，缘在天涯十六年。昨日偶参金粟佛，今宵深拜蠹鱼仙。"自注："今夏始晤于西涯酒楼。"又注："甲子同乡举。"

《花甲闲谈》卷一《祷神显应记》载："甲子屏忝乡举。"

《年谱》："甲子二十五岁，乡试中式。主考陈公嵩庆陈公寿祺。撰《松心日录》。"

嘉庆十年（1805） 二十六岁

馆西城。

《听松庐诗钞》卷八《送子皋之任黄县》云："百岁谁能必，相依已十年。看云高阁外，冲雪大江边。聚散真关数，行藏各任天。销魂是离别，况复在幽燕。"自注："乙丑馆西城。"又注："丁丑同北上。"

嘉庆十二年（1807） 二十八岁

春，同潘伯临北上过九江。

《松心诗集》戊集黄梅集《癸未二月于役九江，忆丁卯春同潘伯临比部北上过此，今十七年矣，感而赋诗，即寄伯临》云：“廿年鸿爪费追寻，九派茫茫自古今。”

北上过庐山。

《松心诗录》卷七《六老堂》云：“初见匡君客路长，再寻庐岳鬓毛苍。”自注：“六老者，五老峰与朱子也。”又注：“丁卯北上过庐山。”

赋诗《长亭》。

《松心诗录》卷二《长亭》云：“春水荡朝霞，春城处处花。花香吹不散，飞入莫愁家。小阁芙蓉障，长亭玳瑁车。伤离休望远，芳草遍天涯。”题下自注：“嘉庆丁卯。”

赴京会试。

《松心诗集》乙集燕台集卷一《客路》云：“客路七千里，吾生廿八年。关心离骨肉，洗眼看山川。最喜重闱健，同称少妇贤。临行指新月，后会有团圆。”自注：“将由沙井入都。”

《松心诗集》戊集黄梅集《十一月之任黄梅》自注：“丁卯入都过此。”

《松心诗集》乙集燕台集卷二《长至泊赣关》云：“北地围炉忆朋旧，西江舣棹认关津。不辞去去云山远，祗觉腾腾岁序频。”自注：“丁卯，都中至日。”

四月，入都。

《国朝诗人征略》卷三十四附录《听松庐诗话》云：“嘉庆丁卯四月，屏入都，时覃溪先生罢官家居，海内骚坛归然鲁灵光也。顾朋辈中每言先生持论太严，门墙太峻，是以屏于先生门下，虽有渊源，未往请见。”

九月，拜访翁方纲。

《听松庐诗话》云：“九月一日，先生嗣君宜泉太史忽见访。

言：‘家君知子来已数月，曷为不往相见。’今日特命仆来奉约，明晨便往，勿迟也。屏诺之。翼日往见。”

《年谱》：“丁卯二十八岁入都。翁覃溪学士见先生诗大称赏，赋诗以赠。有句云：‘万壑笙钟处，千峰雨雪时。琅然鸾鹤语，卷外许谁知。’在都岁余。一时名流，相与过从酬唱。有《燕台集》。”

一日诣苏斋，翁方纲顾座客曰：“诗坛大敌至矣。”

《听松庐诗钞》卷八《哭覃溪先生四首》（其四）云：“保安寺近晓钟沉，通德门高曙色侵。学浅愧称强敌手，谈深弥见爱才心。曲终忍更闻邻笛，弦废谁能赏爨琴。共有老成凋谢感，羊昙何止涕盈襟。”自注：“屏一日诣苏斋，先生顾座客曰：‘诗坛大敌至矣。’”

《新春宴游唱和诗》附录金菁茅《春游次南山诗韵》（再叠前韵）云：“诗坛大敌著燕台，宦迹双凫五马来。江障黄梅惊浪息，洞探白鹿讲堂开。”自注：“师至苏斋，覃溪先生语人曰：‘诗坛大敌至矣。’”

嘉庆十三年（1808）　二十九岁

出都，兰雪送行。

《听松庐诗钞》卷五《吴兰雪博士嵩梁》云：“兰雪于为诗，天骨森万变。一气回鸿蒙，六丁走雷电。藏园有替人，西江辟生面。题襟缅高会，据鞍想酣战。京邸时过从，佳辰数谈宴。一篇赠远行，千秋托深眷。比闻哭母归，饥驱复异县。夜来听乌啼，我亦泪如霰。”自注：“戊辰出都，兰雪送行。诗有云：‘千秋把臂交原笃，一第登天事亦奇。’”

四月，出都南归。

《听松庐诗钞》卷九《归来》云：“昔年下第归来日，慈母偏怜失意人。今日归来逢弟妹，酒边惟有泪盈巾。”自注：“忆戊辰、辛未下第归，先慈每以好言抚慰，命置酒与弟妹共饮。”

《松心诗集》乙集燕台集卷一《戊辰四月出都，倪素之比部孟华、金艺圃驾部菁莪、潘伯临比部正亨、漆龙渊孝廉璘、刘三山孝廉华东俱有诗送行，留别二首》（其一）云：“凤城杨柳故依依，似向风前绊客衣。春梦一场云共散，乡心千里鸟同飞。醉中已觉车轮转，别后休教尺素稀。触热长途非得已，高堂书到有当归。”

夏，泛舟西湖。

《松心诗录》卷二《泛舟西湖》云：“天光碧若湖，湖光清似天。衣裳忽异色，我坐万绿中。”

《年谱》：“戊辰二十九岁，下第南还。有《白云集》。先生与林月亭、黄香石诸君筑云泉山馆于白云山。伊墨卿太守撰记，有七子诗坛之语。”

嘉庆十五年（1810）　三十一岁

冬，赴京会试。

《南昌舟次书怀一百韵》自注：“去冬偕月亭、益斋、醴香同舟北上。”

嘉庆十六年（1811）　三十二岁

赴试下第。

正月，北上过浙，重游西湖。与林伯桐、汪铭谦、金菁茅同游。

《听松庐骈体文钞》卷一（《汇编》）《初春游西湖记》载：“嘉庆辛未正月八日，北上过浙，重游西湖。”

《花甲闲谈》卷三附录金菁茅《雪夜宿西湖净慈寺，闻南屏晓钟》诗书后云：“此游为嘉庆辛未正月初八日。同游四人，尚有汪益斋铭谦。”

《松心诗录》卷六《西湖放歌》云：“名山五岳何时游？复来西

湖弄扁舟。”自注：“辛未同林月亭、汪益齐、金醴香来游。”

闰三月，再度赴试。翁方纲为作《粤东三子诗序》。

《听松庐诗钞》卷首翁方纲《粤东三子诗序》云：“今又三十馀年，而吾门陈荔峰于粤得张南山、黄香石二诗人，又因南山得见谭康侯之作，三子诗各有所就。粤中将刊此三集而问序于予，予方日与南山论诗，又得见香石诗话，持论皆正，恶可无一言所勖吾学侣。”

《年谱》：“辛未三十二岁入都。有《燕台二集》。下第南还。覃溪学士取先生诗合谭康侯、黄香石诗序之题曰粤东三子。撰《松心日录》。”

四月，春游。

《听松庐诗钞》卷八《游极乐寺，复由西顶至绣漪桥，望昆明湖，得诗四首》（其四）自注：“辛未四月，同林月亭、汪益斋、金醴香来游。”

夏，出都南返。

《听松庐诗钞》卷九《归来》自注：“忆戊辰、辛未下第归，先慈每以好言抚慰，命置酒与弟妹共饮。”

《松心诗集》乙集燕台二集《辛未下第出都，留别汪益斋庶常铭谦》云：“紫陌春迟未见花，转蓬身又出京华。此行一事君输我，瓜果筵开可到家。”

《听松庐诗钞》卷四《集苏斋呈覃溪先生，同用苏韵》云：“节过樱笋春将别，景到桑榆福是闲。欲学坐忘无慧业，雪鸿飞倦亦知还。”自注：“时将出都。”

《松心诗集》乙集燕台二集《夏日重游西湖》云：“一夕蒲团话，千峰雪未消。重来众香国，万绿似春潮。风过钟能啸，云飞塔欲摇。客肠方酒渴，真合冷泉浇。”自注：“冷泉亭。”

《松心诗集》乙集燕台二集《南昌舟次书怀一百韵》云：“舟楫

鄱湖外，乡关粤峤边。客行逾万里，世味逼中年。”

嘉庆十七年（1812）　三十三岁

结庐云泉。

秋，云泉山馆落成。

《听松庐诗钞》卷六《云泉歌》序：“白云之麓，濂泉之滨，安期仙焉，东坡客焉，菊坡、泰泉庐焉。流风已遥，灵境无恙。同人于野，版筑乃兴，地据泉胜，余以‘云泉’名之，标奇品幽，得二十境，嘉庆十七年秋落成。”

《松心诗集》丙集白云集卷一《云泉山馆》云：“出城心已旷，山馆况深幽。泉响四时雨，树阴三伏秋。僧归云亦定，仙去石长留。更上摩星望，遥天接海流。”自注：“摩星岭为白云山最高处。”

《听松庐诗钞》卷五附录曾燠《简南山》自注：“君近结庐于白云山中。”

九月，与黄香石等论诗。

《松心诗集》丙集白云集卷一《九月廿一夜，墨卿太守枉过，谈至二鼓》云：“仙城夜静扃鱼钥，秋气萧森动寒萚。敝庐时有素心人，步屐叩门来不约。路人犹识旧使君，坐客愿闻新著作。笠屐重披岭峤云，敦盘尚忆扬州郭。”自注：“黄香石同年、朱越亭上舍在座。”

嘉庆十八年（1813）　三十四岁

结庐云泉。

正月，与林伯桐、黄香石等同游云泉山。

《松心诗集》丙集白云集卷二《正月廿四日，同林月亭黄在庵玉衡汪扮中黄香石，吴石屏家树、菊湖家懋游白云小饮云泉山馆。是夕，留宿山中，得诗四首》（其一）云：“顽云雾春阳，南雪欲到地。试镫风片粗，挑菜雨毛细。”

与翁方纲互赠诗作。

《松心诗录》卷二《覃溪先生有诗见怀，次韵奉报》云：“江海茫茫欲问津，探源星宿渺难论。千家过眼心防杂，万卷罗胸意要真。”

嘉庆十九年（1814）　三十五岁

结庐云泉。

春，魏成宪游岭南，主讲粤秀书院。出示《读书人家图》，属为赋诗。

《听松庐诗钞》卷六《〈读书人家图〉，为魏春松观察题》序：“嘉庆三年二月，仁和魏公成宪由刑部郎出守扬州，上召见于养心殿，垂询家世。上谓汝是读书人家，公敬谨奏对。因写《读书人家图》以志恩遇。十九年春，游岭南，主讲粤秀书院，出示此图，属维屏赋诗。”

五月，海珠寺得月台消夏。

《听松庐诗钞》卷六《五月十六日，海珠寺得月台消夏，同李凤冈太守。汤雨生都尉、谢里甫太史、叶云谷农部、李芸甫水部四君作画，余赋诗》云：“世间画境多尘土，作画须来水精府。楼窗卅扇玲珑开，得月台高不容暑。”

嘉庆二十年（1815）　三十六岁

结庐云泉。撰《松心日录》。

春，赴惠州讲学，入罗浮山览胜。

《松心诗集》丙集罗浮集《浮山第一楼题壁》云：“一酌酥醪骨欲仙，楼高览尽洞中天。心飞海日三神上，身在蓬莱左股边。桂父叩门谈服食，麻姑招手话桑田。拍肩又被洪崖笑，我堕尘寰六六年。”

《年谱》："乙亥三十六岁游罗浮。有《罗浮集》。先生入浮山见古松下拜。道人江瀛涛立石刻南山拜松处五字。撰《松心日录》。是岁服阕。"

八月，与恽敬诸友游海幢寺。

《花甲闲谈》卷五附录恽敬《同游海幢寺记》载："海幢寺，在珠江南壖，西引花田北，东环万松岭，为粤东诸君子吟赏之地。"

嘉庆二十一年（1816） 三十七岁

春，再次赴京会试。

嘉庆二十二年（1817） 三十八岁

三月，北上赴京。与妹婿同行。

《听松庐诗钞》卷八《送子皋之任黄县》（其一）云："百岁谁能必，相依已十年。看云高阁外，冲雪大江边。"自注："乙丑馆西城。""丁丑同北上。"

《听松庐诗钞》卷八《送子皋之任黄县》（其二）云："客里论肝膈，非君更向谁。模糊追昔梦，涕泪述先慈。"自注："子皋余妹婿，先慈以科第期之，比联捷入词垣，先慈不及见矣。"

《听松庐诗钞》卷八《送子皋之任黄县》（其三）云："谪云仍蓬岛，楼台蜃气中。南云迎爱日，东海溯雄风。凫舄天原近，鱼盐地自丰。但存真面目，不必问穷通。"自注："登州有蓬莱阁。"又注："时方旋粤迎养。"

《松心诗录》卷二《江南》云："三月江南路，东风客里天。无端惹归思，飞絮共缠绵。"

四月，觐见嘉庆帝。

《听松庐诗钞》卷六《南归途中述怀四首》（其一）云："阊阖云开紫盖边，青袍新惹御炉烟。名经尚待参千佛，冠佩先教谒九天。”自注：“大挑一等，四月初七日引见勤政殿。”

秋，寓斋小饮。

《听松庐诗钞》卷二《秋日恭甫师招同王伯申宫庶引之、程春庐兵部同文、陈石士编修用光、吴兰雪国博嵩梁、查梅史孝廉揆集寓斋小饮，醉后赋呈二百四十字》云：“吾师儒林宗，远接郑孔武。盘根灿天葩，鸿文近燕许。珥笔有馀闲，盍簪集俦侣。”

大挑一等。选临高县（今海南临高）教谕，未赴职。

《听松庐诗钞》卷十四《五十初度，漫成四首》（其三）云：“师友勤拳念不才，江天云树首频迴。”自注：“丁丑大挑一等，请就教职；壬午捷礼闱，仍用知县。”

《年谱》：“丁丑三十八岁入都，会试大挑一等。引见后呈请就教职。选临高县教谕。有《燕台三集》。下第南还。”

父炳文挑二等，选教谕，补四会训导。

《松心杂诗》松心伦纪诗《嘉庆丁丑大挑一等，四月初七日勤政殿引见，蒙恩以知县用，恭纪》自注：“家严挑二等候选教谕，维屏昊呈吏部请就教职。”

嘉庆二十三年（1818）　三十九岁

粤秀书院监院。撰《松心日录》。

《年谱》：“戊寅三十九岁。粤秀书院监院。撰《松心日录》。”

经楚赴京。

夏，两广总督邀集东斋，商刻《皇清经解》、修《广东通志》及建学海堂诸事。

《松心诗录》卷三《戊寅夏日，制府阮云台先生招同许青士乃济、刘朴石彬华、谢兰生澧浦三太史集节署之东斋》云：“北来旌节斗奎明，南望沧溟水镜清。武库新临杜元凯，经师兼得郑康成。”自

注："席上话及刻《皇清经解》、修《广东通志》。"又注："公欲建堂，以古学课士名堂曰学海。"

由楚入都。

《松心诗集》癸集草堂集卷三《谭荔仙溥梦游衡岳图》自注："嘉庆戊寅余由楚入都。"

抵都寄寓僧庐。

《听松庐诗钞》卷八《抵都日口占》云："七千里路困风尘，暂借僧庐息此身。银烛影边看芍药，今宵始觉是春人。"

《听松庐诗钞》卷八《与子皋夜话有作》云："与君忘却在长安，对榻挑灯话夜阑。新俸刚从天府领，好花偏向佛门看。"

嘉庆二十四年（1819） 四十岁

会试下第。

《松心诗集》丁集燕台四集《己卯下第遣怀二首》（其一）云："似水年华弃掷轻，无多心血澹时名。且凭药饵扶身健，敢把文章与命争。阅世欲藏元豹影，思家怕听子规声。愁来何地舒怀抱，但觅车尘少处行。"

《松心诗集》戊集松滋集《得吴嵩少水部俊民、红生孝廉葆晋书以诗答之》自注："己卯下第，欲南旋，两君固留过夏。"

四月，为《国朝诗人征略》初编序。

夏，西涯酒楼诗会。

《松心诗集》丁集燕台四集附录程恩泽《南山同年见示大集，灯下读之甚快，兼忆昼间情话，率成二律奉赠》（其二）云："西涯相见道见缘，缘在天涯十六年。昨日偶参金粟佛，今宵深拜蠹鱼仙。"自注："今夏始晤于西涯酒楼。"又注："甲子同乡举。"

李公桥酒楼宴集。

《松心诗集》庚集豫章集《程春海祭酒典试粤东，使竣北旋，过泰和见访，同登快阁。枉赠嘉篇，奉酬四首》自注：“嘉庆己卯，黄霁青太史招都中二十四诗人，集李公桥酒楼，为荷花作生日，始相识。”

《松心诗集》己集襄阳集《奉酬芸皋观察四首》（其三）自注：“己卯荷花生日，同集京师李公桥酒楼。”

《松心诗集》丁集燕台四集《黄霁青太史招二十四诗人集李公桥酒楼，为荷花贺生日，有作》云：“凉入田田净绿铺，小楼吟眺慰羁孤。名花寿自能千古，美酒豪应尽百壶。”

十二月，都中渡岁。

《听松庐诗钞》卷八《己卯除夕》云：“儿时风景静时寻，饯旧迎新又古今。独客友朋灯下影，故园骨肉酒边心。春光合让邻家早，雪意偏于佛屋深。墙外车声忙底事，诗成犹自拥衾吟。”自注：“邻为达官宅。”

《年谱》：“己卯四十岁入都。下第留京。是秋，四川总督蒋公入都祝嘏，邀先生至直庐。凡公奏御文字多出先生手。公出都先生乃返旅舍。有《燕台四集》。”

嘉庆二十五年（1820）　四十一岁

赴试下第。撰《松心日录》。

《年谱》：“庚辰四十一岁，下第南还。撰《松心日录》。”

春，宣南诗社，宴集唱和。

《听松庐诗钞》卷十六《陈芝楣廉访枉过，即送之任浙江二首》（其二）云：“宣南分袂几春秋，丹凤飞来访白鸥。西子湖边盼旌节，东华席上记觥筹。十年见我仍青眼，八座知公尚黑头。他日建旄来岭外，一樽应置海珠楼。”自注：“庚辰集春海太史寓斋，谈宴竟日。”

五月，自编诗集《松心诗集》，并为撰序。

《松心诗集》卷首自序：“人有性情，诗于是作。志发为言，声通于乐。波澜须才，根柢在学。肆必先醇，苦乃得乐。作者牛毛，成者麟角。仆非曰能，寸心是托。得失自知，疾病自药。后有桓谭，岂能豫度。”

夏，与叶朴园同舟南还。

《听松庐诗钞》卷九《庚辰夏，与叶朴园同舟南还。病中过广信，陶菊坪大令款留数日，别后却寄》云：“君本廉吏孙，今作众人母。西江但饮水，惠政满人口。嗟余竟何为，仆仆牛马走。归途七千里，一病累良友。”

道光元年（1821）　四十二岁

春，率子、侄赴四会学舍探父炳文。

《听松庐诗钞》卷九《四会》云：“四会江流合，孤城泽国偏。地卑防急涨，水足得腴田。秉铎春风暖，趋庭旭日妍。端州有佳砚，力学孰磨穿。”自注：“省大人于四会学舍，子侄随侍，大人以端砚分赐诸孙。”

秋，登白云山。

《听松庐诗钞》卷九《九日登白云山望海上白云》云：“白云山头多白云，山耶云耶远莫分。登高目极云起处，但见南溟浩浩波沄沄。”

冬，赴京会试。

《听松庐诗钞》卷九《辛巳除夕》云：“四年除夕三年客，楚水燕台又浙西。远道友朋如骨肉，劳生岁月付轮蹄。敢将倦足追良马，尚有雄心听曙鸡。新政光华贤路广，不应萝薜恋山栖。”

道光二年（1822） 四十三岁

春，会试中式，复试一等，殿试二甲，朝考入选。于乾清宫获道光帝引见。

《松心诗录》卷五《道光壬午四月初四日，乾清宫引见，蒙恩以知县即用，恭纪》云："五云高捧日华明，亲见丹毫点姓名。信是朝廷崇学术，要将民社畀书生。材如散栎官原冷，天许栽花宦自清。何敢鸣琴说循吏，但将买犊劝耕氓。"

《松心杂诗》松心伦纪诗《道光壬午会试中式，复试一等，殿试二甲，朝考入选。四月初四日乾清宫引见，蒙恩以知县即用，恭纪》云："彤墀翘首日华明，亲见丹毫点姓名。信是朝廷崇学术，要将民社畀书生。材如散栎官原冷，天许栽花政自清。何敢鸣琴说循吏，但教买犊劝耕氓。"

《松心杂诗》松心伦纪诗《五十初度，漫成四首》（其三）云："师友勤拳念不才，江天云树首频回。巨公论定官由命，老宿神交句是媒。东海词人索诗去，西疆福将寄书来。尘劳幸未昏双目，两度秋帘得榜魁。"自注："丁丑大挑一等，请就教职；壬午捷礼闱，仍用知县。相国蒋公来书云：'科名人定胜天，官职天定胜人。'"自注："壬午、乙酉楚闱分校，榜首皆出余房。"

《松心诗集》癸集草堂集卷四《李朴园先生八十寿诗》自注："屏与令侄滋园副宪同壬午会榜。"

《松心诗集》癸集草堂集卷四附录曾国藩《来诗》："龙飞初载启词场，收括人豪润建章。今日天涯余二老，江南梅叟岭南张。"自注："先生与梅伯言翁，皆以道光二年成进士。"

《听松庐诗钞》卷十《自京抵楚，述怀八首》（其一）自注："殿试写至末两行，日暮几不辨字。"

《年谱》："壬午四十三岁，会试中式。总裁汪公廷珍英公和汤公金钊李公宗昉房考钱公林殿试二甲，复试一等，朝考入选。引见以知县即用。签掣湖北。六月抵楚。八月充壬午科湖北乡试同考官。解元黄经塾出本房。"

夏，出都。

《听松庐诗钞》卷十一《得吴嵩少水部、红生孝廉书，以诗答之》自注："壬午出都，追饯于西郭。"

以知县分发湖北，署黄梅知县。由河汉抵楚。

《听松庐诗钞》卷十《自京抵楚，述怀八首》（其二）云："欲去身如不系舟，客心先赴楚江头。休夸仙迹题黄鹤，但恐尘容愧白鸥。"

七月，入湖北乡闱分校。

《听松庐诗钞》卷十《壬午湖北乡闱分校二首》（其一）云："堂开衡鉴倚丹岑，隔一重门似海深。十九年前辛苦味，二千篇内琢磨心。"

《松心诗录》卷六《壬辰江西乡闱分校二首》（其一）云："楚材两度助搜寻，文字缘新章水深。五色丹黄迷老眼，廿年辛苦忆初心。"自注："壬午、乙酉，楚闱分校。"

闰九月，登快阁。

《松心诗集》庚集豫章集《闰九日登快阁》云："西风吹我到西昌，风里宾虹伴客翔。一笑且来登快阁，百年难得闰重阳。"

十一月，上任黄梅知县。

《松心诗集》戊集黄梅集《十一月之任黄梅》云："通籍聊将禄代耕，迂疏何以慰舆情。冲途岁有三千客，剧邑名留百万城。"

道光三年（1823） 四十四岁

在湖北黄梅任上。

二月，行役九江。

《听松庐诗钞》卷十《九江道中》云："征途来往熟知津，尘鞅劳劳负一春。柳色碧催寒食节，桃花红笑宦游人。"

《松心诗集》戊集黄梅集《黄梅春感》自注："癸未二月于役九江，忆丁卯春，同潘伯临比部北上过此，今十七年矣，感而赋诗即寄伯临。"

三月，引疾求退。

《松心诗集》戊集黄梅集《黄梅大水行》自注："癸未三月引疾求退，大府慰留。"

五月，家人自粤至黄梅。

《听松庐诗钞》卷十《五月六日家人至梅》云："山必陟庾岭，水须渡鄱湖。老亲爱习静，不乐登长途。"

夏，江水决堤，勘察水情赈灾。

《听松庐诗钞》卷十《黄梅大水行》自注："余勘灾，舟为急水冲去，力抱枯木，乃免于溺。"

《新春宴游唱和诗》附录万时哲《春游次南山师韵》自注："师宰黄梅，遘大水，乘小州（舟）往抚恤，舟为急溜（流）所冲，得树乃免于溺。民歌有官要救民神救官之句。"

《花甲闲谈》卷十一附录林则徐《奉题南山同年黄梅拯溺图即送之官武林》："汉南江介旧飞凫，万户流离只手扶。自信催科输抚字，尽教舞队换来苏。孤舟野水诗成谶，元酒甘瓠颂岂谀。闻道楚民方望岁，使君何事爱西湖。披图振触大江东，昔岁阳侯虐正同。别帜漫传称佛子，成桥何术渡朱蒙。鱼头梦醒惊蚯蚓，蚁穴防疏负雁鸿。君过河淮凭问讯，元圭曾否告成功。"自注："君新授浙中郡丞。"

又注："癸未江南大水，与此同时仆适承之其地。"

秋，乞假归省未允。

《听松庐诗钞》卷十一附录李光庭《奉答南山大尹见寄〈雪堂歌〉》云："上游察吏重廉能，未许归缚双行縢。松巢稳跨横江鹤，鲈脍空思张季鹰。"自注："南山乞假归省，大宪慰留之，旋调署松滋。"

九月，过赤壁。

《松心诗集》戊集黄梅集《雪堂歌》自序："七月在黄梅，与朴园太守有雪堂拜坡之约。九月过赤壁，太守方散赈未归雪堂，而余已抵松滋。嘉会未果，不可无诗。十二月十九日，坡公生日，因为此篇奉寄。"

离黄梅，调署松滋县。

《听松庐诗钞》卷十《别黄梅》云："惊涛骇浪怕回头，风定云闲入素秋。作患半年生白发，看山一路到黄州。"

《听松庐诗钞》卷十《九月十七日宿巴河驿，同朱天衢、吴镎、甥纲儿小饮得句》云："秋深未见菊花黄，小店留人夜举觞。酒美螯肥堪一醉，巴河东畔补重阳。"

十二月，到达上四都。

《听松庐诗钞》卷十一《腊月二十五日出城至上四都，舆中偶成》云："残腊无端百里行，出城便觉寸心清。数根瘦石如人立，百道奔泉学马鸣。"

是年，至荆州。

《松心诗录》卷七《莅林中丞以灯窗梧竹图属题同次覃溪师韵》云："江南云树荆南梦，桂岭山川庾邻笑。"自注："癸未屏至荆州，公已观察淮海。"又注："公馆选后还山十年。"又注："公以所著《退庵随笔》见赠，中多先哲格言，深足发人警省。"

《年谱》："癸未四十四岁，署黄梅县。县滨大江。五月江水盛涨，堤溃，灾黎嗷嗷。先生乘小舟载干粮出抚恤。内堤亦溃，水急冲舟，几复。得树免于溺。民作歌有官要救民神救官之句。时大吏奏请帑赈。先生禀请委员监收监放，一切银钱不由书差经手，实惠及民，民咸德之。每放赈分数厂先数日示期，某日某厂放某乡赈。先树坚木，仅容一人入。凭票发钱。前门入、后门出。领赈者无拥挤践踏之苦。自五月至八月，先生忧患劳苦，几不可支。大吏以先生初入仕途，即遘此患，因调署松滋县。十月赴松滋任。是岁有《黄梅集》。"

道光四年（1824）　四十五岁

春，在松滋。

《听松庐诗钞》卷十一《松滋早春》云："五年五处逢新岁，处处春同景不同。楚北雪犹飞冷白，岭南花已斗娇红。辛盘未可忘乡味，卯酒偏能助睡功。爱诵古人好诗句，灯前时复教儿童。"自注："庚春在京，辛春在家，壬春在浙江，癸春在黄梅，甲春在松滋。"

《听松庐诗钞》卷十一《正月十三日冒雨至茶庵子，百五里舆中得句》云："村径山田路屈纡，青青细麦似茵铺。舆夫辛苦农夫乐，一雨春泥滑似酥。"

《听松庐诗钞》卷十一《新雷》云："造物无言却有情，每于寒尽觉春生。千红万紫安排著，只待新雷第一声。"

夏，调补长阳，未到任，调补广济。

《听松庐诗钞》卷十四《五十初度，漫成四首》（其二）云："才经宦海历艰危，欲御狂澜势莫支。露宿万家棚作室，波冲一叶命如丝。绘图郑侠忧谁诉，请粜臧孙事恐迟。两字尽心殊有愧，抚躬何以报恩慈。"自注："初署黄梅即遘水患。"又注："黄梅抚恤事竣，大吏奏折有‘尽心民事，深洽舆情’之语。仰蒙恩旨，调补广济。”

《听松庐诗钞》卷十一《五月自荆至黄，吴生大镛留余下榻双桐山馆，赋赠一首》云：“有累翻成暇，兹来聚数旬。墨缘消昼永，书味养天真。”

秋，履广济任。

《听松庐诗钞》卷十二《甲申八月履广济任》云：“圣恩新许调梅川，似与梅花有夙缘。敢谓微劳在民事，所欣真乐是丰年。弊难尽去求无愧，身果能勤或少愆。宦海昔闻今始见，开帆未得便回船。”自注：“前署黄梅、松滋，广济又号梅川。”又注：“屏补长阳，未到任，以办黄梅灾赈，大吏奏折有“尽心民事，深洽舆情”之语，仰蒙恩旨调补广济。”又注：“黄梅逋累未清。”

《年谱》：“甲申四十五岁署松滋县。以所入弥补黄梅亏空。五月卸松滋事，往黄梅算交代。先题补长阳县。至是，大吏奏该令尽心民事，深洽舆情。奉旨调补广济县。八月履广济任。”

过黄州。

《松心诗集》庚集豫章集《过黄州，宿吴云门孝廉大镛斋中。忆甲申秋曾寓此，今十年矣。口占二十字示云门》云：“十载今又到，黄州信有缘。旧时手抱着，今已及余肩。”

道光五年（1825）　四十六岁

秋，入楚闱分校。

《松心诗录》卷五《乙酉楚闱分校，中秋日与许滇生、王霞九两主司二首》（其一）云：“锁院严扃静不哗，十房排列似蜂衙。冰心敢忘三条烛？雾眼重披五色花。自有葩经供组织，要从荆璞辨瑜瑕。八千矮屋同看月，今夕何人不忆家。”自注：“是日中秋。”

《松心诗录》卷六《壬辰江西乡闱分校二首》（其一）云："楚材两度助搜寻，文字缘新章水深。五色丹黄迷老眼，廿年辛苦忆初心。"自注："壬午、乙酉，楚闱分校。"

十一月，舟次汉口。时，调署襄樊同知。

《听松庐诗钞》卷十二《十一月二日，舟次汉口，姚小山招同龚小梁、黄芳谷集仙露明珠之馆，即和赏菊原韵》云："楚江萍梗阅年华，一笑相逢又水涯。君似孔融能好客，我如鲁望欲浮家。"

冬，离广济任。

《松心诗集》戊集广济集《梅川行留别广济士民》云："前年九月别梅邑，去岁八月来梅川。梅川梅邑未两载，且喜再结梅花缘。今冬又别梅川去，片帆先挂蕲阳树。宦迹真同水上萍，游踪合比风中絮。"自注："送行者以红绫书德厚风清四字。"又注："拟于沧浪书院增建学舍，补种梅花，以去任不果。"

《年谱》："乙酉四十六岁，在广济县。去冬收漕，有包漕闹漕者。先生曰：不浮收勒折则漕规漕费无所出，浮收勒折则理不直。理不直则气不伸，吾宁舍官以伸气。遂决意告病。六月调入帘，七月抵省，八月充乙酉科湖北乡试。同考官解元万时喆出本房。九月闱事毕。当回县收漕。先生出文告病。大吏固留。先生决退。大吏谓知县不愿收漕，世所罕见。委署襄阳府同知。先生以郡丞闲曹不复辞。十月赴襄阳同知任。"

游高阳池。

《听松庐诗钞》卷十三《高阳池》自序："高阳池即习池，在襄阳城东南十里许。池久废，富阳周芸皋太守修复之。道光五年冬，余来摄司马，暇日游焉。池宽亩馀，池上有亭，八窗洞开，一碧倒影。亭右有屋，中祀山公，习君配焉。亭面汉水，风帆沙鸟出没烟际。登高舒眺，岘首鹿门诸山苍翠欲滴。思得好手画之，惜无似米海岳者。

落日半规，酒痕在衣，欲去未去，徘徊大堤，呼小儿齐拍手，笑唱《白铜鞮》，亦足乐也。其明年丙戌，太守将以三月三日集宾僚偕童冠修禊于此，余适于役黄州，不获与会。因为此诗，奉寄并简禊事诸君子。”

是年，王师破扬州。

《松心诗集》甲集珠江集卷一《史阁部》云：“山寺读书一穷士，谁其识者左忠毅。扬州城破公死之，谁其见者史德威。小朝廷被群奸误，四镇虫沙不相顾。一手安能扶国步，梅花岭前拜公墓。呜呼！宋明之亡并南渡，异代忠魂傥相遇，前身文文山，后身史阁部。”自注：“乙酉，王师破扬州，或传阁部突围出城，后以史德威目见而后信之，见《鲒埼外编》。”

道光六年（1826）　四十七岁

襄樊任上。

《年谱》：“丙戌四十七岁，正月由襄阳往广济算交代。途中编诗。有《松滋集》。五月返襄阳。八月卸郡丞事。有《襄阳集》《广济集》。九月抵武昌。十一月闻讣丁外艰。先生在襄阳，带管盐务差役，请拏私。先生曰：大帮私枭汝不敢拏，徒扰累肩挑背负穷民耳。不给票。”

二月，游灵山。

《听松庐诗钞》卷十三《灵山》序：“余思广济为四祖大医禅师诞生之地，今县治有四祖父母墓，城内有浴佛泉，则此山必四祖初年清修之所，而黄梅之四祖山乃后来卓锡处也。山中诸寺当奉祀四祖，庶始基勿弃，禅灯永传，以妥山灵，以福邑众。因为诗以示寺僧及后之游灵山者。时道光六年二月二十五日。”

春，湖上小饮。

《松心诗集》己集襄阳集《汉上寻春四绝句》（其四）自注：“黄芳谷招同王第花、金子春小饮湖上。”

秋，宴集黄鹤楼。

《松心诗集》己集襄阳集《九日宴集黄鹤楼》云：“层楼高矗大江滨，序属清秋爽气新。有水有山兼有酒，无风无雨更无尘。”

道光七年（1827） 四十八岁

父炳文卒，时年七十四。

《年谱》：“丁亥四十八岁，挈眷旋里守制，营葬事。先生仲子详鉴入学。”

二月，自楚旋粤，返乡丁忧。

《听松庐诗钞》卷十五《二月二十九日韶州舟次》自注：“丁亥楚归，泊此。”

道光八年（1828） 四十九岁

居家丁忧。辑诗人征略。

《年谱》：“戊子四十九岁，家居守制。辑诗人征略。”

由贤乐里迁回清水濠故里。

《松心诗集》己集清濠集《清濠新居有堂，堂之东有轩，轩后有竹石，又古柏一株，不知始于何时，长日坐对，率赋一诗》云：“竹柏各有心，石丈默无语。为问百年来，曾经几宾主。”

作诗《述德》。

《松心诗集》己集清濠集《述德》云：“教我父辛勤，育我母劳苦。”“欲养亲不存，得禄亦何补。”

道光九年（1829） 五十岁

居家丁忧。有《清濠集》。

《年谱》：“己丑五十岁，夏间服阕。辑诗人征略。先生欲改教授，诸亲友皆以为不可。因助捐升同知。前年迁居清水濠，是岁有《清濠集》。”

一月，登粤秀山。

《听松庐诗钞》卷十四《上元日，偕四侄、五侄、六儿、七儿登粤秀山》云：“春游童子乐，粤秀佛场高。云起盘孤鹤，烟销静六鳌。”

二月，招集学海堂。

《听松庐诗钞》卷十四《二月九日许青士观察招同人雅集学海堂》云：“王山古楚庭，学海今精庐。使君政方暇，买春携玉壶。”自注：“同集者刘朴石、谢里甫、刘三山、黄香石、蔡愧卿、吴菊湖、罗萝村、曾勉士、冯子良、孔炽庭、萧扆垣、赵魏卿、张清湖、许宾衢、刘愚谷。”

五月，万松园雅集。

《听松庐诗钞》卷十四《五月二十日，伍商云比部招同伍实生都转、罗萝村太史集万松园，席上赋四绝句》（其一）云：“珠海潮生画舫催，万松园里共衔杯。今宵不惜沉沉醉，难得江南旧雨来。”

九月，赋诗自寿。

《听松庐诗钞》卷十四《五十初度，漫成四首》（其一）云：“知非何敢比前贤，忽忽流光五十年。身倦已同栖树鸟，心清仍似在山泉。新阡映护松为障，旧业辛勤石是田。晚节试看篱下菊，要从霜里见芳妍。”

长孙初学诵诗。

《听松庐诗钞》卷十四《五十初度，漫成四首》（其四）云：“卅年静如叶琴音，中馈操持匪自今。置酒敢云追北海，赠言何止重南金。灯前儿女听谈史，膝下童孙解学吟。半百蹉跎千虑澹，读书犹抱少时心。”自注：“余与内子同庚，诸戚友惠诗文、楹联多双寿吉语。”又注：“灯下辄命儿女环侍听讲史事。”又注：“长孙五龄，初学诵诗。”

道光十年（1830） 五十一岁

丁忧服阕。北上求职。

《年谱》：“庚寅五十一岁，门人叶应阳请先生同舟入都。五月抵都，六月引见。奉旨以府同知分发试用。签掣浙江以祖籍行查改掣。七月出都，途中校勘说文。十月初八日到家。自注：七月十二日出都由运河八十余日抵家。辑诗人征略。”

二月，《国朝诗人征略》刻至第六十卷。

《国朝诗人征略》初编卷首自序二：“旋里四载，刻至六十卷。续有所得，随时增补。拙著四种，间附数条，藉以就正有道焉。道光十年二月维屏再识。”

舟次韶州。

《松心诗集》己集燕台六集《二月二十九日韶州舟次》云：“太平桥下水南流，南客今番又北游。回首三年真一梦，此身千里惯孤舟。”

三月，过十八滩。

《松心诗集》己集燕台六集《十八滩》云：“十八滩头急滩水，滩水潺潺石齿齿。日日来船复去船，舟师但觉滩如砥。”

四月，舟次杭州。

《松心诗集》己集燕台六集《杨太夫人吟钗图》序云：“道光庚寅四月十六日，舟次杭州，访汤雨生都督于武林官舍。翦灯呼酒，话旧论文。翼日以尊慈杨太夫人吟钗图属为诗。图中名流题咏，诸体咸备，惟少三言一体。因赋三言古诗一章，用景徽音、述孝德云尔。”

闰四月地震。

《松心诗集》己集燕台六集《地震》云："庚寅闰四月，既望麦已秋。畿南地忽震，最甚为磁州。厥壤裂且陷，下有浊水流。民居猝倾压，迁徙不及谋。大哉六合内，一隅若浮沤。得毋转风轮，偶尔漾地球。元化虚莫测，实理当推求。地道本至静，其动盖有由。天心或示儆，帝德惟增修。已安益求安，平康荷天庥。"

六月，与龚自珍等人，置酒蒹葭楼。同集有周凯、张祥河、魏源、吴葆晋等人。

《松心杂诗》松心宴集诗《庚寅六月初二日，龚定庵礼部自珍招同周芸皋观察凯、家诗舲农部祥河、魏默深舍人源、吴红生舍人葆晋集龙树寺，置酒蒹葭簃》云："老树百年柯叶改，天龙一指春常在。酒人醉眼半模糊，一片蒹葭绿成海。""楼头帘卷西山青，座中簪盖皆豪英。主人好客善选胜，此地压倒陶然亭。"

朝见道光帝于勤政殿。

《花甲闲谈》卷八《庚寅入都，六月初十日勤政殿引见。蒙恩以府同知分发试用。恭纪》云："曙色开金阙，祥光傍玉清。班联森有序，冠佩肃无声。"

《听松庐诗钞》卷十六《十月八日到家作》自注："六月初十日引见勤政殿。"

与林则徐等宴集寓斋。

《松心杂诗》松心宴集诗《庚寅六月十三日，潘星斋侍诏曾莹招同卓海帆秉恬、朱椒堂为弼、两京兆林少穆方伯则徐、周芸皋观察凯、黄树斋爵滋、周梦岩作楫两太史、彭咏莪舍人蕴章、查梅史大令揆、顾杏楼工部元恺集寓斋，即事有作》云："世德东吴旧，诗名北地新。阶前一品石，座上九州人。竹素罗今古，兰言洽主宾。公然居上坐，洒脱率吾真。"自注："少穆、芸皋皆芝轩冢宰门人，是以推余上坐。"

入都。

《松心诗集》壬集花地集卷四《诗舲方伯自粤西寄示诗集，中有见赠长篇，盖庚寅所作也，赋此奉报》云："李公桥畔荷芯红，看君健笔铿钟镛。郭隗台边枫叶散，赠我展篇抉云汉。"自注："嘉庆己卯，霁青太史招都中诗人，集李公桥酒楼，为荷花作生日，屏始与君订交。"又注："道光庚寅入都君招饮论诗。"

《松心诗集》壬集花地集卷四《伫月楼燕集次棠溪祠部韵》自注："庚寅偕蔗田入都。"

七月，出都南返。

《松心诗集》己集燕台六集附录曾燠《七夕送南山出都》云："风雨潇潇夜，星河隐隐看。遥怜牛女会，此际不胜寒。"

夏，重游西湖。

《松心杂诗》松心游览诗《庚寅夏日重游西湖作歌》云："名山五岳何时游，复来西湖弄扁舟。"自注："辛未同林月亭、汪益齐、金醴香来游。"

十月，南旋到家。

《听松庐诗钞》卷十六《十月八日到家作》云："清时不敢慕黄绮，况复无田多食指。劳劳人海一微臣，远向金銮谒天子。"

冬，白云探梅。

《听松庐诗钞》卷十六《冬至前一日，白云探梅，同谢里甫、叶云谷、叔鱼、春塘集倚山楼》云："松涛山巅半空闻，又访寒梅上白云。远客归从八千里，好花开到二三分。"

《听松庐诗钞》卷十六《腊月三日，同黄香石、温陶舟、陈丹厓、杨泉琴云泉山馆看梅花》云："岁聿云暮人不闲，我辈有约来寻山。山中梅花开未阑，一枝两枝云水间。"

道光十一年（1831） 五十二岁

居家候命。改掣江西。

《听松庐诗钞》卷十六附录吴荣光《怀张南山》序云："庚午赋《怀人诗》十二首，此为南山作也。南山成进士，作令湖北，德政流美。今旋里，数相把晤。追惟往事，鬓丝鞭影，忽忽二十馀年。因重书往句，留作泥鸿爪云尔。"

《年谱》："辛卯五十二岁。家居。诗人征略六十卷成。辑《经字异同》。得京信知改掣江西。"

一月，云泉山馆宴集。

《听松庐诗钞》卷十六《正月初四日，庆蕉园宫保招同蒋稻香、周条梅、罗星桥、李澄宇、顾渚香、段纫秋、僧啸溪集云泉山馆》云："春晓似春深，春风三月阴。将军爱山水，载酒白云岑。"

夏，赋诗消夏。

《听松庐诗钞》卷十六《长夏杂诗》（其六）云："清晓园扉手自开，旧时水木旧亭台。谁知三十年前客，重向松阴踏绿苔。"自注："南墅晓起，独行松径。忆少时读书此地，今三十馀年矣。"

九月，龚自珍致函称："平生无一封与人论文书也。"

《花甲闲谈》卷六附录龚自珍《与张南山书》云："文集尚未写定，此时无可言者。惟将来写出，有一事欲与古人争胜，平生无一封与人论文书也。自负之狂言，为先生发之。"

冬，复龚自珍书，谓生平无一篇与人论文书，以此自负，不以为然。

《花甲闲谈》卷六《复龚定庵书》云："足下将谓并世无可与谈古文者耶？抑善易不言易之意耶？屏谓工文者不必以论文为贵，亦不必以不论为高。"

道光十二年（1832） 五十三岁

奉命改掣江西，署袁州府同知。旋入江西乡闱分校，摄泰和县事。

《花甲闲谈》卷八《壬辰江西乡闱分校二首》（其一）云："楚材两度助搜寻，文字缘新章水深。五色丹黄迷老眼，廿年辛苦忆初心。"自注："壬午、乙酉，楚闱分校。"

《年谱》："壬辰五十三岁，春挈眷之江西。六月署袁州府同知，留省审案。先生讯囚不轻用刑，但令犯人长跪，婉曲开导，令吐实。八月充壬辰科江西乡试，同考官正考官因病出缺。先生同考官衔名居首襄办主考事。先生避嫌不定去取。是科江西乡试进呈录副考官许球撰前序，先生撰后序。十月委摄泰和县事。大吏素重先生又因审案半年，例当调剂，遂有此委。先生闻泰和民淳事简，且黄山谷曾为泰和令遂不辞。闰九月到泰和任。"

闰九月，登快阁。

《花甲闲谈》卷十四《闰九日登快阁》云："西风吹我到西昌，风里宾鸿伴客翔。一笑且来登快阁，百年难得闰重阳。"

《花甲闲谈》卷十四《程春海祭酒典试粤东，使竣北旋，过泰和见访，同登快阁。枉赠嘉篇，奉酬四首》（其一）云："楼以西涯名，阁以山谷著。昔贤留往迹，后世有余慕。"

《花甲闲谈》卷十四附录程恩泽（春海）《壬辰闰九月，使粤北旋，舟过泰和，访南山同年，邀登快阁，归饮衙斋，别后奉寄四首》（其二）自注："君任黄梅，办水灾，有善政。"又注："今摄泰和。"

冬，泰和任上。

《花甲闲谈》卷十四《县斋岁暮》云："讼庭群吏散，依旧把书看。敢以学妨仕，浑忘身是官。”

道光十三年（1833） 五十四岁

八月，卸泰和县事赴南昌，署吉安府通判。

《松心诗集》庚集豫章集《八月十三日卸任泰和县事赴南昌》云：“半年摄县鬓添斑，快阁虽登心不闲。今日青衫还本色，好携樽酒看西山。”

《年谱》：“癸巳五十四岁，在泰和县。政暇辑《经字异同》。八月卸泰和县事，抵省委理冬月粥厂事。”

道光十四年（1834） 五十五岁

转饷楚北。

《年谱》：“甲午五十五岁，二月往吉安府算泰和交代。三月奉檄解饷十万赴湖北。自注：途中失饷一鞘即日觅得之。四月抵武昌交饷毕。重登黄鹤楼。五月归途游庐山。返南昌辑《经字异同》。八月充甲午科江西内帘掌卷官。冬理粥厂事。”

四月，重登黄鹤楼。

《松心诗录》卷六《甲午四月二十三日重登黄鹤楼，张德昉、李藩两孝廉，余楚闱分校所得士也，是日置酒楼上，酒罢有诗》云：“头陀寺外转风轮，鹦鹉洲边几度春。一去仙乘何代鹤，十年吾是再来人。”自注：“曾三饮于此。”

五月，天池看云。

《花甲闲谈》卷十二《天池看云记》载：“道光十四年五月初四日，南山道人记于天池精舍。”

夏，奉命转饷十五万至武昌，归游庐山。

《松心诗集》庚集豫章集《奉檄转饷赴武昌》云：“司马过江州，扬帆作楚游。携将十五万，去上黄鹤楼。”

《松心诗集》庚集豫章集《转饷》云："首夏奉简书，转饷赴武昌。行役敢惮劳，饷鞘难周防。"

《松心诗集》庚集匡庐集《六老堂》云："初见匡君客路长，再寻庐岳鬓毛苍。"自注："六老者，五老峰朱子也。"又注："丁卯北上过庐山。"又注："甲午转饷楚北，归游庐山。"

秋，任江西乡试内帘收掌官。

《松心诗集》庚集豫章集《甲午江西乡试内帘收掌有作》云："三场二万五千卷，八九千人共此心。望去朱蓝分异色，听来笙磬宛同音。"自注："卷有遗失，惟收掌官是问。"又注："内帘每开门，监试官、掌卷官对坐。自入闱至三场卷进毕，方得安寝。"

再过黄州。

《松心诗集》庚集豫章集《过黄州，宿吴云门孝廉大镛斋中。忆甲申秋曾寓此，今十年矣。口占二十字示云门》云："十载今又到，黄州信有缘。旧时手抱者，今已及余肩。"自注："谓云门之子。"

九月，赴鹿鸣宴，饮于滕王阁。

《松心杂诗》松心宴集诗《甲午重阳后三日同闱中诸君宴滕王阁》云："锁院深严未见秋，登高喜得纵吟眸。酒追南国重阳节，人集江西第一楼。"自注："是日先赴鹿鸣宴。"

道光十五年（1835）　五十六岁

委署吉安通判。

《年谱》："乙未五十六岁，二月委署吉安通判，是月到任。四月奉檄护送暹罗贡使出江西境。辑《经字异同》。五月返吉安。七月委署南康府，是月到任。八月充乙未科江西内监试官。十月回郡，政暇游庐山。建李、苏二公祠，为文刻石。"

游青原山。

《松心诗录》卷十《五月十一日，大忠祠拜文信国生日，同喻少白大令炳荣，家月槎明经云帆，谭荔仙上舍溥，舒锦庭参军锟，李子黼茂才长荣、方外涉川，礼毕赋诗》云："曾向青原寻往迹，松风一榻想琴声。"自注："道光乙未，余至青原山访公弹琴遗迹，见公琴诗拓本。有'松风一榻雨潇潇'之句"。

权守南康。

《松心诗集》庚集匡庐集《南康郡斋》云："道院江东著，政闲心自闲。胜缘凭造化，为吏住名山。"

《松心诗集》庚集匡庐集《六老堂》自注："丁卯北上过庐山。"又注："甲午转饷楚北，归游庐山。"又注："今权郡事，三游庐山。"

庐山白鹿洞书院讲学。题郡斋书室门楣曰陶白庵。

《松心诗集》庚集匡庐集《陶白庵题壁》云："陶公故宅烟峦外，白傅遗踪水石边。并作一庵同奉祀，匡庐香火有前缘。"

《松心诗集》庚集匡庐集《陶白庵》序云："余平生慕陶渊明、白乐天之为人，今秋权守南康，日对匡庐。陶公栗里、白公草堂，故址虽湮，流风宛在。因即郡斋书室颜曰陶白庵。悬二公像于室中。焚香献酒，瞻仰之馀，喟然有作。"

创建李白、苏轼二公祠于庐山秀峰寺。

《松心诗集》庚集匡庐集《李苏二公祠》序云："太白、东坡皆游匡庐，而山中不闻有香火。道光乙未创建李苏二公祠于庐山秀峰寺。祠成设祀，为文勒石，并赋一诗。""诗曰：'此地青莲座，真宜坡老陪。匡庐千古秀，唐宋两仙才。'"

七月，为鹿林松《雪樵续集》撰序。

鹿林松《雪樵续集》（道光刊本）卷首载张维屏序，曰："福山鹿君春如，以刑部郎出守吉安，君明习法律，莅政严而宅心和，屏时摄吉倅，君一见如旧相识，暇日手奉尊甫木公先生诗草见示，且属为序。屏受而读之，然后知君得于庭训者深也。先生性恬淡，寡嗜好，独好为诗，诸体皆工，尤精五言律。山左故多诗人，新城王文简公标举神韵，为海内宗工，同时益都赵秋谷以思力清劖，起而相角，越数十年而高密李石桐、少鹤昆季岸然自异，别辟町畦，依张为《主客图》例，尊张水部、贾阆仙为主，以清真僻苦为宗，一时学之者，号为高密体。今观先生之诗，盖由高密而上追唐贤者也。其构体也洁，其运思也深，其取径也幽，其用情也挚，其炼字也字中有字，其琢句也句外有句，见之者以为甚易，而不知成之者甚艰。此中甘苦，可为知者道耳。抑屏更有说者，诗言律，刑亦言律，诗律主和，刑律主严，然《虞书》曰'诗言志，律和声'，继之曰'无相夺伦'，则和中有严；《吕刑》曰'德威惟畏，德明惟明'，终之曰'监于兹祥刑'，则严中有和，其和其严，皆根于心，而发之于言则为诗，施之于事则为政。故昔人言政通于诗，然则君之达于政，谓即先生之深于诗而以诗教也，谁曰不宜。道光十五年秋七月番禺张维屏。"

八月，乡闱监试。

《松心诗录》卷六《乙未江西乡闱内监试，中秋对月有作》云："四载中秋月，三回试院看。科名万心热，风露一轮寒。"自注："两儿乡试。"

道光十六年（1836）　五十七岁

奉檄捕蝗。

仲春，率诸生致祭于鹿洞。

《花甲闲谈》卷十三《鹿洞书院讲书记》："道光十六年，岁在丙申，维屏承乏郡守。仲春之月上辛，率诸生致祭于鹿洞先贤。"

四月，卸南康府事返南昌，奉命往建昌捕蝗。

《花甲闲谈》卷十三《建昌捕蝗记》："余既卸南康府事，拟探匡庐未游之，而大府檄往建昌捕蝗。余以事关民瘼，不敢少缓。驰至建邑，会同文司马及县令丞尉、营讯员弁等，分乡扑捕。"

六月，跋观瑞《章门纪事草》稿本。

观瑞《章门纪事草》稿本二册卷首载张维屏跋，曰："观察竹楼先生，承文恭、文庄二公家学，以忠孝为根本，以经训为菑畬，以诗歌为鼓吹。政事之暇，风雅陶情，相国煦斋师时邮诗相唱酬，裁篇则璧合珠联，次韵则标新领异，洵埙篪之乐事，亦坛坫之美谈也。先生诗不矜才，不使气，修辞命意，要归于温厚和平，且虚怀若谷，每有商订，不厌精详。今秋屏将旋里，先生出近稿属为点勘，既诵之数过，复缀以数言。他日重来章门，再读大稿，老杜所谓'晚节渐于诗律细'者，当于篇什间见之。丙申六月世愚侄张维屏谨识。"

秋八月，告假自江西返粤里所。

道光十七年（1837）　五十八岁

由桂林返粤。赁居潘氏园。

《年谱》："丁酉五十八岁，先生闻桂林山最奇往游焉。三月往五月返，有《桂游日记》，有《桂林集》。潘氏有园在花地，曰：东园。先生赁居之。于是家居之日少，园居之日多；城居之日少，村居之日多。秋先生叔子祥晋乡试中式。"

春，应李秉绶邀，游桂林。在桂与梁章巨、朱凤梧等交游。

《松心诗集》辛集桂林集附录梁章巨《题漓江送别图送南山司马东旋，即用惠题灯窗梧竹图韵》云："桂林山水甲天下，粤东粤西如比邻。空际群灵伫奇语，翩然单舸来诗人。"

《松心诗集》辛集桂林集附录朱凤梧《次韵呈南山先生》云："林泉曾见几人闲，文福诗情乐意关。到处总期添学问，此行端不负湖山。”

五月，别漓江。

《松心诗集》辛集桂林集《水月篇》自序云：“道光丁酉五月朔日，李芸甫水部吕月，沧山长顾秋甫中翰，载酒饯余于漓江。午后放船西湖，宋时隐山六洞，在西湖上。风景之佳，游踪之盛，拟诸杭之西湖，今则灌溉为田，非复昔之西湖矣。然碧水沦涟，苍山隐现，烟波之趣，今昔不殊。饮酒半酣，泊水月洞，洞容一舟，水周洞外，人在洞中，天光斜通，风籁曲递，世间清凉之境若此者，能有几耶？酒罢坐石，馀霞映波。三君送余登舟，帆开回望水月洞，因赋水月篇，寄诸同好。既志胜游，且摅别绪焉。”自注：“前日之饯桂舫，绘漓江送别图，月仓作序，诸君赋诗。”

六月，返家，赁居广州珠江南花地潘氏别业东园。

《松心诗集》壬集花地集卷一《花地》序曰：“海珠之西有鹅潭，鹅潭之南有花地。地以花得名，有花市焉。诗家或作花埭。以地名而言，当从土音曰花地。”

《松心诗集》壬集花地集卷一《东园杂诗》序云：“园在珠江之西，花埭之东，潘氏别业也。虽无台榭美观，颇有林泉幽趣。”

《松心诗集》壬集花地集卷一《东园杂诗》（其二）云：“宦海脱风波，幽栖爱窑萝。离城俗客少，开卷古人多。水畔趁花市，烟中闻掉歌。钓徒家法在，早晚制渔蓑。”

《松心诗集》癸集草堂集卷一《听松园》（其一）云：“九载寓东园，潆洄水抱村。雀巢原是借，鸿雪了无痕。”自注：“丁酉寓潘氏东园，丙午东园已易主。”

七月，刻成《桂游日记》三卷。辑《经字异同》。

《桂游日记》（自刊本）卷一载：“（三月）初三日，雨。偕铁舫游鼎湖。”“（三月）十八日，阴。阅说文，辑《经字异同》。”

道光十八年（1838）　五十九岁

隐居东园。《经字异同》成。

《松心诗录》卷八《花埭》自注："去岁江右言旋，赁居花埭东园。"

《年谱》："戊戌五十九岁，寓东园。《经字异同》成。自注：尚有应增补者。"

三月，补学海堂学长。

九月，遍游诸胜。

《松心诗集》壬集花地集卷二《九月十四日偕内子暨儿女诸孙泛舟花埭，载酒东园，越日遍游大通寺、翠林园、五眼桥、海山馆、贝水斗阁、缯步仙祠诸胜，赋诗二首》（其二）云："胜游恰好逢秋爽，佳兴偏宜傍水涯。景近桑榆须爱日，舟同眷属似浮家。"

道光十九年（1839）　六十岁

隐居东园。庆祝六旬双寿。

《年谱》："己亥六十岁，寓东园辑史镜。秋先生仲子详鉴侄祥芝乡试同榜中式。九月先生暨金恭人六旬双寿。伯子祥泰偕诸弟率诸子舞彩称觞。"

正月，辑成《花甲闲谈》十六卷。

《花甲闲谈》卷首《花甲闲谈》自序云："浮生若梦，往事如尘。偶约举生平所历，属叶生春塘绘之。图凡三十有二，略以对语相联，先后本无诠次。旧作可与图互证者录之，师友篇章亦间录一二。分为十有六卷。名曰：花甲闲谈。"又云："自为小序，并入闲谈。道光己亥正月人日，番禹（禺）张维屏书于花竹烟波村舍。"

潘世清《春游次南山先生韵》（再叠前韵）云："一时酬唱满儒林，悉是承平雅颂音。卅幅画图新墨本，九州诗略老松心。"自注：

“先生刻有花甲闲谈三十二图。”

早春，游花埭。

《松心诗录》卷八《早春游花埭，饮于东园，即事成咏》云：“老至当行乐，欣看淑景新。烟霞六旬客，风日万家春。随遇心无滞，忘机物自亲。不须愁暮色，明月涌冰轮。”

《松心诗集》壬集花地集卷三附录冯誉骥《读南山先生听松庐诗集奉题四首》（其四）：“颍水知荀彧，龙门识孔融。论交先世谊，折节古人风。载酒春江路，谭诗静夜中。感公期许厚，把卷意无穷。”自注：“己亥先生招饮东园。”又注：“癸卯冬骥将北上过听松庐话别先生有诗赠行。”

二月，林则徐以钦差大臣之职到达广州，召集粤秀书院、越华书院、羊城书院三大书院学子入贡院，测试对于禁烟的认识。张维屏应邀赴林署所议设局收缴烟枪事。

十一月，张维屏、梁廷枏、黄香石等到林寓所小集，交谈时事。

冬，萝冈探梅。

《松心诗集》壬集花地集卷三《腊月七日，钟景云孝廉逢庆招同黄香石舍人培芳、蓉石比部玉阶萝冈探梅，宿萝峰寺。翌日同集于习静山房，得诗八首》（其二）云：“梅花三十里，老干铁纵横。幽味淡中领，化工寒处生。”

道光二十年（1840）　六十一岁

隐居东园。有《花地集》。

《年谱》：“庚子六十一岁，寓东园。辑史镜。有《花地集》。”

春杪夏初，与陈澧同游西樵白云洞。

《听松庐骈体文钞》卷四《樵言》：“西樵白云洞，瀑布之胜闻之久矣，今乃游焉。同游者陈兰甫孝廉。时道光庚子春杪夏初。”

六月，英军舰船四十七艘、陆军四千人在海军少将懿律（George Elliot）、驻华商务监督义律（Charles Elliot）率领下，抵达广东珠江口外，封锁海口。鸦片战争开始。

仲冬，辑成《松心十录》。

道光二十一年（1841）　六十二岁

隐居东园。英夷入寇。

《年谱》："辛丑六十二岁，寓东园。辑史镜。英夷入寇，旋退出羊城安堵。"

闰三月，林则徐离粤赴浙，过东园话别。

《松心诗集》癸集草堂集卷二《闻林少穆制府同年卒于潮州旅次，有感而作》云："诏起劳臣鬓已皤，半途星陨怅如何。忠忱奋发声名溢，边衅轻开祸患多。驻节岂容谈魏绛，骑箕犹共望廉颇。重逢拟续东园话，何意翻为薤露歌。"自注："辛丑闰三月十三日，公坐小舟过余东园话别。"

四月，三元里爆发抗英之役，广州人民歼敌数百。

《松心杂诗》松心感事诗《三元里》云："三元里前声若雷，千众万众同时来。因义生愤愤生勇，乡民合力强徒摧。家室田庐须保卫，不待鼓声群作气。妇女齐心亦健儿，犁锄在手皆兵器。"

五月，英军入侵广州。后占领香港，攻陷厦门、定海、宁波等地。

《松心诗集》癸集草堂集卷四《珠江》云："烽火兵戈曾两度，珠江南望试回头。"自注："辛丑甲寅。"

是年，外夷入侵。

《松心诗集》癸集草堂集卷五《战场》云："才销兵气喜平康，忽报珠江起战场。曾见海鲸来跋浪，又惊风鹤逼萧墙。火原猛烈兼秋令，寇最猖狂此夜郎。闻道俄罗方困汝，有能何不早还乡。"自注：

“辛丑夷事。”又注：“城内外延烧屋店数百间。”又注：“英夷近为俄罗斯所困。”

《听松庐骈体文钞》听松庐外集卷四《祭两江总督博尔济吉特公文》载：“道光辛丑，英夷犯浙，宁波失守。钦差大臣两江总督博尔济吉特公裕谦死之。忆丙戌屏为襄阳郡丞，公出守荆州，访屏于樊城官署，谈燕竟日，相得甚欢。”

道光二十二年（1842）　六十三岁

隐居东园。改刻诗集。

《年谱》：“壬寅六十三岁，寓东园，辑史镜。改刻诗集。”

五月，辑成《国朝诗人征略》二编六十四卷。

《国朝诗人征略》二编卷首自序：“曩辑《国朝诗人征略》刻至六十卷，是为初编。今又二十年，海内师友耆旧先后凋谢，初编已镌之板不可羼入，当别为一编补之。今补与续既合为一书，言补则遗续，言续则遗补，因浑而名之曰二编。”

道光二十四年（1844）　六十五岁

寓南园，辑史镜。

《年谱》：“甲辰六十五岁，寓南园，辑史镜。刻文集。先生叔子祥晋补刑部江苏司员外郎，在京供职。”

夏，为叶志诜所得周遂启諆鼎题诗。

《松心诗录》卷九《周遂启諆鼎歌》序云：“道光甲辰夏五月，汉阳叶东卿封翁志诜得周遂启諆鼎，将置之金山。既作歌纪事，复详加考证。拓鼎铭寄示，属赋诗。”

道光二十五年（1845）　六十六岁

寓南园，辑史镜。

《年谱》："乙巳六十六岁，寓南园。辑史镜。刻文集。"

游浮山第一楼。

《松心诗集》丙集罗浮集《浮山第一楼题壁》云："一酌酥醪骨欲仙，楼高览尽洞中天。心飞海日三神上，身在蓬莱左股边。桂父叩门谈服食，麻姑招手话桑田。拍肩又被洪崖笑，我堕尘寰六六年。"

魏源书来，以所著《海国图志》见寄，为题卷端。

《松心诗集》壬集花地集卷三《魏默深进士源书来，以所著〈海国图志〉见寄，赋此奉报，即题卷端》云："忆昔握手向京华，别久书来豁眼花。气壮群推魏无忌，心孤谁识贾长沙。"

道光二十六年（1846）　六十七岁

家居。辑《国朝诗人征略》二编。

《年谱》："丙午六十七岁，家居。自注：东园易主，南园荒隘。自是家居之日为多。辑史镜。辑诗人征略二编。"

春，辑录《新春宴游唱和诗》。

《新春宴游唱和诗》序云："抛砖引玉，贱子请作前驱。连臂张弓，诸君同为后劲。存诸此日，窃比康衢击壤之声。传之他时，或助里社衔杯之兴。"

道光二十七年（1847）　六十八岁

隐居听松园。

《年谱》："丁未六十八岁，辑史镜。辑诗人征略二编。先生伯子祥泰构听松园为先生著书之所。自注：园在珠江西南地名芳村。"

春，听松园落成。作《听松园》诗并序。

《松心诗集》癸集草堂集卷一《听松园》序云："瀛度地施工，为堂、为廊、为轩、为亭、为楼、为阁、为室、为厨、为桥、为舟。经始于丙午夏，落成于丁未春。"

《松心诗集》癸集草堂集卷一《园中杂咏》（九首其九）云："半农半圃半樵渔，不爱为官爱读书。自笑生平何所似，万书堆里一蟫鱼。"

七月，同集听松园。

《松心诗集》癸集草堂集卷一《七月十七日，温伊初训、谭玉生莹、陈兰甫澧孝廉，徐子远灏、萧榄轩思谏两上舍同集听松园。谭、徐、萧三君入城，余与伊初、兰甫坐月，话至三鼓》云："雨霁天气佳，朋来访诗境。水际闻荷香，烟中踏松影。"

赋诗《金山篇》。

《松心诗录》卷十《金山篇》云："西北洋外波连天，自古从未通八烟。道光二十有七载，得其地者米利坚。加里波那是其地，不喇西亚名其山。厥地生人始裸体，自以树叶遮其前。迩来得布大欢喜，以金易布群争先。其山不知几千里，其金不知几万千。彼氓蚩蚩货弃地，有客采采金满船。宝诚可贵地不爱，利果可图人共传。闽人粤人以万计，归述客况殊堪怜。程遥往返动经岁，人众逼狭相摩肩。黄金虽多食物少，鸡子一枚银一钱。金夫贪金不惮远，旅费每人将百圆。米利坚人既获利，乃宅尔宅田尔田。我思金银产于土，地气岂必分中边。"

道光二十八年（1848）　六十九岁

隐居听松园。

《松心诗集》壬集花地集卷四《吏隐诗为冯子良大令询赋》云："君寄吏隐图，索我吏隐诗。或曰吏与隐，行藏分两歧。或曰吏与隐，劳逸安得齐。我谓以境论，一视诚非宜。舍境而论心，方寸实司之。心苟骛于吏，雌伏皆雄飞。心苟耽于隐，远志皆当归。区区一县令，亲民官本卑。身为百里侯，心则大布衣。此境我曾历，此意我颇知。我退已十载，小隐聊自怡。"

《年谱》："戊申六十九岁，家居。时往听松园，辑史镜。叔子祥晋考取御史，引见记名以御史用。"

四月，听松园独酌。

《松心诗集》癸集草堂集卷二《四月十五日听松园独酌》云："我来因玩月，不意乃得雨。得雨亦可喜，润泽遍农圃。"

湖北，江南水灾。

《松心诗集》癸集草堂集卷二《己酉元旦书怀》云："公然竟到古稀年，屡险能安总听天。四代一堂闲里福，三杯七字静中缘。迂疏未敢谈经世，澹定无劳劝学仙。惟有饥黎时系念，可能归里早耕田。"自注："去岁湖北江南被水，灾民迁徙未定。"

魏源至粤，往访芳村听松园。

《松心诗录》卷十《默深刺史至粤访余论文，数日别去，昨得诗，知在海州，次韵答之》云："风蝉不成音，雾豹焉有文。文之有收放，亦如秋与春。忧时贾长沙，齐物庄漆园。是皆有气魄，足动人心魂。"

《松心诗录》卷十附录魏源《寄怀张南山》："文更古于诗，人更古于文。直倾南海酒，酿我胸中春。水木明瑟处，人道张家园。谁知园中柳？有我吟诗魂。"自注："君招饮于听松园。"

道光二十九年（1849）　七十岁

隐居听松园。辑《国朝诗人征略》二编。

新年宴集。

《松心诗集》癸集草堂集卷三《新年听松园宴集》云："今岁春迟春未临，寻春先向水边寻。兴来欲共苍官语，老去犹存赤子心。"自注："黄香石舍人，杜洛川学博，邓荫泉典籍，李跃门、陈榅堂两上舍，刘益之少尹，李子黼茂才，皆迭为宾主。"

二月，作《周将军行》。

《松心诗集》癸集草堂集卷二《周将军行》序云："己酉二月初五日，怡园观剧，桂华部演《周忠武公别母》。余与周素夫刺史皆为堕泪，感叹不已，作《周将军行》。"

九月，七十初度，何绍基听松园道贺。

《松心诗集》癸集草堂集卷二《九月三十日，余七十初度，前三日，何子贞太史绍基典试还朝，使舟将发，携"延年益寿"汉瓦篆过听松园属题，为题四十字》云："此寿非常寿，秦中汉瓦留。回环看四字，斑驳阅千秋。星使索题咏，风人多唱酬。携来意良厚，珍重比琳球。"

《松心诗集》癸集草堂集卷二《七十自述》云："忽忽浮生七十年，不求仙佛不能贤。耽书爱酒娱花木，不敢瞒天总听天。"

《年谱》："己酉七十岁，家居。园居。辑诗人征略二编。今秋先生暨金恭人七十双寿，膝下子二人、孙十八、曾孙二人。先生耳聪目明，手不释卷，见者咸谓如五六十岁人，福寿未艾也。"

十月，赏菊庭宴。

《松心诗集》癸集草堂集卷二《十月十五日赏菊庭宴》云："锦障列樽前，酒酣衣脱绵。何殊艳阳日，翻讶小春天。"

游罗浮。

《听松庐诗钞》卷六《罗浮杂诗》（其六）云："七十村翁鬓乍斑，自言老屋傍深山。醉中亲见方瞳客，八卦台边跨虎还。"

道光三十年（1850）　七十一岁

隐居听松园。

三月，清水濠阅兵。

《松心诗集》癸集草堂集卷二《三月初六日，冯西潭明府沅、寿菊泉明府祺、罗蒲洲广文家政、许宾衢观察祥光、金醴香员外菁茅、梁章冉广文廷枏、张清湖广文应秋、谭玉生广文莹、仇健亭广文乾厚、丁桂裳广文熙同过敝庐，阅清水濠壮丁。丁八百馀人。阅毕雨至，即事有述》云："贤侯治事不遑安，桑梓关心劝练团。守望义原遵孟子，闾胥法亦本周官。"

《松心诗集》癸集草堂集卷二《声》（二首其一）云："古云众志自成城，但执戈矛便是兵。制胜可能收后效，豫防都说有先声。"

十一月，林则徐卒。

《松心诗集》癸集草堂集卷二《闻林少穆制府同年卒于潮州旅次，有感而作》云："诏起劳臣鬓已皤，半途星陨怅如何。忠忱奋发声名溢，边衅轻开祸患多。驻节岂容谈魏绛，骑箕犹共望廉颇。重逢拟续东园话，何意翻为薤露歌。"

咸丰元年（1851）　七十二岁

隐居听松园。

三月，饮于漱珠桥酒楼。

《松心诗录》卷十《三月十三日展修禊，李研卿太史应田招同许青皋茂才玉彬、沈伯眉广文世良、倪云衢上舍始逵，泛舟珠江，晚饮于漱珠桥酒楼》云："珠江新绿碧如油，节展重三又放九。"自注："辛亥秋，余与友人饮此楼。"

咸丰二年（1852）　七十三岁

隐居听松园。

春，樽酒书怀。

《松心诗录》卷十《珠江早春》云："珠儿珠女又新年，江草江花泛画船。何以解忧惟有酒，但能行乐即为仙。"自注诗题："咸丰壬子。"

与曾国藩歌诗酬唱。

《松心诗录》卷十附录曾国藩《来诗》云："龙飞初载启词场，

收括人豪润建章。今日天涯余二老，江南梅叟岭南张。”自注：“先生与梅伯言翁，皆以道光二年成进士。”

《松心诗集》癸集草堂集卷四《曾涤生少宗伯自京师赋诗见赠，有“今日天涯余二老，江南梅叟岭南张”之句，心长语重，愧不克当，谨书二十八字奉报》云：“自愧小字张三影，敢比大名梅圣俞。难得高贤曾子固，赠来二十八明珠。”

夏，海幢寺雅集。

《松心诗录》卷十《夏日涉川上人招同黄香石、杜洛川、颜紫虚、梁福草、陈古樵、李子黼集海幢寺就树轩》云：“吾曹能出世，避暑到诸天。难得清凉界，而兼蔬笋筵。”

秋，粤西兵讯。

《松心诗录》卷十《秋感》自注：“闻粤西军事糜饷不下一千万。”又注：“全州、道州、桂阳州皆陷。”又注：“吾友曹君燮培守全州十二日，城破殉难。”

咸丰三年（1853）　七十四岁

隐居听松园。

正月，题楼船。

《松心诗集》癸集草堂集卷四《正月上元日题楼船》云：“昔日楼船炫水滨，上元时节盛游人。于今落落晨星似，无力能奢自返淳。”自注：“乾嘉间横楼数十，今仅存三五。”

二月，饯牡丹。

《松心诗集》癸集草堂集卷四《二月十二日饯牡丹》云：“芳辰风雨损春光，国色飘零亦可伤。欲为名花添韵事，花朝携酒饯花王。”

三月，集柳堂修禊。

《松心诗集》癸集草堂集卷四《三月初三修禊事》云："觞咏兴怀记晋贤，兰亭一序至今传。暮春修禊寻常事，难得刚逢癸丑年。"

《松心诗集》癸集草堂集卷四《癸丑三月三日，李子黼广文长荣，招同黄香石舍人培芳、艾至堂大令畅、喻少白参军炳荣、杜洛川广文游、谭玉生孝廉莹集柳堂修禊》云："二千年内谈修禊，昔日兰亭今柳堂。癸丑又逢新岁序，暮春依旧好风光。"

《松心诗集》癸集草堂集卷四《是日闻邓荫泉中翰招同人修禊于杏林庄，因再赋一诗，简禊事诸君》自注："闻楚吴寇氛，死伤甚众。"

集柳堂重修禊。

《松心诗集》癸集草堂集卷四《三月廿三日，同邓荫泉中翰大林、杜洛川广文游、陈兰甫孝廉澧、刘酉山少尹庚、金醴香员外菁茅、李子黼茂才长荣，集柳堂展修禊》云："癸丑三月廿三日，同来深柳读书堂。山林寄兴重修禊，丝竹娱情更举觞。"

《松心诗集》癸集草堂集卷四《挽杜洛川学博》云："修禊流觞共饮醇，如何转瞬失斯人。"自注："三月三日修禊，廿三日展修禊，皆同叙。"

四月，观浴佛。

《松心诗集》癸集草堂集卷四《四月初八日观浴佛》云："活佛初生出母胎，真修圆满上莲台。如何五蕴皆空者，也要清泉沐浴来。"

看水操。

《松心诗集》癸集草堂集卷四《四月廿二日看水操》云："水师操演似游龙，什百相持立水中。一事最难桅顶上，居然妙手是空空。"

五月，看龙舟。

《松心诗集》癸集草堂集卷四《五月初五日看龙舟》云："龙舟竞渡始何时，为吊三闾语有之。若问端阳龙故事，一杯先酹介之推。"

燕集海山仙馆。

《松心诗集》癸集草堂集卷四《五月十七日潘德畬方伯仕成、伍秋园员外元葵、伍俪荃太守葆恒，招同邹蓝田观察之玉、金醴香员外菁茅、桂星垣观察文耀、谢静山都转有仁、潘春山太守世荣，燕集海山仙馆》云："海山雪阁望嵯峨，消夏朋樽逸兴多。"

六月，柳堂赋诗。

《松心诗集》癸集草堂集卷四《六月廿一日欧阳文忠公生日，李子黼长荣招同谭荔仙溥、家小槎绍鉴、家小芗建棠、何一山桂林、倪云衢始逵集柳堂，拜像赋诗》云："昌黎以后论宗匠，北宋欧阳第一家。当日宦途行逆水，今朝祀事晋流霞。"自注："是月廿四日荷花生日。"

九月，赏菊庭宴。

《松心诗集》癸集草堂集卷四《癸丑九月廿八日，赏菊庭宴，寄二儿、六儿并示诸孙、曾孙》云："节过重阳菊又新，家庭燕赏及良辰。两儿南北八千里，四代尊卑三十人。"自注："二儿署黄梅县，六儿吏科掌印，钦命巡视西城。"

《松心诗集》癸集草堂集卷四《菊宴兼旬，悠然成咏》云："东篱当日兴悠然，敢谓吾庐菊胜前。八宝楼台诗境界，七襄机杼画因缘。"

咸丰四年（1854）　七十五岁

隐居听松园。

春游赋诗。

《松心诗集》癸集草堂集卷三《春游》云："佳日看游人，新年万象新。鸟声知报晓，花意欲迎春。身老心犹稚，山疏水每亲。七旬添五岁，诗叟四朝民。"

三月，闻寇犯浙。

《松心诗集》癸集草堂集卷四《寄徐铁孙太守》序："闻贼欲犯浙江，门人徐铁孙太守荣方权杭嘉湖道。铁孙有兵七百，训练数年，亲如子弟，当能守御立功。余日望捷音，先为此诗寄之，时咸丰甲寅三月。"

《松心诗集》癸集草堂集卷四《珠江》云："烽火兵戈曾两度，珠江南望试回头。"自注："辛丑、甲寅。"

游花埭。

《松心诗录》卷十《甲寅三月三日，卢柬侯比部福普、许星台水部应鑅、伍荫亭郎中长樾、许筠庵太史应骙，招同醴香员外菁茅、桂蓉台广文文照，沈少韩太史史云珠江修禊，遍游花埭、翠林花市、馥荫芳村、杏莊诸园，即事有作》云："好是朝来闻吉语，凯音传布到天涯。"自注："闻天津红旗报捷。"

四月，登楼观山。

《松心诗集》癸集草堂集卷四《四月二十三日，同许青皋茂才，沈伯眉、何虎臣两广文，家小芗少尹，李子黼茂才，倪云癯上舍，出小北门，登楼观山，晚步入城，至寄园小饮》云："邀朋同出郭，高阁坐移时。岂独观山好，还兼学稼宜。七旬犹未杖，五字又成诗。村景寻常有，城中得乃奇。"

李长荣、沈世良辑成《松心诗录》。

《松心诗录》卷首李长荣序："先生生平所有著述，从不请人作序。昔翁覃溪学士方纲有《粤东三子诗序》，盛子履学博大士有《粤东七子诗序》，姚石甫廉访莹有《听松庐诗钞序》，龚定盦舍人自珍有《诗人征略序》。先生皆感其意而不载其文，至师友评语亦不录，人尝曰：文章千古事，得失寸心知。果有可知，不患无知者。若藉重于人，人言未必合我意也。先生自序止三行，今仍录入，弁于卷首。咸丰甲寅五月，门人李长荣谨识。”

《松心诗录》卷首沈世良序：“吾师南山先生今年七十有五，亦仿山谷老人之意，取乾隆甲寅至咸丰甲寅六十年中之诗，摘取三百余首诗，名曰《松心诗录》。”

广东天地会佛山起义，围攻广州。

《松心诗集》癸集草堂集卷四《甲寅秋夜》云：“窗暗月初堕，衣轻宵已深。星河明夜色，风露冷秋心。万户众酣睡，四更吾独吟。城南望城北，兵甲气萧森。”

《松心诗集》癸集草堂集卷四《白云》云：“酒熟东篱菊又黄，登高时节近重阳。白云山下寻诗路，太息于今变战场。”

《松心诗集》癸集草堂集卷四《连日菊酌有作简诸同好》云：“节过重阳爱久晴，遣怀聊借菊为名。乱离时世花仍放，肃杀霜天月倍明。对酒餐英真古味，邀朋寻乐亦人情。须知大府忧劳甚，筹饷筹兵保粤城。”

咸丰五年（1855）　七十六岁

隐居听松园。

是年，久患渴病。

《松心诗集》癸集草堂集卷四《病中遣怀》云：“古稀加六老而者，少壮何曾敢望斯。庄叟逍遥虽善达，马卿消渴本难医。”自注：“久患渴病。”

十二月，记述苏铁山战功。

《松心文钞》（《汇编》）卷五《苏铁山战功记》：“十月奉委

兼管六门巡缉，又奉札调署水师提标右营前哨千总，仍留省缉捕。铁山自记，止于是年。其年方壮盛，发于事业，未有艾也。铁山尝言，水师攻剿，屡随按察沈公公，指示机宜。往辄克捷，至粤东全省。大局实赖宫保爵督叶公，忠勤勇智，寅恭协和，调度有方，知人善任，使熊罴之士、干城之夫，各展所长。群效其力，故能殄灭丑类，保全善良，如海者特诸将中一末将耳。张子闻之，谓老友黄田门曰，若苏铁山者，可谓有功而不伐矣。是不可不记。咸丰五年十有二月既望，番禺张维屏记。”

咸丰六年（1856）　七十七岁

隐居听松园。

早春，游花埭。

《松心诗集》癸集草堂集卷四《丙辰早春游花埭》云：“新年有新咏，良会爱良辰。客到花如笑，诗成酒共醇。相逢多喜色，难得是闲身。复睹升平景，皇天本至仁。”

三月，珠江修禊。

《松心诗集》癸集草堂集卷五《丙辰三月三日，许星台水部应鑅、卢柬侯比部福普、许筠庵太史应骙、伍荫亭郎中长樾，招同金醴香员外菁茅、潘莲舫太史斯濂、桂蓉台广文文照、邹小田署正祖恩，珠江修禊》云：“寄托何妨有所因，形骸放浪水之滨。两年此是团防地，三月重来祓禊人。”

《松心诗集》癸集草堂集卷五《上巳后一日，谢静山都转有仁，招同陈棠溪仪部其锟、金醴香员外菁茅、梁俪裳太史国琮，集得珠楼展修禊，兼为随园先生补祝生日》云：“万言细注诗心洽，三月清游禊事宜。此老不劳加责备，几人才福两如之。”

《松心诗集》癸集草堂集卷五《上巳后二日、三日，苏枕琴封翁六朋、邓荫泉中翰大林，招同黄香石舍人培芳、梁献廷上舍琛、黄二山茂才承谷、郑纪常别驾绩、李子黼广文长荣，会于寄园展修禊，因集兰亭帖字成七言律一首》云："兰亭一叙为陈迹，每揽斯文信可临。"

九月，发生亚罗号事件。英军占领猎德炮台，进攻广州。第二次鸦片战争爆发。

《松心诗集》癸集草堂集卷五《战场》诗云："才销兵气喜平康，忽报珠江起战场。曾见海鲸来跋浪，又惊风鹤逼萧墙。火原猛烈兼秋令，寇最猖狂此夜郎。闻道俄罗方困汝，有能何不早还乡。"自注："辛丑夷事。"又注："城内外延烧屋店数百间。"又注："英夷近为俄罗斯所困。"

秋，避乱迁居广州城西泌冲。离城三十里。

《松心诗集》癸集草堂集卷五《泌冲》云："避乱到江村，村深水到门。笑言杂童稚，出入见鸡豚。宋代宗风远，邹人古谊敦。但能安作息，随处是桃源。"

十月，第二次鸦片战争爆发。

是年，续辑《国朝诗人征略》二编。

《松心诗集》癸集草堂集卷四《延年》云："七十七龄将八十，延年有道不求奇。七分白饭三分酒，一卷黄庭百卷诗。乐此不疲忘老病，静中多妙即良医。金陵未复江西梗，奏凯何时快展眉。"自注："近阅江苏诗征、江西诗征、两浙輶轩录、淮海英灵集，续辑诗事入诗人征略二编。"

是年，七旬赋诗。

《松心诗集》癸集草堂集卷四《七旬》云："七旬有七岁骎骎，昨夜今朝又古今。草草百年催过眼，茫茫四海几知心。贤豪寂寞余青史，时事艰难少白金。何者是吾真实境，花间微醉复清吟。"

咸丰七年（1857） 七十八岁

隐居听松园。

三月，馥园修禊。

《松心诗集》癸集草堂集卷五《丁巳三月三日，俞麟士廉访文诏、孔怀民侍读广镛、许星台水部应鑅、筠庵太史应骙、伍荫亭郎中长樾，招同潘德畬方伯仕成，集馥园修禊，即事有作》云："江干杨柳绿毵毵，烟水清游老尚堪。人拟竹林其数七，春修兰禊又逢三。"

十月，朋酒嘉会。

《松心诗集》癸集草堂集卷五《丁巳赏菊》云："身闲偏似为诗忙，况有秋英助举觞。且喜黄花如旧岁，又劳青女降新霜。及时朋酒为嘉会，何日乾坤息战场。菊自爱迟梅爱早，不妨十月展重阳。"

是年，越南国人索诗。

《松心诗集》癸集草堂集卷五《越南国人邓廷诚，奉其国主之命来粤购书，并索余诗集，因书绝句示之》云："自古南交已宅斯，后来铜柱界华夷。岛夷人异心无异，也爱中华书与诗。"

是年，泌冲枕流书屋辑成《松心文钞》十卷。

咸丰八年（1858） 七十九岁

隐居听松园。

一月，论兵剿贼。

《松心诗集》癸集草堂集卷五《新年入城》云："十家九户闭柴荆，白昼巡街有鬼兵。八十老人谈异事，广州城里少人行。"

《松心诗集》癸集草堂集卷五《晤鹤舟太守，知余门人冯子良太守带兵勇剿贼，屡获胜仗，因成一律，寄子良兼示鹤舟》云："见说章江尺素来，风前披览老怀开。早闻众口称贤守，难得儒门出将才。五百好诗传已定，六千劲卒敌能摧。卅年旧雨同欣慰，西望江云合举杯。”自注：“君诗数千首，可传者数百。”又注：“君所领六千人，屡战屡捷。”

二月，宴集梁园。

《松心诗集》癸集草堂集卷五《二月初七日，梁福草比部九图，招同金醴香员外菁茅、吴星侪孝廉炳南、黄竹虚千戎、倪云癯上舍始逵、何澹如茂才又雄、令侄洛舫茂才思溥，集梁园》云：“春阴如梦复如烟，来访骚人结墨缘。径绕茂林真曲水，园多奇石似平泉。”

三月，清晖池馆修禊。

《松心诗集》癸集草堂集卷五《三月三日，伍秋园郎中元葵招同刘酉山少尹庚，招鹤舟参军子怀，集清晖池馆修禊》云：“未了烽烟感，仍存修禊身。园林河畔宅，丝竹酒边人。”

秋，第九孙中北闱副榜。

《松心诗录二编》（《汇编》）卷一《戊午秋第九孙兆鼎，年十三，中北闱副榜赋诗勉之，并示四孙兆甲》云：“不学张童子，当师李邺侯。弱龄登副榜，壮志慕千秋。忠孝为根本，读书助进修。联科相砥砺，兄弟即朋俦。”自注：“兆甲前科中式。”

冬，拜坡公生日。

《松心诗录二编》卷一《戊午十二月十九日，邓荫泉中翰大林、李子黼学博长荣，招同喻少白参军福基、许蓉裳通守文澄、赵勉之司马惟濂、潘鸿轩茂才恕、钱子瑞上舍芝生，集杏林庄拜坡公生日，有感而作》云：“杏林庄裏寿筵开，奇石香花佐酒杯。四大皆空公宛在，八旬犹健我能来。当时北宋无全土，此日南溟有劫灰。太息华夷难界限，海氛飞到妙高台。”自注：“苏诗：前世德云今我是，依稀犹记妙高台。”

咸丰九年（1859） 八十岁

隐居听松园。

正月初六，游花埭诸园。

《松心诗录二编》卷一《新年》序云："已未正月初六日，放船花埭游诸园林。见百卉欣欣向荣而连日严寒，大有江北雪天风景，牡丹数十盆犹含苞敛萼以待晴暄。入春以来，今日始瞻丽日，游人皆有喜色，不特百鸟和其声，以助管弦也。晚饮花舫。同集者陈兰甫学博澧、邓荫泉中翰大林、许星台水部应鑅、李子黼光簿长荣、钱子瑞上舍芝生，主人余门人赵勉之刺史惟濂，记之者珠海老渔张维屏也。"

《新年》云："新年八十话康强，顽健从来不杖乡。饭罢或行千百步，酒酣常读两三行。几时华夏消夷患，何日乾坤息战场。世事艰难春事盛，且偕良友看群芳。"自注："余从不扶杖。"又注："每日饮酒必读书。"

九月十八日，卒于清水濠里第。葬广州城东北银坑岭，与夫人金氏合葬。子祥晋、祥安分葬左右。

延伸阅读推荐书目

1. 《张南山先生年谱撮略》，［清］金菁茅撰，北京图书馆编《北京图书馆藏珍本年谱丛刊》第136册，北京图书馆出版社，1999年据咸丰间刻本影印。

2. 《随园诗话》十六卷补遗十卷，［清］袁枚著、顾学颉校点，人民文学出版社，1960年版。

3. 《石洲诗话》八卷，［清］翁方纲撰，清嘉庆二十年刊苏斋丛书本、翁方纲自校并跋钞本五卷（湖南省博物馆）、上海古籍出版社1983年版《清诗话续编》本。

4. 《带经堂诗话》三十卷，［清］王士禛撰，清乾隆二十七年南曲旧业刊本、人民文学出版社1963年版中国古典文学理论批评选辑本。

5. 《龚自珍全集》，［清］龚自珍著、王佩诤校，上海古籍出版社，1999年版。

6. 《岭南文学史》，陈永正主编，广东高等教育出版社，1993年版。

7. 《岭南晚清文学研究》，管林等著，广东人民出版社，2003年版。

8. 《岭南诗歌研究》，陈永正著，中山大学出版社，2008年版。

9. 《清代文学论稿》，蒋寅著，凤凰出版社，2009年版。

10. 《张维屏诗文选》，黄刚选注，华东师范大学出版社，1992年版。

11. 《清诗话考》，蒋寅撰，中华书局，2005年版。

12. 《清诗话续编》第四卷，郭绍虞编选、富寿荪校点，上海古籍出版社，1983年版。

13. 《清诗流派史》，刘世南著，台北文津出版社1995年繁体字版，人民文学出版社2004年简体字版。

14. 《清代诗学史：第一卷　反思与建构（1644—1735）》，蒋寅著，中国社会科学出版社，2012年版。

15. 《清代诗学史：第二卷　学问与性情（1736—1795）》，蒋寅著，中国社会科学出版社，2019年版。